技工院校新能源汽车检测与维修专业教材

（中／高级技能层级）

新能源汽车车载网络系统检修

主　编　廖新锋

副主编　豆红波

李全党

U0930724

中国劳动社会保障出版社

简介

本书主要内容包括新能源汽车车载网络系统检修基础、新能源汽车动力网络系统检修、新能源汽车ESC网络系统检修、新能源汽车舒适网络系统检修等。

本书内容丰富、通俗易懂、实用性强，适用于全国技工院校或职业院校新能源汽车检测与维修专业的教学使用，也可作为新能源汽车技术人员培训教材及参考用书。

本书由廖新锋任主编，豆红波、李全党任副主编，林阳浩、张春召、林贞贤、黄广培参与编写，卫云贵、李景芝审稿。

图书在版编目（CIP）数据

新能源汽车车载网络系统检修 / 廖新锋主编. 北京：中国劳动社会保障出版社，2025. --（技工院校新能源汽车检测与维修专业教材）. -- ISBN 978-7-5167-6940-9

Ⅰ. U472.41

中国国家版本馆 CIP 数据核字第 2025R3D993 号

中国劳动社会保障出版社出版发行

（北京市惠新东街 1 号　邮政编码：100029）

*

北京宏伟双华印刷有限公司印刷装订　　新华书店经销

787 毫米 × 1092 毫米　16 开本　18 印张　322 千字

2025 年 5 月第 1 版　　2025 年 5 月第 1 次印刷

定价：45.00 元

营销中心电话：400-606-6496

出版社网址：https://www.class.com.cn

https://jg.class.com.cn

版权专有　　侵权必究

如有印装差错，请与本社联系调换：（010）81211666

我社将与版权执法机关配合，大力打击盗印、销售和使用盗版图书活动，敬请广大读者协助举报，经查实将给予举报者奖励。

举报电话：（010）64954652

前言
PREFACE

2012 年 6 月，国务院颁布《节能与新能源汽车产业发展规划（2012—2020 年）》，其中对新能源汽车进行了定义：新能源汽车是指采用新型动力系统，完全或主要依靠新型能源驱动的汽车，本规划所指新能源汽车主要包括纯电动汽车、插电式混合动力汽车及燃料电池汽车。

随着国家不断推动新能源汽车的发展，目前我国新能源汽车保有量已经突破百万，成为新能源汽车产销量第一的国家。

相对于传统汽车而言，新能源汽车大量使用高压电，这对维护和维修工作提出了更高的要求。为了满足全国技工院校新能源汽车检测与维修专业的教学需求，我们组织有关学校的骨干教师和行业、企业专家，在充分调研企业生产和学校教学情况的基础上，开发了本套新能源汽车检测与维修专业教材。

教材体系

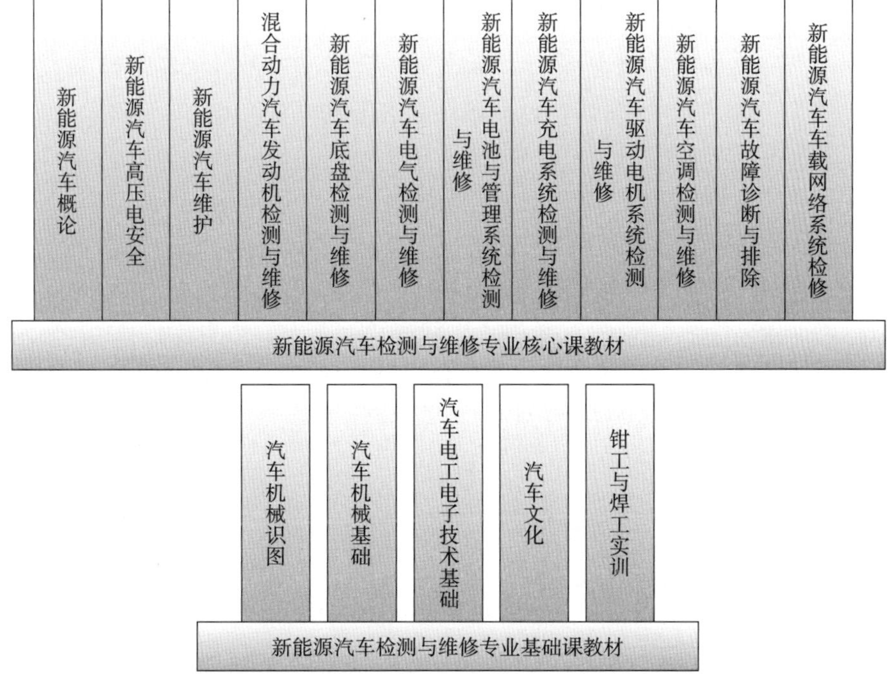

编写特色

◆ 紧贴企业实际情况　通过行业、企业调研，掌握企业对新能源汽车检测与维修专业人才的岗位需求和技能要求，确定人才培养目标（中级 / 高级），构建科学合理的课程体系。根据课程教学目标，合理确定学生应具备的知识与能力结构；充分考虑企业生产实际，选择当前市面上广泛使用的新能源车型进行教学。

◆ 体现行业技术发展　根据相关专业领域的最新发展，在教材中充实新知识、新技术、新设备、新材料等方面的内容，体现教材的先进性。采用最新的国家技术标准，使教材内容更加科学和规范。

◆ 符合学生阅读习惯　在教材内容的呈现形式上，较多地利用实物照片和表格等形式将知识点生动地展示出来，力求让学生更直观地理解和掌握所学内容。部分教材采用四色印刷，图文并茂，增强了教材内容的表现效果。

教学服务

本套教材配有习题册和方便教师上课使用的多媒体电子课件等教学资源，可以通过技工教育网（https://jg.class.com.cn）下载。另外，在部分教材中针对教材中的教学重点和难点制作了微视频等多媒体资源，学生使用移动终端扫描二维码即可在线观看相应内容。

编者

2020 年 6 月

目 录
CONTENTS

模块一 新能源汽车车载网络系统检修基础

任务 1 汽车车载网络系统概述

学习目标

1. 能叙述汽车车载网络系统的概念、特点和功能。
2. 能叙述汽车车载网络系统的常用术语。
3. 能叙述汽车车载网络系统的组成和分类。
4. 能叙述 CAN 总线系统的特点、组成和工作原理。

一、汽车车载网络系统的概念、特点和功能

1. 汽车车载网络的应用背景

在传统汽车中，各种电子、电气设备之间的连接主要依赖导线、插接器实现。随着汽车内电子控制系统数量的增加，所需的导线长度和插接器数量也在不断增加，这不但挤占了汽车内部的有效空间、增加了装配与维修难度、提高了整车成本，还阻碍了整车可靠性的提升。具体影响如下：

（1）整车的布线异常复杂、混乱，一根线束包裹数十根导线的现象很普遍。

（2）占用空间更大，使得在汽车有限的空间内布线越来越困难，限制了功能的扩展。

（3）故障率上升，降低了汽车的可靠性。此外，线束通常都安装在纵梁下等看不见的地方，一旦线束出现问题，查找起来非常困难，增加了维修难度。

（4）电子控制单元（ECU）并不仅与负载设备简单地连接，还要与外围设备和其他电子控制单元进行信息交流，经过复杂的运算分析后发出控制指令，如果采用传统的连接方式，线束成本较高。

为解决以上问题，汽车车载网络应运而生，也推动汽车电子控制系统产生了巨大的变化。

2. 汽车车载网络的概念

为简化汽车电路并提升各个电子控制单元之间的通信速率，汽车厂商研发了新型的总线系统，即汽车车载网络系统。汽车车载网络是指利用总线技术将汽车上的各种电子装置和设备互联成一个网络，确保不同电子控制系统的电子控制单元能在同一环境下协调工作，相互之间通过数据总线进行数据传输，实现信息共享，从而提高汽车整体性能，满足现代汽车电子设备日益增多的功能需求。汽车车载网络示意图如图 1-1-1 所示。

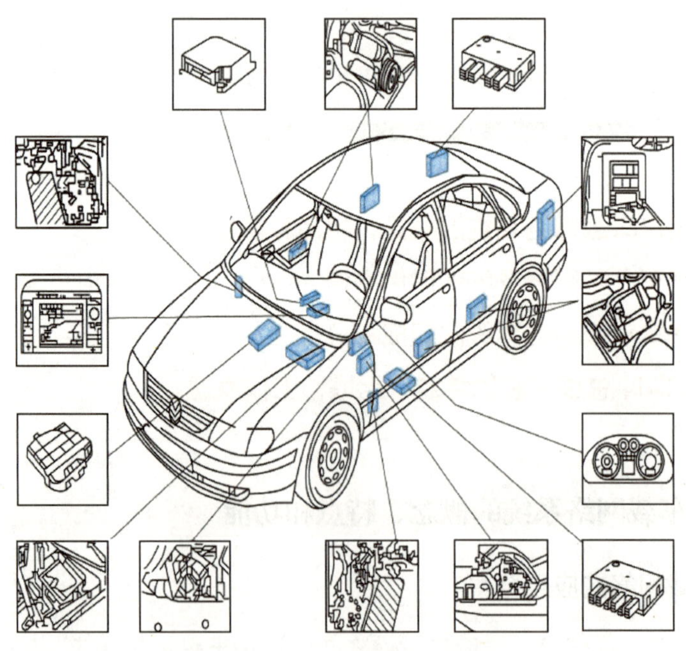

图 1-1-1　汽车车载网络示意图

3. 汽车车载网络系统的特点

汽车车载网络系统的应用，显著减少了汽车内部线束的数量，精简了冗余的控制元

件，增强了汽车电子控制系统的稳定性和灵活性，提高了汽车综合控制的准确性。

汽车车载网络系统具有以下优点：

（1）简化布线，降低成本。

（2）使电子控制单元之间通信更加简单、快捷。

（3）减少传感器数量，实现信息共享。

（4）提高汽车整体运行的可靠性。

4. 汽车车载网络系统的主要功能

（1）多路传输功能

汽车车载网络系统可以实现多路传输。汽车车载网络系统工作时，各个操作开关输入的指令和传感器检测到的信息首先通过公共传输线路传输到中央处理器进行信号转换和处理，然后以串行信号方式通过公共传输线路传输到相应的电子控制单元，电子控制单元将接收到的数字信号转换成执行指令并控制有关元件执行相应的动作。

（2）“待机”节能和自动“唤醒”功能

此功能可以减少关闭起动按钮后蓄电池的额外能量消耗。当汽车车载网络系统处于“待机”状态时，系统将停止传输、控制等功能，以节约蓄电池电量。当有人进行某项功能操作时，处于“待机”状态的相关电子控制单元就会自动开始工作，同时通过公共传输线路“唤醒”其他电子控制单元。

（3）故障保护功能

故障保护功能主要包括硬件故障保护功能和软件故障保护功能。当汽车车载网络系统的中央处理器或其外围电路出现故障时，硬件故障保护功能会输出固定的控制信号，以确保车辆能继续行驶。当汽车车载网络系统的某个电子控制单元出现故障时，软件故障保护功能不会受到来自故障电子控制单元的信号的影响，以确保汽车车载网络系统能继续工作。

（4）故障自诊断功能

故障自诊断功能主要包括多路传输系统的自诊断功能和各电子控制单元输入线路的故障自诊断功能，不仅可以诊断自身的故障，还可以诊断其他电子控制单元的故障。

二、汽车车载网络系统的常用术语

1. 多路传输

多路传输是指在同一条通道或线路上同时传输多个数据信息（信号）。实际上，数据信息是依次传输的，但速度非常快，每个时间段以毫秒计，因此几乎是同时传输的。

每个时间段由一个信号占用，利用每个信号之间的时间差，就可以在同一条物理通信线路上传输多个信号，即多个信号分时使用同一物理传输介质，称为分时多路传输，如图 1-1-2 所示。

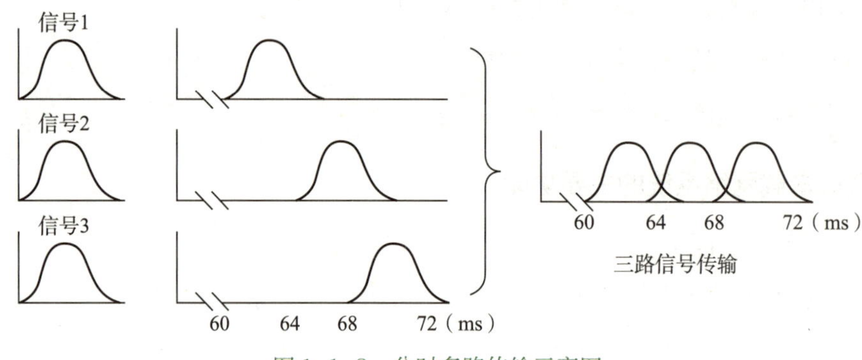

图 1-1-2　分时多路传输示意图

常规线路系统电子控制单元或传感器之间是通过独立的数据线进行信息传输的，而多路传输系统电子控制单元之间是通过两根数据线进行信息传输的，因此多路传输系统比常规线路系统所用的导线要少得多。

2. 模块 / 节点

模块是汽车车载网络系统的硬件，是具有独立工作和通信能力的电子装置，简单的模块如温度传感器、压力传感器等，复杂的模块如计算机、微处理器、电子控制单元等。多路传输系统中的电子控制单元模块（控制模块）被称为节点。

3. 数据总线

数据总线是模块间传输数据信息的通道，即所谓的信息高速公路，如图 1-1-3 所示。一条数据总线上传输的数据信息可以被多个模块共享，从而最大限度地提高系统整体效率，充分利用有限的资源。如果一个模块既可以通过数据总线发送数据，又可以从数据总线接收数据，那么这样的数据总线称为双线制数据总线或双向数据总线。

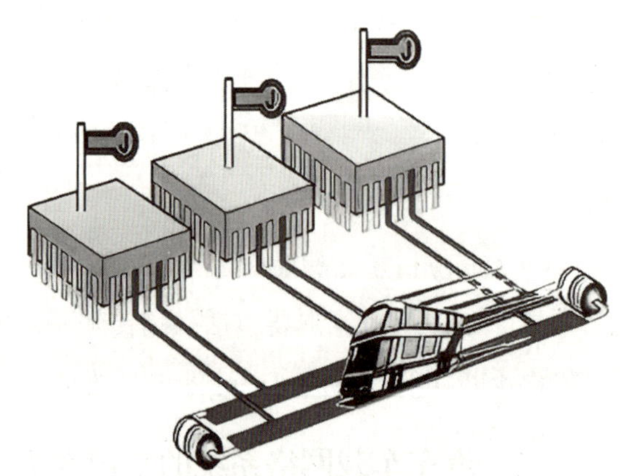

图 1-1-3　信息高速公路示意图

4. 网络 / 局域网

网络是为了实现信息共享而将多条数据总线连在一起，或者将数据总线和模块组成

一个系统。

在一个有限区域内连接的计算机网络称为局域网（LAN）。一般这个区域具有特定的功能，通过这个网络实现这个区域内的信息共享和通信。从物理意义上看，汽车上许多模块和数据总线距离很近，因此，汽车车载网络是一种局域网，如图 1-1-4 所示。

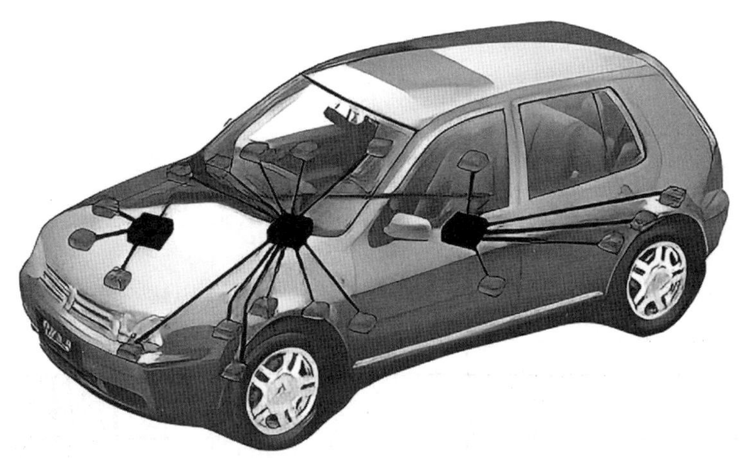

图 1-1-4　局域网

5. 通信协议

通信协议又称传输协议，是控制网络各节点有效完成信息交换的一组约定和规则，以确保网络系统中的实体能够准确、可靠地交换信息。也就是说，要想“交流”成功，实现有效的通信，参与通信的各方必须“说同样的语言”（如相同的语法规则和语速等），必须遵循相同的通信标准和协议，以确保数据的兼容性和交互的协调性。

（1）通信协议的三要素

1）语法。确定通信双方之间“如何说”，即通信信息帧的格式。

2）语义。确定通信双方之间“说什么”，即通信信息帧的数据和控制信息。

3）定时规则（时序）。确定不同数据传输的优先级、顺序和传输速率。

（2）通信协议的功能

1）差错监测和纠正。通信协议常使用“应答－重发”和通信校验进行差错监测和纠正工作。一般来说，协议中对异常情况的处理说明占很大的比例。

2）分块和重装。为符合通信协议的格式要求，需要对数据进行加工处理。分块操作将大的数据划分成若干小块，如将报文划分成若干子报文组；重装操作则将划分的小块数据重新组合复原，如将若干子报文组还原成报文。

3）排序。对发送的数据进行编号以标识它们的顺序，通过排序，可以达到按序传输、信息流控制和差错控制等目的。

4）流量控制。限制发送的数据量或传输速率，以防止在信道中出现堵塞现象。

6. 架构

架构是信息高速公路的配置，其输入、输出端规定什么信息能进、什么信息能出。架构通常包括 1~2 条线路。采用双线传输数据时，数据的传输基于两条线路的电压差。当其中 1 条线路传输数据时，对地有一个参考电压。架构要有特定的通信协议。

7. 数据帧

为了可靠地传输数据，通常将原始数据分割成具有一定长度的数据单元，这种数据单元称为数据帧。数据帧的格式如图 1-1-5 所示。

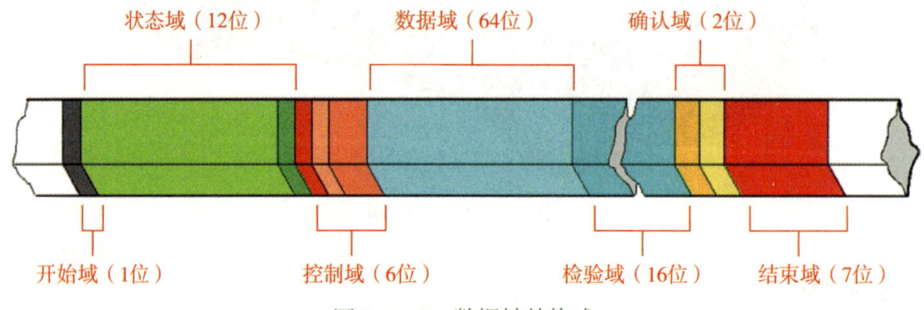

图 1-1-5　数据帧的格式

数据帧由开始域、状态域、控制域、数据域、检验域、确认域和结束域七个部分组成，各部分的作用见表 1-1-1。

表 1-1-1　数据帧各部分的作用

名称	作用
开始域	标志数据帧的开始
状态域	判定数据帧的优先级。如果多个电子控制单元同时要发送各自的数据帧，则具有较高优先级的电子控制单元优先发送
控制域	显示数据域中包含的数据数量，以便让接收器（接收数据的电子控制单元）检验是否已经完整接收到发送器（发送数据的电子控制单元）发送的所有数据
数据域	传输数据的实质内容
检验域	检验数据在传输中是否出现错误
确认域	接收器发出信号通知发送器，告知已经正确、完整地收到数据；若检测到错误，则接收器立即通知发送器，发送器将再次发送该数据
结束域	标志数据帧的结束，也是检验错误和重新发送数据的最后一次机会

8. 比特率

通常用比特率表示数据总线的数据传输速率。比特率是指每秒传输的二进制的位数，其单位为位每秒（bit/s）。比特率越高，单位时间传送的数据量（位数）越大。

9. 链路

链路又称传输介质，是指网络信息传输的媒介，分为有线和无线两种类型。通常用于局域网的传输介质包括双绞线、同轴电缆和光纤等。

（1）双绞线

双绞线是由两根各自封装在塑料绝缘层内的铜线绞合而成的。绞合的目的是降低两根铜线之间的干扰。相互绞合的一对双绞线可作为一条通信线路。双绞线之外再加上一层护套就构成了双绞线电缆，如图 1-1-6 所示。双绞线电缆分为非屏蔽型（UTP）和屏蔽型（STP）两种类型。屏蔽型是在非屏蔽型外部加上一层由金属丝织成的屏蔽层构成的，以提高抗电磁干扰能力。因此，屏蔽型的抗干扰性能优于非屏蔽型，价格也比非屏蔽型高。

图 1-1-6　双绞线电缆

双绞线是局域网中最普通的传输介质，一般用于低速传输，最大传输速率可达几兆位每秒；双绞线成本较低，传输距离较近，非常适合汽车车载网络，是汽车车载网络使用最多的传输介质。

（2）同轴电缆

如图 1-1-7 所示，同轴电缆的中央是一根铜导线，铜导线外面包围着一层绝缘材料，绝缘材料外面是网状金属屏蔽层，最外面是塑料护套。网状金属屏蔽层既可以屏蔽噪声，又可以作为信号的地线。同轴电缆比双绞线有着优越的频率特性，可以用于较高的频率和传输速率。

图 1-1-7　同轴电缆

（3）光纤

如图 1-1-8 所示，光纤的中央是一根纤芯，纤芯外面是包层，最外面是涂覆层（护套）。光纤在电磁兼容性等方面具有独特的优点，其传输速率高、传输距离

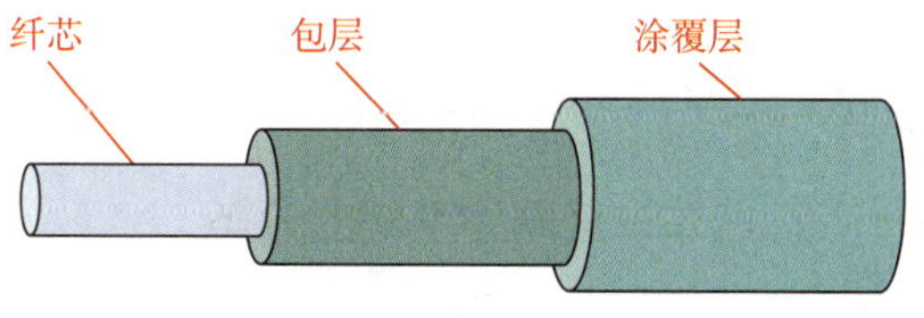

图 1-1-8　光纤

远，在一些要求传输速率高的汽车车载网络（如信息与多媒体网络）上有很好的应用前景。

10. 网关

汽车上装有很多的数据总线和网络，必须用一种方法达到信息共享而且不产生通信协议间的冲突。为了使采用不同通信协议和传输速率的数据总线之间实现无差错数据传输，必须使用一种具有特殊功能的电子控制单元，这种电子控制单元就称为网关。

网关实际上就是一种模块，其自身的质量、功能和工作性能决定了不同的数据总线、模块和网络相互间通信的质量。对不兼容却需要相互通信的数据总线和网络来说，网关起到了桥梁作用。如果信息不能传输，可能是网关存在问题，也有可能是链路、模块等出现故障。

三、汽车车载网络系统的组成和分类

1. 汽车车载网络系统的组成

汽车车载网络系统实际上是汽车多路传输系统，主要由模块、数据总线、通信协议、网络、架构、网关等组成，如图 1-1-9 所示。

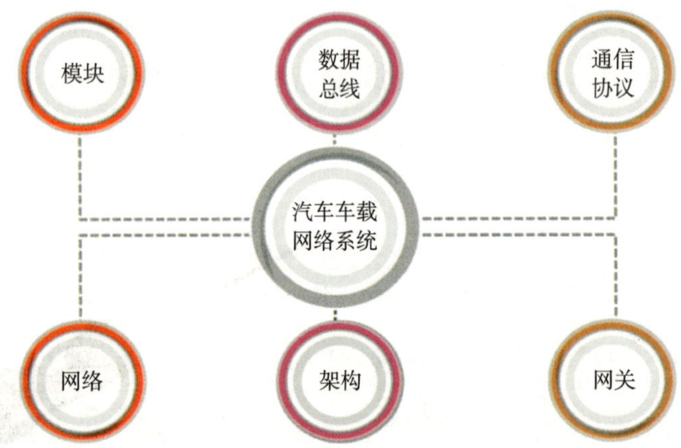

图 1-1-9　汽车车载网络系统的组成

汽车车载网络系统是在一系列通信协议的控制下，由一个或多个微处理器（如整车控制器）、若干终端设备、数据传输设备和数据流动控制处理器（如网关）等组成的系统集合。这些组件通过特定的网络通信协议进行高效通信，以实现车辆电子控制系统之间的数据共享和协同工作。

2. 汽车车载网络系统的分类

根据数据总线通信协议的不同，汽车车载网络系统可分为 LIN 总线系统、CAN 总

线系统、MOST 总线系统和 FlexRay 总线系统等。

（1）LIN 总线系统

LIN 是局域互联网络的缩写。LIN 总线系统是一种成本较低的通信网络，可用于实现分布式电子控制系统网络，为汽车提供辅助控制功能。例如，比亚迪 e5 汽车左前电动车窗系统的信息传输由 LIN 总线系统实现。

（2）CAN 总线系统

CAN 是控制器区域网络的缩写。CAN 总线系统通常采用差分信号进行数据传输，以双绞线作为传输介质时，其数据传输速率最高可达 1 Mbit/s。CAN 总线系统线路简单、性能稳定、实时性好，采用串行通信协议，是一种多主总线，是目前汽车车载网络系统中应用最广泛、最主流的现场总线技术。

（3）MOST 总线系统

MOST 是多媒体导向系统传输的缩写。MOST 总线系统是一种用于多媒体数据传输的网络系统。MOST 总线系统通常采用光纤或同轴电缆作为传输介质，数据传输速率最高可达 50 Mbit/s，且没有电磁干扰，结构灵活，性能可靠，易于扩展。目前，汽车大多采用 MOST 总线将多媒体系统、蓝牙系统、定位导航系统和车载影音娱乐系统等连接起来。

（4）FlexRay 总线系统

FlexRay 总线系统是一种新型网络通信系统，具有传输速率高，确定性、容错性和灵活性好等特点，适用于需要高实时性和高可靠性的汽车控制应用，如汽车线控系统等，能满足 CAN 总线技术无法达到的汽车线控系统应用需求，不仅能简化汽车电子控制系统和通信系统结构，还可以使电子控制单元更加稳定和可靠。

四、CAN 总线系统的特点、组成和工作原理

1. CAN 总线系统的特点

（1）数据传输介质选择灵活。CAN 总线可以使用普通的双绞线、同轴电缆或光纤等作为数据传输介质。

（2）数据传输速率较高。CAN 总线支持高达 1 Mbit/s 的数据传输速率。

（3）数据传输距离大，直线通信距离最大可达 10 km。

（4）总线利用率高。

（5）多主方式工作。每个节点不分主次，都可作为主节点，向其他节点发送信息。

（6）错误处理和检测机制可靠性高。

（7）发送的信息遭到破坏后，具有自动重发功能。

（8）节点错误严重时具有自动退出总线的功能。

（9）将传感器信号线减至最少，让更多的传感器信号进行高速数据传输。

（10）CAN 总线符合国际标准，适用于在一辆汽车上不同生产厂家的电子控制单元之间进行数据传输。

2. CAN 总线系统的组成

CAN 总线系统主要由 CAN 控制器、CAN 收发器、2 个数据传输终端和 2 条数据传输线等组成，CAN 控制器、CAN 收发器等元件置于电子控制单元内部，如图 1-1-10 所示。

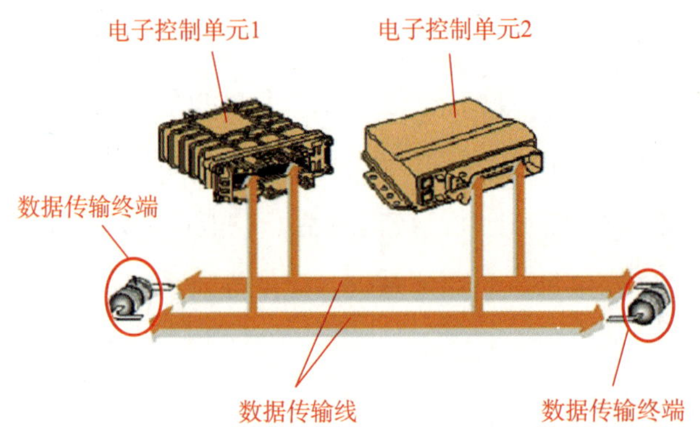

图 1-1-10　CAN 数据总线传输系统组成

（1）CAN 控制器

CAN 控制器接收电子控制单元中微处理器提供的数据，将其处理后再发送给 CAN 收发器；同时，CAN 控制器也接收 CAN 收发器发来的数据，将其处理后再发送给电子控制单元中的微处理器。

（2）CAN 收发器

CAN 收发器是发送器和接收器的组合。CAN 收发器接收 CAN 控制器发来的数据，并将其转换为电信号通过数据传输线发送出去。同时，CAN 收发器也接收数据传输线传来的数据，并将其转换为数字信号发送给 CAN 控制器。

（3）数据传输终端

数据传输终端实际上是一个电阻器（终端电阻），其作用是吸收数据反射波，以防止数据在传输终了被反射回来，产生反射波而破坏数据。

（4）数据传输线

数据传输线是用来传输数据的双向数据线，分别称为 CAN 高位（CAN-H）数据

线和 CAN 低位（CAN-L）数据线。为了防止外界电磁波的干扰和向外辐射，CAN 总线通常采用将两条线缠绕在一起的形式，如图 1-1-11 所示，两条线上的电位变化方向总是相反的，如果一条线上的电压是 5 V，另一条线上的电压就是 0 V，始终保持电压之和为常数。通过这种方法，CAN 总线可以免受外界电磁波的干扰，同时向外辐射也保持中性，即无辐射。

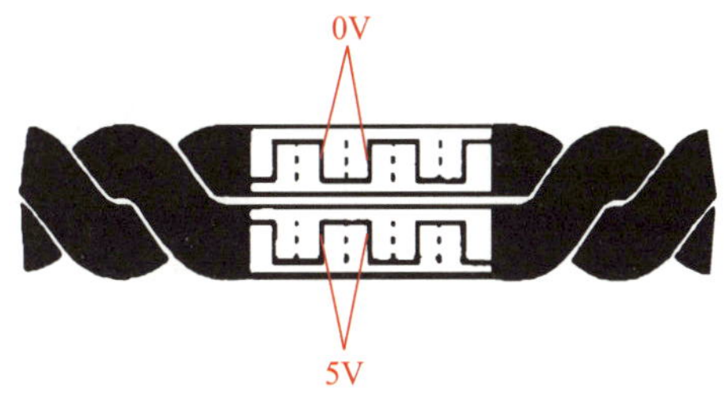

图 1-1-11　CAN 总线的形式

3. CAN 总线系统的工作原理

如图 1-1-12 所示，CAN 总线系统的工作原理可以比喻成如下情景：一个用户（如电子控制单元 2）向网络发送数据，数据没有指定的接收者，可以被所有的其他用户接收；其他用户（电子控制单元 1、3、4）通过网络接收数据，检查、判断此数据是否为所需要的数据，如果是，用户会认可并使用此数据，如果不是，用户会忽略此数据。

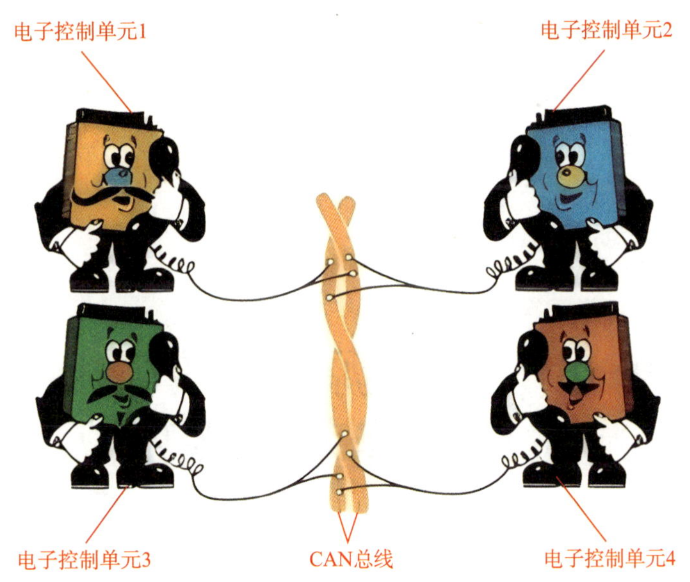

图 1-1-12　CAN 总线系统的工作原理示意图

4. CAN 总线系统的数据传输过程

CAN 总线系统的数据传输过程如图 1-1-13 所示。

（1）提供数据

某电子控制单元（图 1-1-13 中为电子控制单元 2）向 CAN 控制器提供需要传输的数据。

(2) 发送数据

CAN 收发器接收 CAN 控制器发来的数据，并将其转换为电信号发送给 CAN 总线。

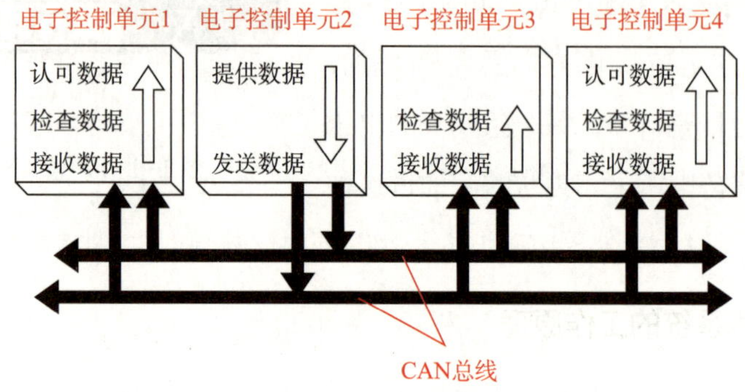

图 1-1-13　CAN 总线系统的数据传输过程

(3) 接收数据

所有其他电子控制单元的 CAN 收发器均可作为接收器，从 CAN 总线上接收数据，并将其转换为数字信号发送给 CAN 控制器。

(4) 检查数据

CAN 控制器对接收到的数据进行检查，判断是否为其所需要的数据。

(5) 认可数据

如果 CAN 控制器判断接收到的数据是其所需要的，则发送给电子控制单元，电子控制单元认可和处理此数据；反之，则忽略此数据。

任务 2 | 新能源汽车车载网络系统检修基本操作

学习目标

1. 能叙述新能源汽车车载网络 CAN 总线系统的结构和特点。
2. 能叙述新能源汽车车载网络系统的故障类型和检修方法。
3. 能通过 OBD 诊断口检测汽车车载网络系统电路。

任务描述

某新能源汽车进厂维修，车主反映车辆无法正常下电，组合仪表显示屏显示“请检查车辆网络”提示，如图 1-2-1 所示。班组长检查后，初步判断是汽车车载网络系统故障，现安排你负责检修。作为一名维修人员，你如何检修上述故障？

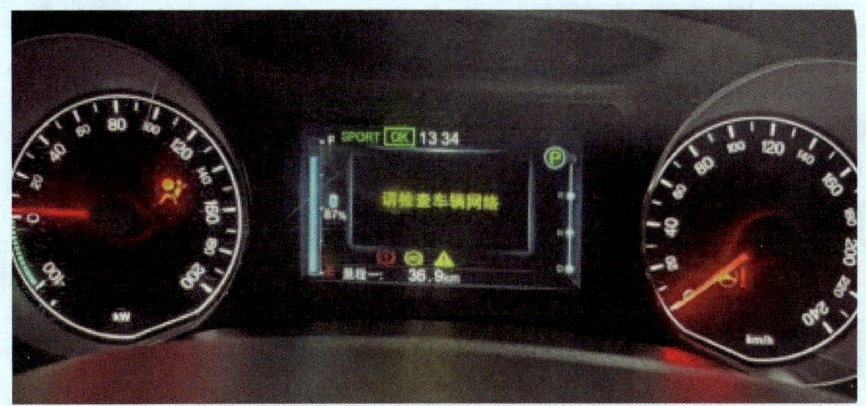

图 1-2-1　汽车车载网络系统故障的信息显示

任务分析

当汽车车载网络系统出现故障时，新能源汽车无法正常上电与下电。要完成此类故障的检修，维修人员需要掌握新能源汽车车载网络系统检修的基本操作技能。

相关知识

一、新能源汽车车载网络 CAN 总线系统的结构和特点

1. 典型新能源汽车车载网络 CAN 总线系统的结构

以比亚迪 e5 为例，其车载网络 CAN 总线系统主要包括动力网 CAN 总线系统、ESC 网 CAN 总线系统和舒适网 CAN 总线系统，三者通过网关连接到一起，实现节点（控制模块）的相互通信。比亚迪 e5 车载网络 CAN 总线系统的主要结构如图 1-2-2 所示。

（1）动力网 CAN 总线系统

动力网 CAN 总线系统通过双绞线将动力系统所有模块连接成一个网络，传输速率为 250 kbit/s。动力网 CAN 总线系统的主总线直接连接两个 120 Ω 的终端电阻，终端

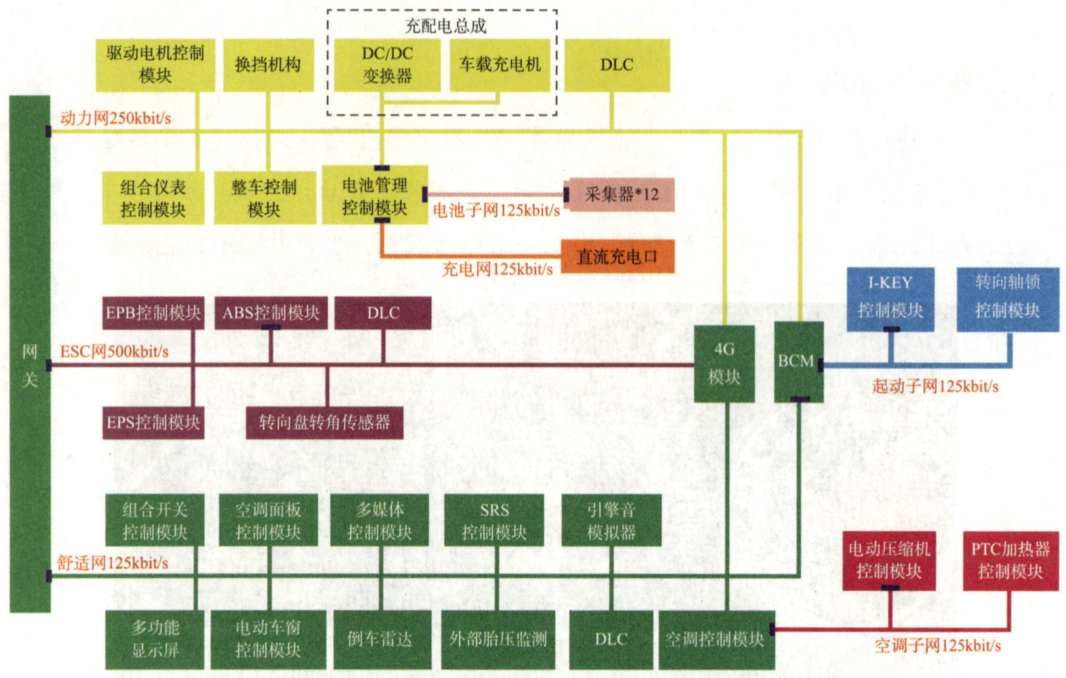

图 1-2-2 比亚迪 e5 车载网络 CAN 总线系统的主要结构

电阻分别在网关控制模块（简称网关）和电池管理控制模块中，其他与动力网主总线相连的线束是动力网支总线。动力网支总线包含若干组，每组动力网支总线上挂载着一个控制模块，分别是驱动电机控制模块、换挡机构（又称挡位传感器或挡位控制器）、充配电总成、组合仪表控制模块、整车控制模块、诊断口（DLC）等。

此外，动力网 CAN 总线系统还包括电池子网 CAN 总线系统和充电网 CAN 总线系统，传输速率均为 125 kbit/s。电池子网 CAN 总线系统主要用于电池模块的数据采集和监控，其终端电阻分别在电池管理控制模块和采集器中。充电网 CAN 总线系统的终端电阻在电池管理控制模块中。

比亚迪 e5 的上电流程分为低压上电和高压上电，并且高压系统受控于低压系统，因此，动力网 CAN 总线系统在低压上电、高压上电、汽车行驶和充电过程中具有重要的作用。动力网 CAN 总线系统故障可能导致无法上低压电和高压电、汽车无法行驶和无法充电等。

（2）ESC 网 CAN 总线系统

ESC 网 CAN 总线系统的传输速率为 500 kbit/s。ESC 网 CAN 总线系统的主总线直接连接两个 120 Ω 的终端电阻，终端电阻分别在网关和防抱死制动系统（ABS）控制模块中，其他与 ESC 网主总线相连的线束是 ESC 网支总线。ESC 网支总线包含若干组，每组 ESC 网支总线上挂载着一个控制模块，分别是电子驻车系统（EPB）控制模块、电

动助力转向系统（EPS）控制模块、转向盘转角传感器、诊断口（DLC）等。

（3）舒适网 CAN 总线系统

舒适网 CAN 总线系统的传输速率为 125 kbit/s。舒适网 CAN 总线系统的主总线直接连接两个 120 Ω 的终端电阻，终端电阻分别在网关和车身控制模块（BCM）中，其他与舒适网主总线相连的线束是舒适网支总线。舒适网支总线包含若干组，每组舒适网支总线上挂载着一个控制模块，分别是组合开关控制模块、空调面板控制模块、多媒体控制模块、安全气囊（SRS）控制模块、4G 模块、电动车窗控制模块、空调控制模块、诊断口（DLC）等。

此外，舒适网 CAN 总线系统还包括起动子网 CAN 总线系统和空调子网 CAN 总线系统，传输速率均为 125 kbit/s。起动子网 CAN 总线系统主要用于车辆起动控制，其终端电阻分别在智能钥匙（I-KEY）控制模块和车身控制模块中。空调子网 CAN 总线系统主要用于空调系统自动控制，其终端电阻分别在空调控制模块和电动压缩机控制模块中。

比亚迪 e5 车载网络 CAN 总线系统主要控制模块的安装位置如图 1-2-3 所示。

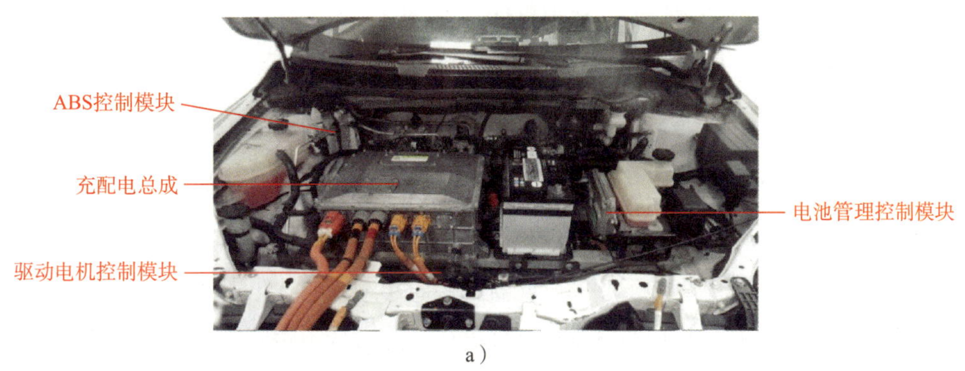

a）

b）

图 1-2-3 比亚迪 e5 车载网络 CAN 总线系统主要控制模块的安装位置

a）前舱内 b）车内

2. 新能源汽车车载网络 CAN 总线系统的特点

（1）CAN 总线电压的特点

CAN 总线系统中的数据信息传输都是通过两个逻辑状态 0（显性）和 1（隐性）来实现的，每一个逻辑状态都对应相应的电压值。

如图 1-2-4 所示，以高速 CAN 总线系统（传输速率为 125 kbit/s～1 Mbit/s）为例，静态时，CAN-H、CAN-L 的电压均为 2.5 V 左右，此时状态表示为逻辑 1，也称为隐性；工作时，CAN-H 的电压比 CAN-L 的电压高，通常 CAN-H 的电压为 3.5 V，CAN-L 的电压为 1.5 V，此时状态表示为逻辑 0，也称为显性。

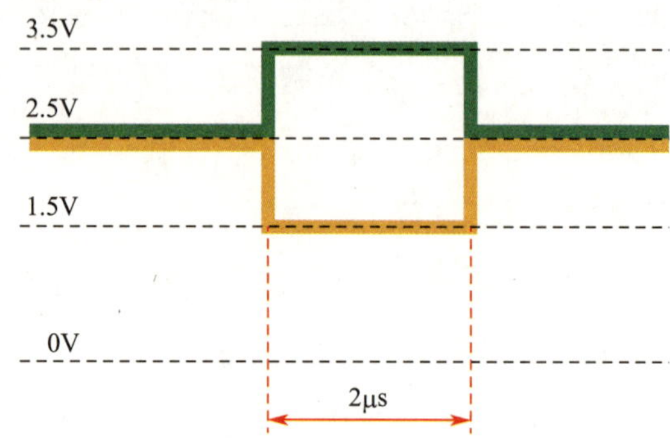

图 1-2-4　高速 CAN 总线系统的电压

CAN-H、CAN-L 的电压之差称为差分电压，则：

差分电压 =0 V，表示逻辑 1，称为隐性；

差分电压 =2 V，表示逻辑 0，称为显性。

CAN-H、CAN-L 的电压一直保持互补状态，CAN-H、CAN-L 的电压之和为常数 5 V。动力网、ESC 网和舒适网 CAN 总线之间的差别只在于传输速率不同。

对于低速 CAN 总线系统，虽然其传输速率（通常不超过 125 kbit/s）低于高速 CAN 总线系统，但其逻辑状态的定义与高速 CAN 总线系统是一致的。静态时，CAN-H 和 CAN-L 的电压接近电源电压的中间值，此时状态表示为逻辑 1（隐性）；工作时，CAN-H 的电压接近电源电压，CAN-L 的电压接近地电压，此时状态表示为逻辑 0（显性）。

（2）CAN 总线电压波形的特点

车载网络 CAN 总线系统相关数据信息都是通过 CAN 总线进行传输的，如果传输失败会产生多种故障，如组合仪表显示异常、车辆动力性能下降或某系统功能失效等，甚至造成整个车载网络系统瘫痪。为检修上述故障，可通过示波器读取 CAN 总线电压波形进行分析，以准确定位和检修故障。

1）CAN 总线电压的正常波形。如图 1-2-5 所示，当 CAN 总线正常时，CAN-H、CAN-L 电压波形以 2.5 V 电压为基准，一升一降，对称分布，电压之和为 5 V。CAN-H 的电压（绿色）在 2.5～3.5 V 之间变化，最大电压差为 1 V；CAN-L 的电压（黄色）在 1.5～2.5 V 之间变化，最大电压差也为 1 V。

2）CAN 总线电压的异常波形。当 CAN 总线出现断路、短路故障时，其电压波形

肯定会出现异常。通过使用示波器测量 CAN 总线电压波形，可以判断 CAN 总线是否短路、断路，从而确认故障类型。

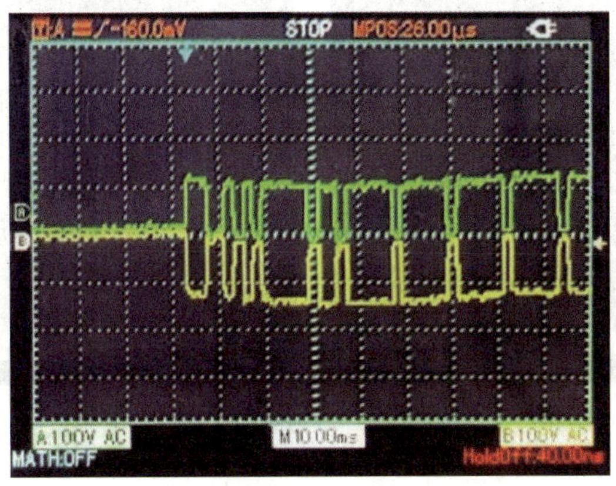

图 1-2-5　CAN 总线电压的正常波形

① CAN-H 断路故障的 CAN 总线电压波形如图 1-2-6 所示。断路使内部电阻减小，导致电压差升高。CAN-H 断路故障导致 CAN-H 的最大电压差比正常最大电压差大一倍。

② CAN-L 断路故障的 CAN 总线电压波形如图 1-2-7 所示。CAN-L 断路故障导致 CAN-L 的最大电压差比正常最大电压差大一倍。

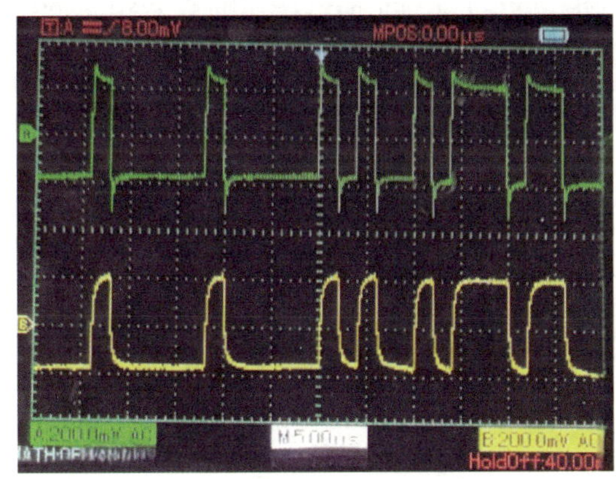

图 1-2-6　CAN-H 断路故障的 CAN 总线电压波形

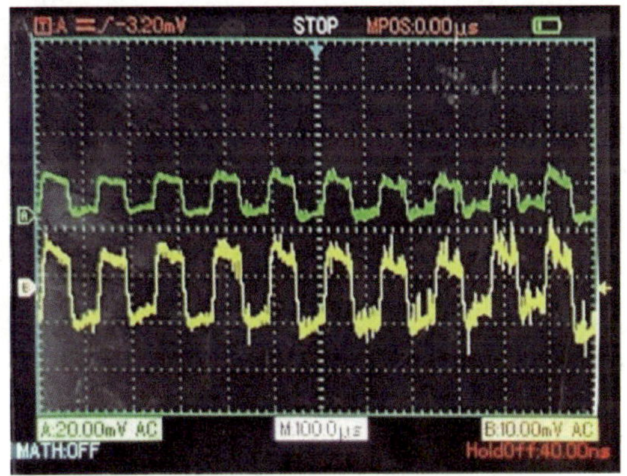

图 1-2-7　CAN-L 断路故障的 CAN 总线电压波形

③ CAN-H 对负极短路故障的 CAN 总线电压波形如图 1-2-8 所示。CAN-H 的电压为 0 V，CAN-L 的电压也为 0 V，但是在 CAN-L 上还能看到一小部分电压变化，说明 CAN-H 对负极短路。

④ CAN-L 对负极短路故障的 CAN 总线电压波形如图 1-2-9 所示。CAN-L 的电压为 0 V，CAN-H 的隐性电压也降为 0 V，但显性电压基本不变，因此波形被拉长，依

然可以传输信号，说明 CAN-L 对负极短路。

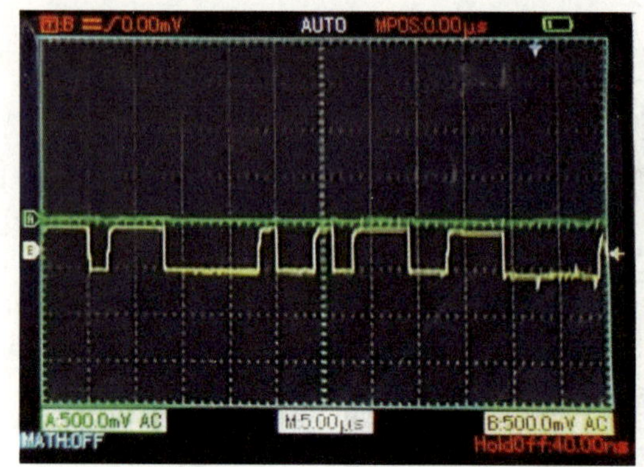

图 1-2-8　CAN-H 对负极短路故障的 CAN 总线电压波形

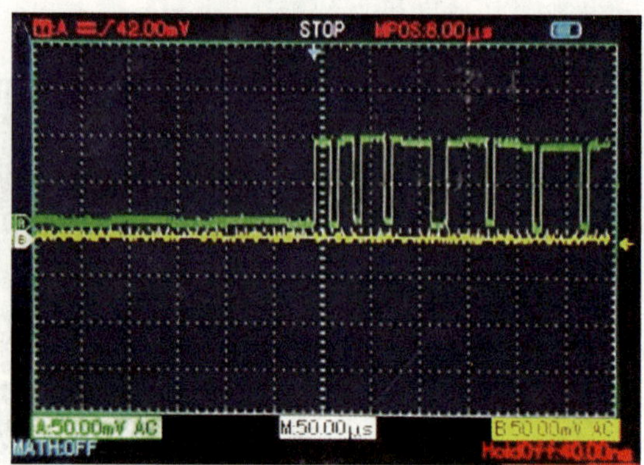

图 1-2-9　CAN-L 对负极短路故障的 CAN 总线电压波形

（3）CAN 总线系统终端电阻的特点

在 CAN 总线系统传输信号时，CAN 总线两端必须连接终端电阻才可以正常工作。例如，高频信号传输时，信号波长相对数据传输线较短，信号在数据传输线终端会形成反射波，干扰原信号，因此，高速 CAN 总线系统需要在数据传输线末端加终端电阻，使信号到达数据传输线末端后不反射。

终端电阻应与传输介质的阻抗相匹配，高速 CAN 总线系统的终端电阻标准值通常为 120 Ω，如图 1-2-10 所示。这个标准值是为了实现阻抗匹配和传输速率控制而设计的。通常很难构建出完全符合理论的网络系统，因此，在实际应用的汽车车载网络 CAN 总线系统中，单个终端电阻为 130～140 Ω，两个终端电阻并联为 65～70 Ω。

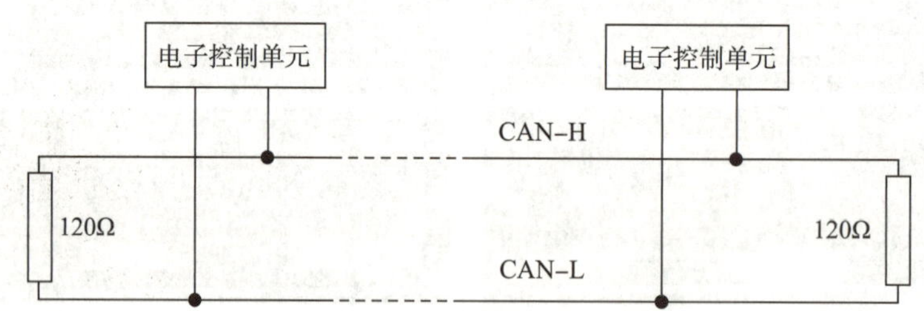

图 1-2-10　CAN 总线系统的终端电阻

二、新能源汽车车载网络系统的故障类型和检修方法

1. 新能源汽车车载网络系统的故障类型

如果新能源汽车车载网络系统发生故障，则整个车载网络中的有些信息将无法顺畅传输，导致接收这些信息的控制模块无法正常工作，进而为后续的故障诊断带来困难。汽车车载网络系统的故障一般可归纳为以下三类：电源电路故障、链路故障和节点故障。

（1）电源电路故障

新能源汽车控制模块的正常工作需要稳定且符合规格的供电电压。当电源系统提供的电压异常时，会导致控制模块的功能暂时失效，进而引发整车车载网络系统通信故障。

新能源汽车车载网络系统的中枢是控制模块。为确保控制模块稳定运行，其工作电压需要维持在 11~14 V 之间。若电源系统提供的电压低于此范围，将使部分对电压敏感的高要求控制模块暂时停止工作，进而导致整个车载网络系统经历短暂的通信中断。这种状况严重影响车辆的信息化管理和控制系统的高效运作。

（2）链路故障

新能源汽车车载网络 CAN 总线系统大部分采用双绞线结构作为数据传输线，该结构对保障数据传输的可靠性至关重要。然而，当数据传输线出现短路、断路或物理性质变化（如老化、磨损）时，通信信号可能会衰减或失真，这些状况均会干扰多个控制模块的正常工作，最终导致 CAN 总线系统瘫痪。

为准确判断故障类型是否为链路故障，通常借助示波器检测通信信号与标准信号是否保持一致。此外，还可以逐一断开总线连接，通过逐一排查的方式，查找确定故障部位。

（3）节点故障

节点故障属于控制模块故障范畴，是 CAN 总线系统的常见问题。节点故障分为软件故障和硬件故障两类。软件故障是指通信协议或软件程序出现问题，导致 CAN 总线系统通信异常或失效，这类故障通常批量出现，且难以修复。硬件故障是指控制模块芯片或集成电路损坏，导致 CAN 总线系统无法正常运行。

针对节点故障，一般采用替换法进行检测。

2. 新能源汽车车载网络系统的检修流程

（1）实施基本检查，检查汽车蓄电池静态电压、各插接器连接情况、相关熔丝和各控制模块与车身的搭铁情况等。

（2）连接故障诊断仪，与出现故障的电子控制系统进行通信，读取故障码。

（3）如有故障码，按故障码提示进行检修。当车载网络 CAN 总线系统故障码与其他故障码同时出现时，优先对 CAN 总线系统进行检修。如不能读取故障码，则继续进行后续步骤。

（4）检查控制模块的供电和搭铁回路是否正常。

（5）检查 CAN 总线数据传输线是否正常，应先使用多通道示波器检测 CAN 总线电压波形，如不正常，再使用万用表检测 CAN 总线数据传输线是否出现断路、短路故障。

（6）断开控制模块插接器，对控制模块 CAN 总线接口两端的终端电阻进行检测，如不符合要求，则说明控制模块内部不正常。

（7）断开控制模块插接器，检查 CAN 总线接口的接触情况，并在控制模块不接入车载网络系统的情况下，观察故障现象的变化，如故障消失，则说明控制模块硬件损坏或内部软件故障（如未进行编程、设定等）。

（8）对控制模块进行重新设定，如故障仍不消失，则应更换新的控制模块并重新进行编程、设定。

3. 新能源汽车车载网络系统的检修注意事项

汽车车载网络系统使用了大量的电子设备，在进行检修时必须按照操作规范进行，以保证电子设备和电路的安全。

（1）在检查电路之前确保关闭起动按钮或断开点火开关，断开蓄电池负极电缆，禁止在起动按钮或点火开关接通时断开或重新连接动力系统接口模块插接器。

（2）为避免损坏插接器端子，在对动力系统接口模块插接器进行检测时，务必使用合适的测量引线或探针。不要触摸动力系统接口模块插接器端子或动力系统接口模块电路板上的锡焊元件，以防静电放电造成损坏。

（3）当需要更换插接器时，必须更换同型号的插接器，以保证正确的配合，防止电路中的电阻过大。在更换新的控制模块后，必须根据维修手册确定是否需要对新的控制模块重新进行编程；控制模块的编程可以使用专用的故障诊断仪，按屏幕显示信息提示进行操作。

三、OBD 诊断口的电路

车载自诊断系统（OBD）在汽车运行过程中不断监测电子控制系统各部分的工作情况，能检测出电子控制系统中的大部分故障，并将故障信息以故障码（DTC）的形式存储在电子控制单元的存储器内。只要不拆下蓄电池，这些故障码将一直保存在电子控制单元内。OBD 诊断口（DLC）是车载自诊断系统的外部接口，将车载网络 CAN 总线系统诊断线路外接。维修人员可使用故障诊断仪连接 OBD 诊断口插接器，读取故障码和数据流，为检测与诊断电子控制系统故障提供依据。

以比亚迪 e5 为例，其 OBD 诊断口电路如图 1-2-11 所示。

1. OBD 诊断口电源电路

OBD 诊断口由常电供电，常电电路通过熔丝 F2/41 由插接器 G03/16 端子连接 OBD 诊断口。搭铁电路由插接器 G03/4 端子、插接器 G03/5 端子通过导线连接到 2# 搭铁 Eg02。

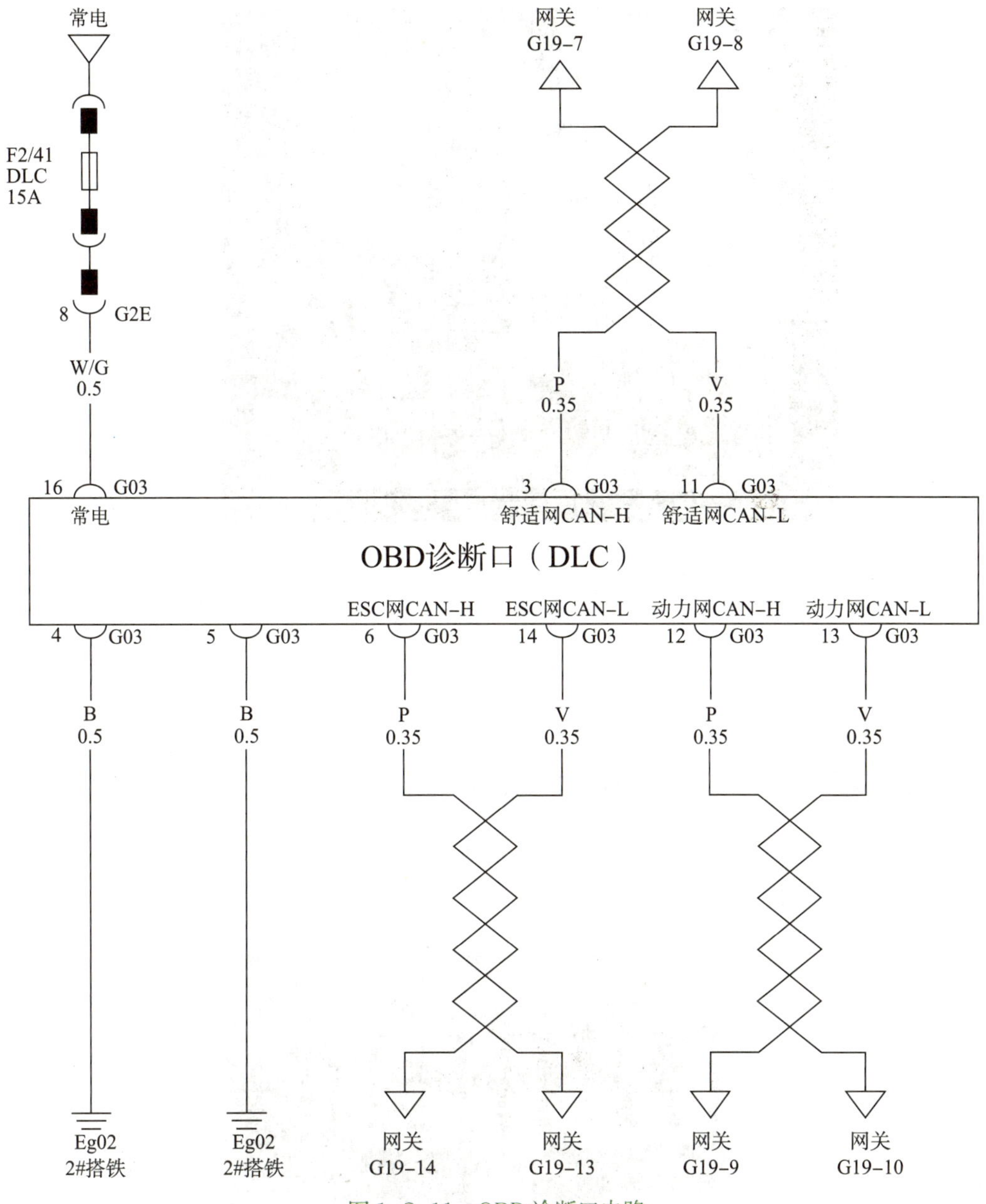

常电
F2/41
DLC
15A
8 G2E
W/G
0.5

网关
G19-7
网关
G19-8
P
0.35
V
0.35

16 G03 3 G03 11 G03
常电 舒适网CAN-H 舒适网CAN-L
OBD诊断口（DLC）
ESC网CAN-H ESC网CAN-L 动力网CAN-H 动力网CAN-L
4 G03 5 G03 6 G03 14 G03 12 G03 13 G03

B 0.5
B 0.5
P 0.35
V 0.35
P 0.35
V 0.35

Eg02 2#搭铁
Eg02 2#搭铁
网关 G19-14
网关 G19-13
网关 G19-9
网关 G19-10

图 1-2-11 OBD 诊断口电路

熔丝 F2/41 在仪表板配电盒中，如图 1-2-12 所示。

2. OBD 诊断口 CAN 总线电路

动力网支总线 CAN-H、CAN-L 以双绞线的形式分别通过插接器 G03/12 端子、插接器 G03/13 端子连接到 OBD 诊断口；ESC 网支总线 CAN-H、CAN-L 以双绞线的形式分别通过插接器 G03/6 端子、插接器 G03/14 端子连接到 OBD 诊断口；舒适网支总线 CAN-H、CAN-L 以双绞线的形式分别通过插接器 G03/3 端子、插接器 G03/11 端子连接到 OBD 诊断口。

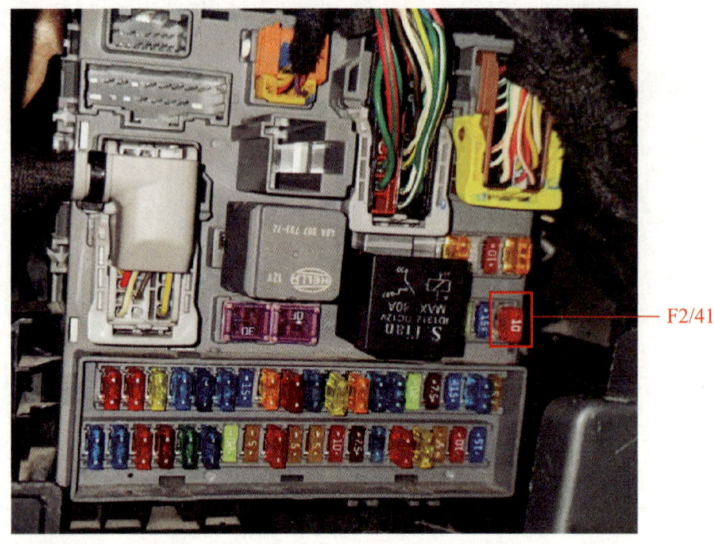

图 1-2-12　熔丝 F2/41 的位置

OBD 诊断口通过 CAN 总线分别将动力网、ESC 网、舒适网与网关控制模块相连，在网关控制模块内部设置有对应上述 3 个网络 CAN 总线系统的 3 个终端电阻，标准值均为 120 Ω。

3. OBD 诊断口插接器及其端子功能定义

OBD 诊断口插接器 G03 位于驾驶室仪表板左下方，其外形如图 1-2-13 所示，其端子功能定义见表 1-2-1。

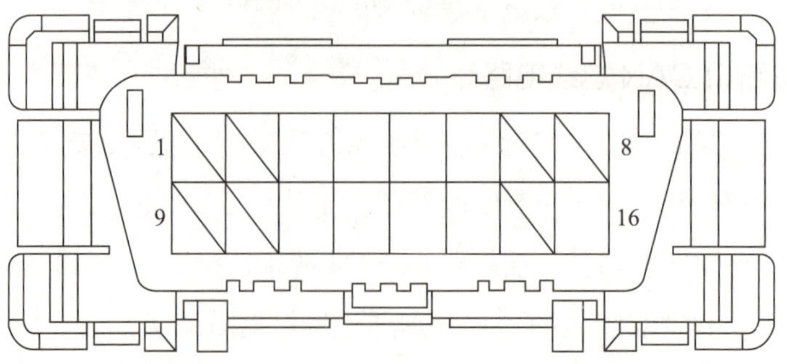

图 1-2-13　OBD 诊断口插接器 G03 的外形

表 1-2-1　　OBD 诊断口插接器 G03 的端子功能定义

端子号	功能定义	端子号	功能定义
G03/1	盲堵	G03/9	盲堵
G03/2	盲堵	G03/10	盲堵
G03/3	舒适网 CAN-H	G03/11	舒适网 CAN-L
G03/4	车身搭铁	G03/12	动力网 CAN-H
G03/5	信号搭铁	G03/13	动力网 CAN-L
G03/6	ESC 网 CAN-H	G03/14	ESC 网 CAN-L
G03/7	盲堵	G03/15	盲堵
G03/8	盲堵	G03/16	常电

任务实施

一、器材准备

按表 1-2-2 准备任务实施所需的器材。

表 1-2-2　　器材清单

类别	名称
工具	数字式万用表、测试线、探针、棘轮手柄、套筒、螺钉旋具等
设备	实训车辆（以比亚迪 e5 为例）、工具车、零件车、故障诊断仪、示波器等
材料	电工胶布、熔丝等
资料	维修手册、电路图等
其他	安全帽、护目镜、绝缘手套等人员防护用品，翼子板布、座椅套、转向盘套等车辆防护用品，危险警示牌、危险作业隔离带、绝缘垫等现场安全防护设施

二、检修基本操作

1. 作业前准备工作

（1）车辆防护

1）将车辆停放在通风、明亮的维修工位。

2）拉起驻车制动操纵杆，将起动按钮置于 OFF 挡位。

3）给四个车轮垫好车轮挡块，在车内安装好车内防护用品。

4）打开前舱盖，安装好车外防护用品。

5）在作业区周围做好隔离，铺好绝缘垫，放置危险警示牌。

6）在车辆前、后 1 m 范围至少放置 1 个灭火器。

（2）人员防护

1）作业人员要求经过电工培训或持有特种作业操作证（电工作业）。

2）作业人员应根据作业项目需要做好自身安全防护，如佩戴安全帽、绝缘手套、护目镜等。

3）作业时要求至少有 1 名监护人员在现场进行监督。

2. 自诊断检查

（1）测量蓄电池电压

将起动按钮置于 ON 挡位，车辆上电；降下驾驶位车门玻璃，确认车辆状态；将起动按钮置于 OFF 挡位，车辆下电。

如图 1-2-14 所示，使用数字式万用表测量蓄电池电压，将所测得的数值与表 1-2-3 中的标准值进行对比，分析、判断蓄电池电压是否正常。

图 1-2-14　蓄电池电压的测量

表 1-2-3　蓄电池电压的标准值

测量部位	说明	条件	标准值 /V
蓄电池正极 – 负极	蓄电池电压	起动按钮置于 OFF 挡位	11～14

（2）连接故障诊断仪

如图 1-2-15 所示，将故障诊断仪的蓝牙接收器连接仪表板左下方的 OBD 诊断口。

将起动按钮置于 ON 挡位，车辆上电，接通故障诊断仪电源开关，点击蓝牙进行匹配连接。当蓝牙接收器上的 Power 灯点亮为红色时，表示故障诊断仪与车辆自诊断系统连接正常。

图 1-2-15 故障诊断仪与 OBD 诊断口的连接

（3）读取故障码和数据流

确认蓄电池电压正常、故障诊断仪与车辆自诊断系统连接正常后，以读取电池管理系统的故障码为例，在故障诊断仪中根据屏幕显示信息提示进入“电池管理系统”界面，选择“读取故障码”选项。

提示：为了确保读取的故障信息为当前实时故障，应清除一次故障码后，再次读取故障码，与之前读取的故障码进行对比，确认故障码是新的故障码，而不是历史故障码。

1）如图 1-2-16 所示，若故障诊断仪显示“故障码数量：00”“系统正常”，则说明电池管理系统正常。

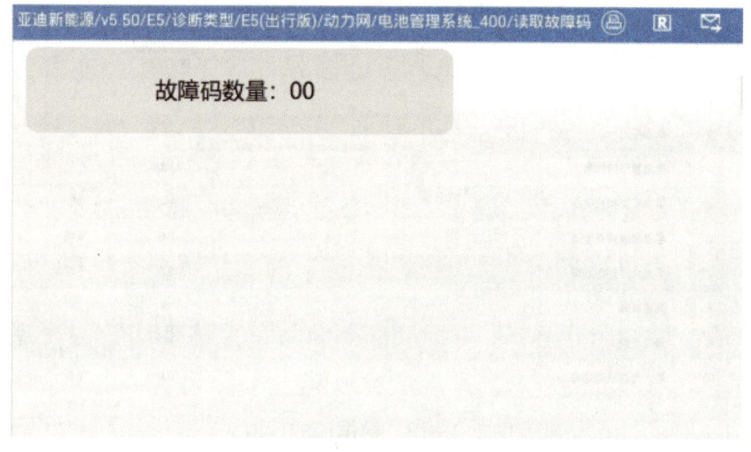

图 1-2-16　系统正常时故障诊断仪的显示

2）如图 1-2-17 所示，若故障诊断仪显示故障码，则说明电池管理系统出现故障且可以与电池管理控制模块进行通信。为了精准确认故障点，可以选择“读取数据流”选项，读取实时数据流，如图 1-2-18 所示。

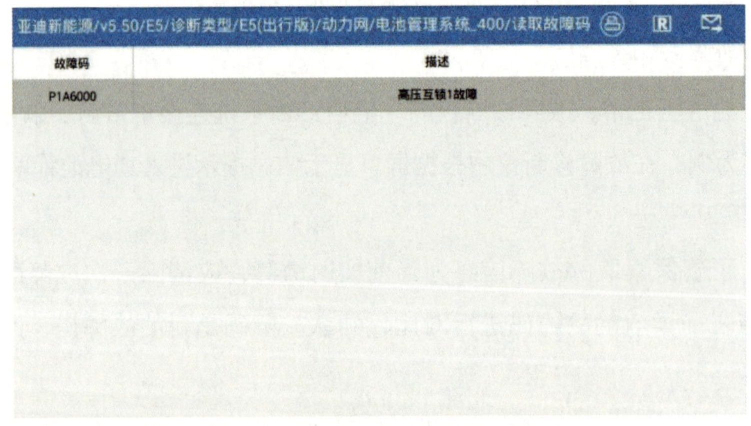

图 1-2-17　可以读取故障码时故障诊断仪的显示

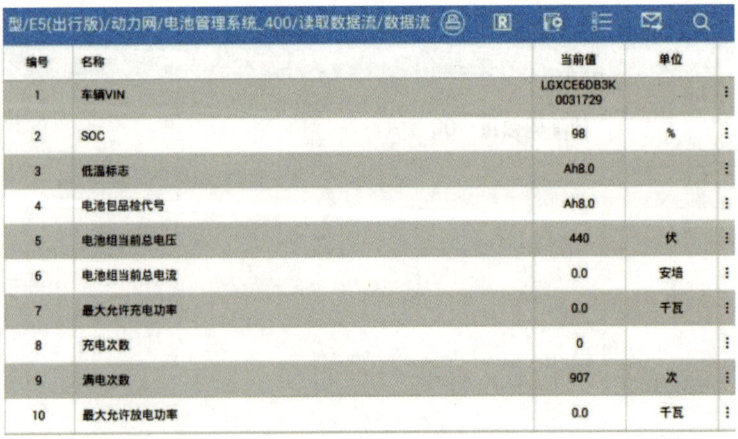

型/E5(出行版)/动力网/电池管理系统_400/读取数据流/数据流

编号	名称	当前值	单位
1	车辆VIN	LGXCE6DB3K 0031729	
2	SOC	98	%
3	低温标志	Ah8.0	
4	电池包品检代号	Ah8.0	
5	电池组当前总电压	440	伏
6	电池组当前总电流	0.0	安培
7	最大允许充电功率	0.0	千瓦
8	充电次数	0	
9	满电次数	907	次
10	最大允许放电功率	0.0	千瓦

图 1-2-18　数据流的读取

3）如图 1-2-19 所示，若故障诊断仪显示“ECU 无响应，通讯中断”，则说明无法与电池管理控制模块进行通信，故障范围是电池管理控制模块及其相关电路。

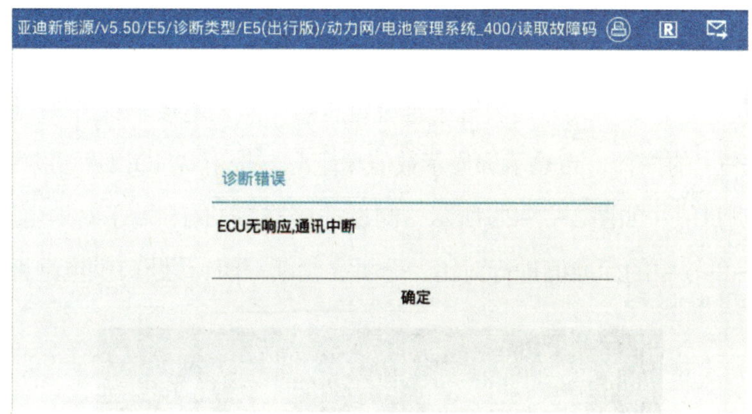

图 1-2-19　无法读取故障码时故障诊断仪的显示

3. 检测 OBD 诊断口电路

（1）测量 OBD 诊断口电源电路熔丝对地电压

1）测量前准备

①将起动按钮置于 OFF 挡位。

②将数字式万用表的黑表笔插入“COM”插孔，红表笔插入“V Ω”插孔；将挡位功能选择开关旋至电阻挡，观察显示屏显示是否正常、电量是否充足。

2）操作仪表。将数字式万用表置于直流电压挡，黑表笔接车身搭铁，红表笔先后接 OBD 诊断口电源电路熔丝 F2/41 的两端测试点，当显示屏显示数值稳定时，按下“HOLD”键。

图 1-2-20　熔丝 F2/41 对地电压的测量

3）读取测量值。如图 1-2-20 所示，测量熔丝 F2/41 对地电压；将所测得的数值与表 1-2-4 中的标准值进行对比，分析、判断 OBD 诊断口供电是否正常。

表 1-2-4　OBD 诊断口电源电路熔丝对地电压的标准值

测量部位	说明	条件	标准值 /V
熔丝 F2/41 - 车身搭铁	熔丝对地电压	起动按钮置于 OFF 挡位	11 ~ 14

（2）测量 OBD 诊断口插接器电源端子对地电压

1）测量前准备

①将起动按钮置于 OFF 挡位。

②在插接器 G03/16（常电）端子前端针孔处插上探针。

2）操作仪表。将数字式万用表置于直流电压挡，黑表笔接车身搭铁，红表笔接插接器 G03/16 端子上的探针，当显示屏显示数值稳定时，按下“HOLD”键。

3）读取测量值。如图 1-2-21 所示，测量插接器 G03/16 端子对地电压；将所测得的数值与表 1-2-5 中的标准值进行对比，分析、判断 OBD 诊断口供电是否正常。

图 1-2-21　插接器 G03/16 端子对地电压的测量

表 1-2-5　OBD 诊断口插接器电源端子对地电压的标准值

测量部位	说明	条件	标准值 /V
插接器 G03/16 端子 - 车身搭铁	电源端子对地电压	起动按钮置于 OFF 挡位	11～14

（3）测量 OBD 诊断口插接器搭铁端子对地电阻

测量 OBD 诊断口插接器 G03/4（车身搭铁）端子、插接器 G03/5（信号搭铁）端子对地电阻的方法基本相同。以测量插接器 G03/4 端子对地电阻为例，测量方法如下。

1）测量前准备

①将起动按钮置于 OFF 挡位。

②断开蓄电池负极电缆，等待 5 min。

③在插接器 G03/4 端子前端针孔处插上探针。

2）操作仪表。将数字式万用表置于电阻挡，黑表笔接车身搭铁，红表笔接插接器

G03/4 端子上的探针，当显示屏显示数值稳定时，按下“HOLD”键。

3）读取测量值。如图 1-2-22 所示，测量插接器 G03/4 端子对地电阻；采用同样的方法测量插接器 G03/5 端子对地电阻；将所测得的数值与表 1-2-6 中的标准值进行对比，分析、判断 OBD 诊断口搭铁是否正常。

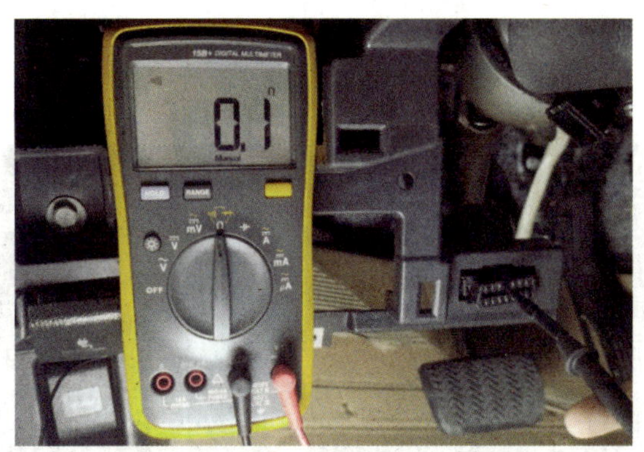

图 1-2-22　插接器 G03/4 端子对地电阻的测量

表 1-2-6　OBD 诊断口插接器搭铁端子对地电阻的标准值

测量部位	说明	条件	标准值 / Ω
插接器 G03/4 端子 - 车身搭铁	搭铁端子对地电阻	起动按钮置于 OFF 挡位，断开蓄电池负极电缆	<1
插接器 G03/5 端子 - 车身搭铁			

4. 通过 OBD 诊断口检测 CAN 总线电路

（1）检测 CAN 总线电压波形

在 OBD 诊断口测量动力网、ESC 网、舒适网 CAN 总线电压波形的方法基本相同。以在 OBD 诊断口测量动力网 CAN 总线电压波形为例，测量方法如下。

1）测量前准备

①将起动按钮置于 OFF 挡位。

②断开蓄电池负极电缆，等待 5 min。

③在插接器 G03/12（动力网 CAN-H）端子、插接器 G03/13（动力网 CAN-L）端子前端针孔处插上探针。

④将示波器通道 CH1、CH2 表笔分别连接插接器 G03/12 端子、插接器 G03/13 端子上的探针。

⑤连接蓄电池负极电缆。

⑥将起动按钮置于 ON 挡位。

2）操作仪器。接通示波器电源开关，调整波形的频率、幅值至合适区域，固定并存储所测量的串行数据。

3）读取测量值。如图 1-2-23 所示，测量动力网 CAN 总线电压波形；采用同样的方法测量 ESC 网、舒适网 CAN 总线电压波形；将所测得的波形与正常波形进行对比，分析、判断动力网、ESC 网、舒适网 CAN 总线数据传输线是否正常。如果所测得的波形为异常波形，则参考模块一任务 2 中的异常波形，进一步确定故障类型。

图 1-2-23　在 OBD 诊断口进行动力网 CAN 总线电压波形的测量

（2）测量 CAN 总线电压

在 OBD 诊断口测量动力网、ESC 网、舒适网 CAN 总线电压的方法基本相同。以在 OBD 诊断口测量舒适网 CAN 总线电压为例，测量方法如下。

1）测量前准备

①将起动按钮置于 OFF 挡位。

②断开蓄电池负极电缆，等待 5 min。

③在插接器 G03/3（舒适网 CAN-H）端子、插接器 G03/11（舒适网 CAN-L）端子前端针孔处插上探针。

④连接蓄电池负极电缆。

⑤将起动按钮置于 ON 挡位。

2）操作仪表。将数字式万用表置于直流电压挡，黑表笔接车身搭铁，红表笔先后接插接器 G03/3 端子、插接器 G03/11 端子上的探针，当显示屏显示数值稳定时，按下“HOLD”键。

3）读取测量值。如图 1-2-24 所示，测量舒适网 CAN 总线电压；采用同样的方法

测量动力网、ESC 网 CAN 总线电压；将所测得的数值与表 1-2-7 中的标准值进行对比，分析、判断动力网、ESC 网、舒适网 CAN 总线数据传输线是否正常。

a）

b）

图 1-2-24 在 OBD 诊断口进行舒适网 CAN 总线电压的测量
a）CAN-H 对地电压 b）CAN-L 对地电压

表 1-2-7 CAN 总线电压的标准值

测量部位	说明	条件	标准值 /V
插接器 G03/12 端子 - 车身搭铁	动力网 CAN-H 对地电压	起动按钮置于 ON 挡位	2.5～3.5
插接器 G03/13 端子 - 车身搭铁	动力网 CAN-L 对地电压		1.5～2.5
插接器 G03/6 端子 - 车身搭铁	ESC 网 CAN-H 对地电压		2.5～3.5
插接器 G03/14 端子 - 车身搭铁	ESC 网 CAN-L 对地电压		1.5～2.5
插接器 G03/3 端子 - 车身搭铁	舒适网 CAN-H 对地电压		2.5～3.5
插接器 G03/11 端子 - 车身搭铁	舒适网 CAN-L 对地电压		1.5～2.5

（3）测量 CAN 总线系统终端电阻

在 OBD 诊断口测量动力网、ESC 网、舒适网 CAN 总线系统终端电阻的方法基本相同。以在 OBD 诊断口测量舒适网 CAN 总线系统终端电阻为例，测量方法如下。

1）测量前准备

①将起动按钮置于 OFF 挡位。

②断开蓄电池负极电缆，等待 5 min。

③在插接器 G03/3（舒适网 CAN-H）端子、插接器 G03/11（舒适网 CAN-L）端子前端针孔处插上探针。

2）操作仪表。将数字式万用表置于电阻挡，红、黑表笔分别接插接器 G03/3 端子、插接器 G03/11 端子上的探针，当显示屏显示数值稳定时，按下“HOLD”键。

3）读取测量值。如图 1-2-25 所示，测量舒适网 CAN 总线系统终端电阻；采用同样的方法测量动力网、ESC 网 CAN 总线系统终端电阻；将所测得的数值与表 1-2-8 中的标准值进行对比，分析、判断动力网、ESC 网、舒适网 CAN 总线系统终端电阻是否正常。

图 1-2-25　在 OBD 诊断口进行舒适网 CAN 总线系统终端电阻的测量

表 1-2-8　CAN 总线系统终端电阻的标准值

测量部位	说明	条件	标准值 /Ω
插接器 G03/12 端子 - 插接器 G03/13 端子	动力网 CAN 总线系统终端电阻	起动按钮置于 OFF 挡位，断开蓄电池负极电缆	约 60
插接器 G03/6 端子 - 插接器 G03/14 端子	ESC 网 CAN 总线系统终端电阻		
插接器 G03/3 端子 - 插接器 G03/11 端子	舒适网 CAN 总线系统终端电阻		

任务 3 | 网关控制模块检修

学习目标

1. 能叙述网关控制系统的功能和组成。
2. 能分析网关控制模块电路。
3. 能对网关控制模块进行自诊断检查。
4. 能检测网关控制模块电源电路和 CAN 总线电路。

●任务描述

某新能源汽车进厂维修，车主反映踩下制动踏板、将起动按钮置于 ON 挡位后，OK 指示灯未点亮（车辆无法上电），组合仪表显示屏显示“请检查 ABS 系统”“请检查动力系统”等提示，无法显示动力电池剩余电量，多个警报指示灯同时点亮，如图 1-3-1 所示。班组长使用故障诊断仪连接车辆自诊断系统、读取网关控制模块故障码时，故障诊断仪显示“ECU 无响应，通讯中断”，由此初步判断为网关控制模块通信故障，现安排你负责检修。作为一名维修人员，你如何检修上述故障？

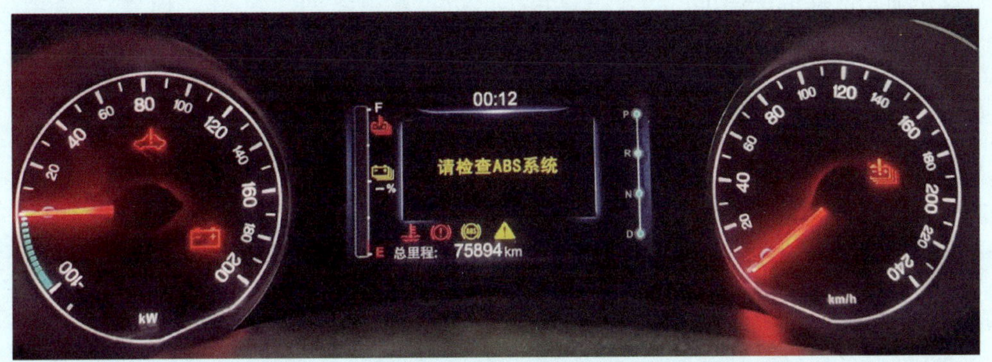

图 1-3-1　网关控制模块通信故障的信息显示

●任务分析

OK 指示灯未点亮，组合仪表显示屏提示检查多个系统，无法显示动力电池剩余电量，多个警报指示灯同时点亮，说明多个 CAN 总线系统同时出现故障；使用故障诊断仪连接车辆自诊断系统、读取网关控制模块故障码时，故障诊断仪显示“ECU 无响应，通讯中断”，说明网关控制模块通信故障。考虑到网关控制模块与 CAN 总线系统的连接关系，检修内容需要覆盖网关控制模块及其相关电路。

相关知识

一、网关控制系统的功能

网关控制系统是在采用不同体系结构或通信协议的网络之间进行互通时，实现通信协议转换、数据信息交换等网络兼容功能的系统，俗称为网络之间的插接器、通信协议的转换器、数据信息的翻译器。网关控制系统既可以用于广域互联，又可以用于局域互联。

网关控制系统的功能如下：

1. 可以将汽车车载网络系统的数据转换为可以识别的 OBD II 诊断数据语言，方便故障诊断。

2. 实现汽车车载低速网络和高速网络的信息共享。

3. 接收和发送信息。

4. 激活和监控汽车车载网络工作状态。

5. 实现车辆数据的同步。

6. 对信息标识符作翻译。

二、网关控制系统的组成

1. 组成

网关控制系统主要由网关控制模块（又称网关控制器）、CAN 总线（主总线）等组成。

以比亚迪 e5 为例，其网关控制模块如图 1-3-2 所示。

2. 网关控制模块的安装位置

以比亚迪 e5 为例，其网关控制模块安装在仪表板手套箱后方，如图 1-3-3 所示。

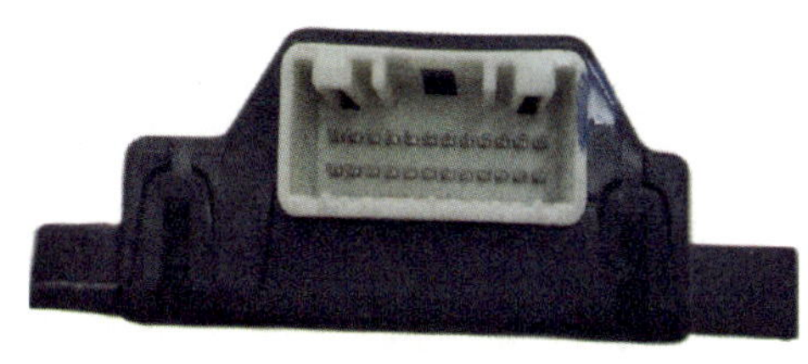

a） b）

图 1-3-2 网关控制模块

a）正面 b）侧面

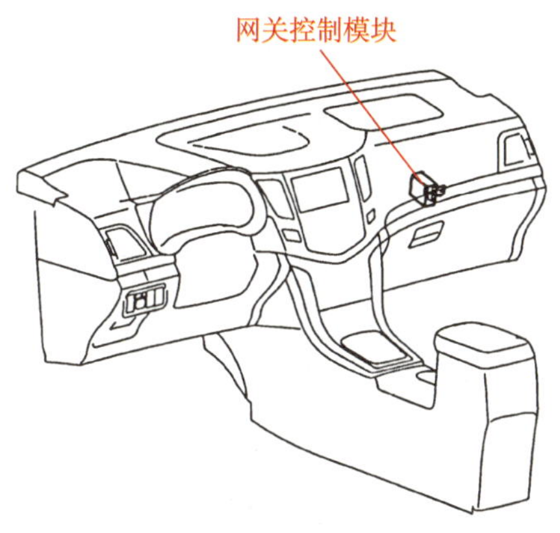

图 1-3-3 网关控制模块的安装位置

三、网关控制模块的电路

以比亚迪 e5 为例，其网关控制模块电路如图 1-3-4 所示。

1. 网关控制模块电源电路

网关控制模块由常电、IG1 电供电，常电电路通过熔丝 F2/46 由插接器 G19/16 端子连接网关控制模块，IG1 电电路通过熔丝 F2/33 由插接器 G19/12 端子连接网关控制模块。搭铁电路由插接器 G19/11 端子、插接器 G19/15 端子、插接器 G19/23 端子通过导线连接到 5# 搭铁 Eg05。

熔丝 F2/46、F2/33 在仪表板配电盒中，如图 1-3-5 所示。

2. 网关控制模块 CAN 总线电路

动力网主总线 CAN-H、CAN-L 以双绞线的形式分别通过插接器 G19/9 端子、插接器 G19/10 端子连接到网关控制模块；ESC 网主总线 CAN-H、CAN-L 以双绞线的形式分别通过插接器 G19/14 端子、插接器 G19/13 端子连接到网关控制模块；舒适网主总线 CAN-H、CAN-L 以双绞线的形式分别通过插接器 G19/7 端子、插接器 G19/8 端子连接到网关控制模块。

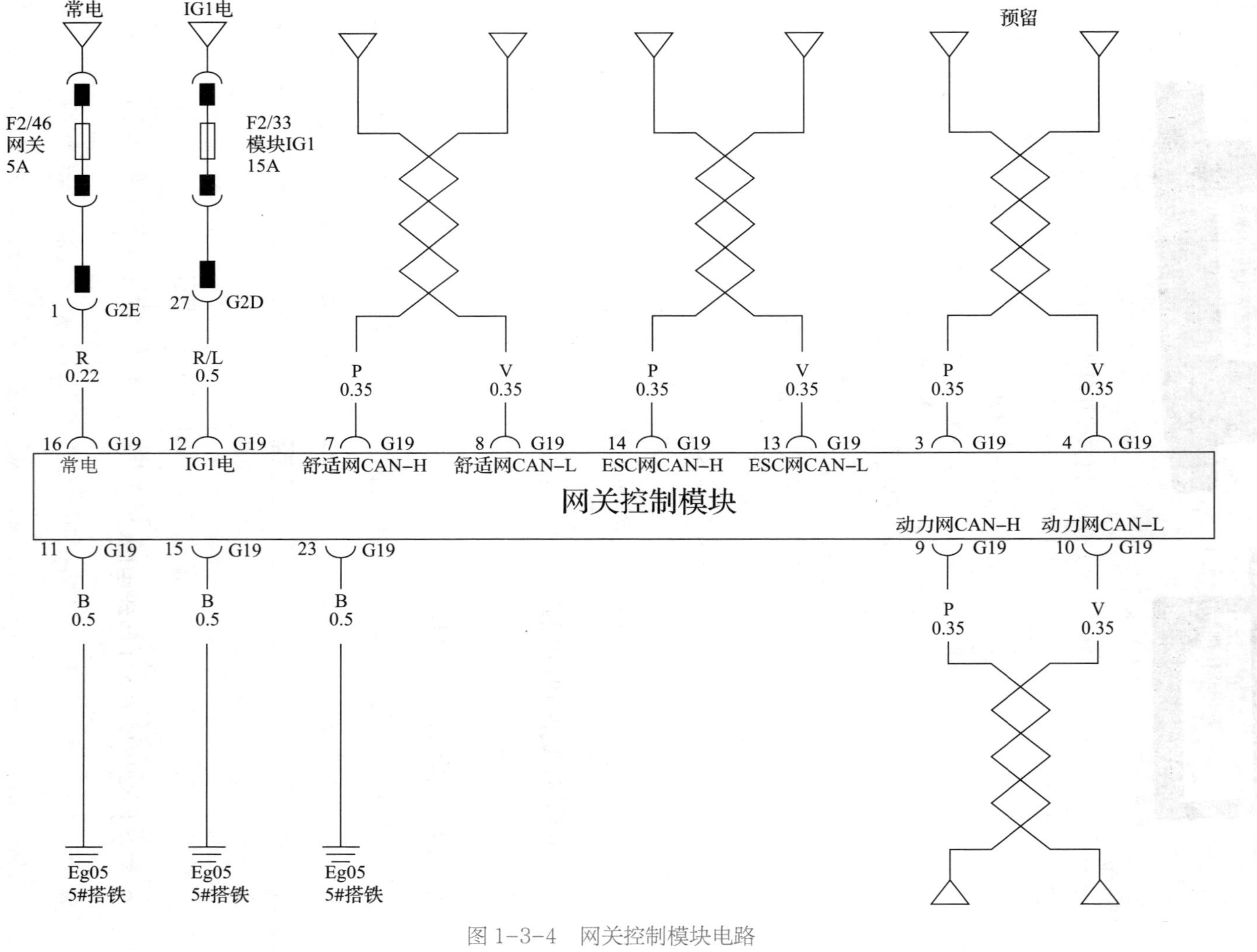

图 1-3-4　网关控制模块电路

图 1-3-5　熔丝 F2/46、F2/33 的位置

网关控制模块与电池管理控制模块通过动力网主总线相连，两者内部均设置有动力网终端电阻；网关控制模块与 ABS 控制模块通过 ESC 网主总线相连，两者内部均设置有 ESC 网终端电阻；网关控制模块与车身控制模块通过舒适网主总线相连，两者内部均设置有舒适网终端电阻。终端电阻的标准值均为 120 Ω。

3. 网关控制模块插接器及其端子功能定义

网关控制模块插接器 G19 的外形如图 1-3-6 所示，其部分端子功能定义见表 1-3-1。

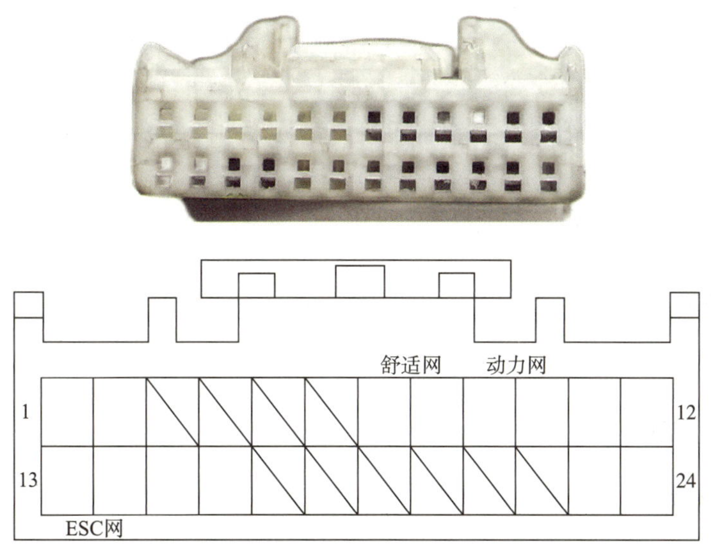

图 1-3-6　网关控制模块插接器 G19 的外形

表 1-3-1　网关控制模块插接器 G19 的部分端子功能定义

端子号	功能定义	端子号	功能定义
G19/7	舒适网 CAN-H	G19/13	ESC 网 CAN-L

续表

端子号	功能定义	端子号	功能定义
G19/8	舒适网 CAN-L	G19/14	ESC 网 CAN-H
G19/9	动力网 CAN-H	G19/15	搭铁
G19/10	动力网 CAN-L	G19/16	常电
G19/11	搭铁	G19/23	搭铁
G19/12	IG1 电		

任务实施

一、器材准备

按表 1-3-2 准备任务实施所需的器材。

表 1-3-2　　器材清单

类别	名称
工具	数字式万用表、测试线、探针、棘轮手柄、套筒、螺钉旋具等
设备	实训车辆（以比亚迪 e5 为例）、工具车、零件车、故障诊断仪、示波器等
材料	电工胶布、熔丝等
资料	维修手册、电路图等
其他	安全帽、护目镜、绝缘手套等人员防护用品，翼子板布、座椅套、转向盘套等车辆防护用品，危险警示牌、危险作业隔离带、绝缘垫等现场安全防护设施

二、实施流程

任务实施流程如图 1-3-7 所示。

三、检修作业

1. 自诊断检查

确认蓄电池电压正常、故障诊断仪与车辆自诊断系统连接正常后，在故障诊断仪中根据屏幕显示信息提示进入“网关”界面，选择“读取故障码”选项，读取网关控制模块的故障码。

提示：为了确保读取的故障信息为当前实时故障，应清除一次故障码后，再次读取故障码，与之前读取的故障码进行对比，确认故障码是新的故障码，而不是历史故障码。

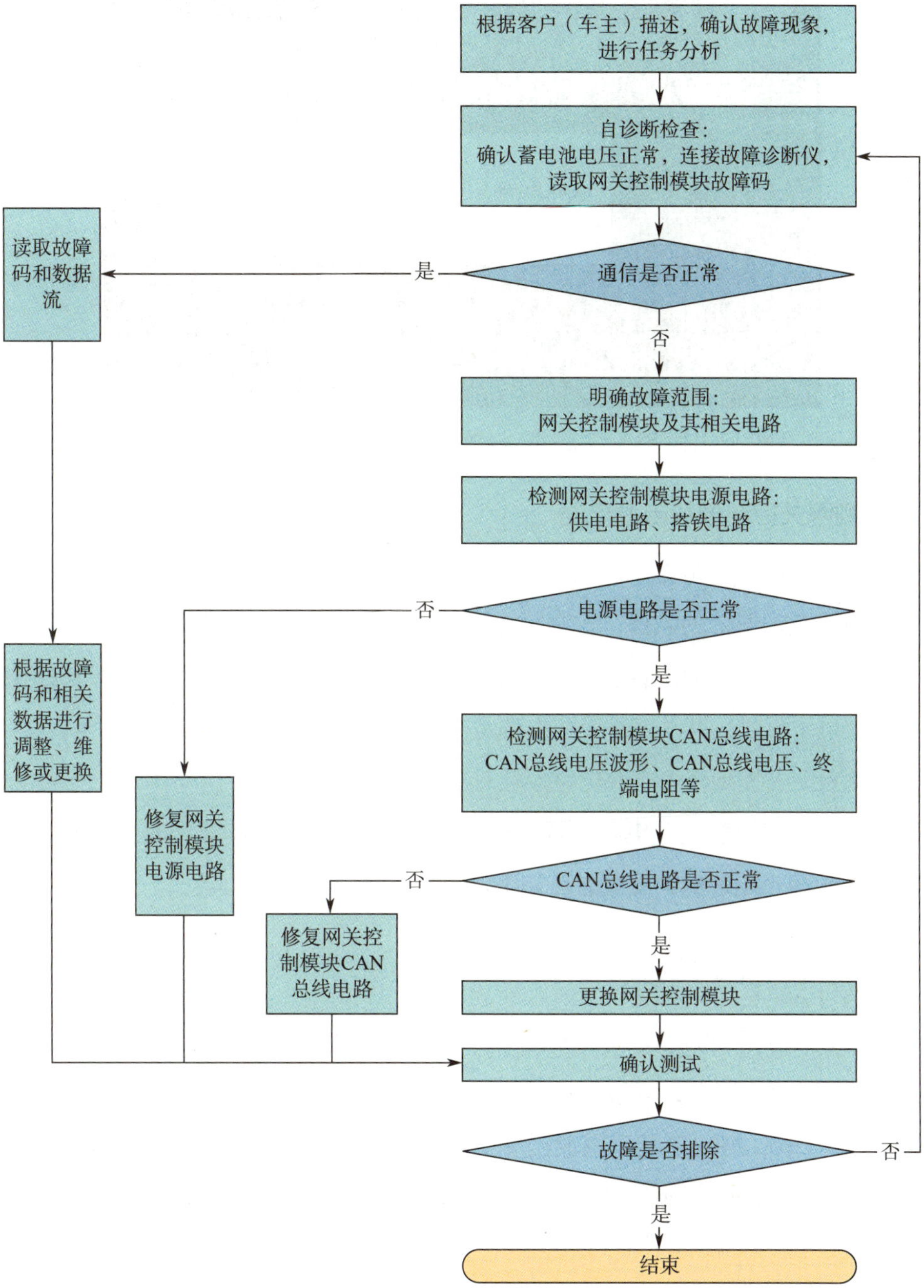

根据客户（车主）描述，确认故障现象，进行任务分析

自诊断检查：确认蓄电池电压正常，连接故障诊断仪，读取网关控制模块故障码

通信是否正常

是

读取故障码和数据流

根据故障码和相关数据进行调整、维修或更换

否

明确故障范围：网关控制模块及其相关电路

检测网关控制模块电源电路：供电电路、搭铁电路

电源电路是否正常

否

修复网关控制模块电源电路

是

检测网关控制模块CAN总线电路：CAN总线电压波形、CAN总线电压、终端电阻等

CAN总线电路是否正常

否

修复网关控制模块CAN总线电路

是

更换网关控制模块

确认测试

故障是否排除

否

是

结束

图 1-3-7　任务实施流程

如图 1-3-8 所示，若故障诊断仪显示“ECU 无响应，通讯中断”，则说明无法与网关控制模块进行通信，明确故障范围是网关控制模块及其相关电路。

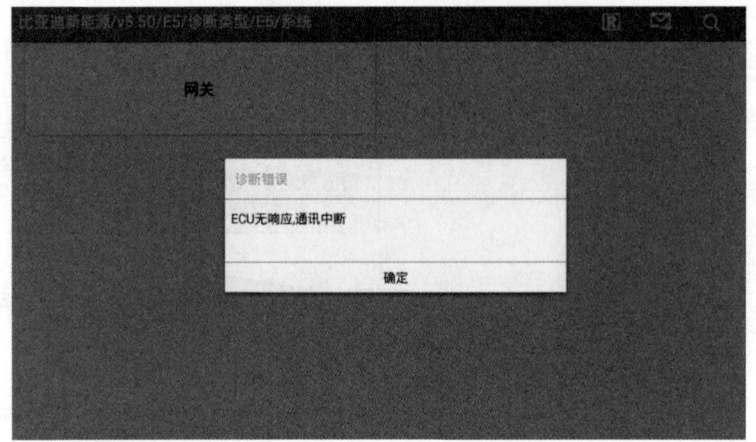

图 1-3-8　网关控制模块故障码的读取

2. 检测网关控制模块电源电路

控制模块的电源电路正常即供电和搭铁正常是保证控制模块正常工作的前提，也是保证控制模块正常通信的前提。控制模块电源电路检测分为供电电路检测和搭铁电路检测，其中，供电电路检测内容包括控制模块电源电路熔丝对地电压和控制模块插接器电源端子对地电压两项，搭铁电路检测内容是控制模块插接器搭铁端子对地电阻。

（1）测量网关控制模块电源电路熔丝对地电压

测量网关控制模块电源电路熔丝 F2/46、F2/33 对地电压的方法基本相同。以测量熔丝 F2/46 对地电压为例，测量方法如下。

1）测量前准备

①将起动按钮置于 OFF 挡位。

②将数字式万用表的黑表笔插入“COM”插孔，红表笔插入“V Ω”插孔；将挡位功能选择开关旋至电阻挡，观察显示屏显示是否正常、电量是否充足。

2）操作仪表。将数字式万用表置于直流电压挡，黑表笔接车身搭铁，红表笔先后接网关控制模块电源电路熔丝 F2/46 的两端测试点，当显示屏显示数值稳定时，按下“HOLD”键。

3）读取测量值。如图 1-3-9 所示，测量熔丝 F2/46 对地电压；将起动按钮置于 ON 挡位，采用同样的方法测量熔丝 F2/33 对地电压；将所测得的数值与表 1-3-3 中的标准值进行对比，分析、判断网关控制模块供电是否正常。

图 1-3-9 熔丝 F2/46 对地电压的测量

表 1-3-3 网关控制模块电源电路熔丝对地电压的标准值

测量部位	说明	条件	标准值 /V
熔丝 F2/46 - 车身搭铁	熔丝对地电压	起动按钮置于 OFF 挡位	11 ~ 14
熔丝 F2/33 - 车身搭铁		起动按钮置于 ON 挡位	

（2）测量网关控制模块插接器电源端子对地电压

测量网关控制模块插接器 G19/16（常电）端子、插接器 G19/12（IG1 电）端子对地电压的方法基本相同。以测量插接器 G19/16 端子对地电压为例，测量方法如下。

1）拆卸网关控制模块外围部件。为便于测量网关控制模块插接器电源端子对地电压，测量前应先拆卸网关控制模块外围部件（手套箱总成）。

①打开手套箱，在手套箱右侧找到手套箱气动弹簧，将手套箱上安装气动弹簧的卡扣挤压变形后取出气动弹簧，脱开气动弹簧与手套箱总成的连接，如图 1-3-10 所示。

图 1-3-10 气动弹簧与手套箱总成连接的脱开

②将手套箱两侧的限位柱通过挤压变形取出，使仪表板下本体对手套箱不再有限位功能。

③将手套箱总成转轴与仪表板下本体配合紧固处脱开，取出手套箱总成。

2）测量前准备

①将起动按钮置于 OFF 挡位。

②断开蓄电池负极电缆，等待 5 min。

③断开插接器 G19 与网关控制模块的连接。

④在插接器 G19/16 端子前端针孔处插上探针。

⑤连接蓄电池负极电缆。

3）操作仪表。将数字式万用表置于直流电压挡，黑表笔接车身搭铁，红表笔接插接器 G19/16 端子上的探针，当显示屏显示数值稳定时，按下“HOLD”键。

4）读取测量值。如图 1-3-11 所示，测量插接器 G19/16 端子对地电压；将起动按钮置于 ON 挡位，采用同样的方法测量插接器 G19/12 端子对地电压；将所测得的数值与表 1-3-4 中的标准值进行对比，分析、判断网关控制模块供电是否正常。

图 1-3-11　插接器 G19/16 端子对地电压的测量

表 1-3-4　　网关控制模块插接器电源端子对地电压的标准值

测量部位	说明	条件	标准值 /V
插接器 G19/16 端子 - 车身搭铁	电源端子对地电压	起动按钮置于 OFF 挡位	11 ~ 14
插接器 G19/12 端子 - 车身搭铁		起动按钮置于 ON 挡位	

（3）测量网关控制模块插接器搭铁端子对地电阻

测量网关控制模块插接器 G19/11（搭铁）端子、插接器 G19/15（搭铁）端子、插接器 G19/23（搭铁）端子对地电阻的方法基本相同。以测量插接器 G19/11 端子对地电阻为例，测量方法如下。

1）测量前准备

①将起动按钮置于 OFF 挡位。

②断开蓄电池负极电缆，等待 5 min。

③断开插接器 G19 与网关控制模块的连接。

④在插接器 G19/11 端子前端针孔处插上探针。

2）操作仪表。将数字式万用表置于电阻挡，黑表笔接车身搭铁，红表笔接插接器 G19/11 端子上的探针，当显示屏显示数值稳定时，按下“HOLD”键。

3）读取测量值。如图 1-3-12 所示，测量插接器 G19/11 端子对地电阻；采用同样的方法测量插接器 G19/15 端子、插接器 G19/23 端子对地电阻；将所测得的数值与表 1-3-5 中的标准值进行对比，分析、判断网关控制模块搭铁是否正常。

图 1-3-12　插接器 G19/11 端子对地电阻的测量

表 1-3-5　　网关控制模块插接器搭铁端子对地电阻的标准值

<table>
<tr><th>测量部位</th><th>说明</th><th>条件</th><th>标准值 / Ω</th></tr>
<tr><td>插接器 G19/11 端子 - 车身搭铁</td><td rowspan="3">搭铁端子对地电阻</td><td rowspan="3">起动按钮置于 OFF 挡位，断开蓄电池负极电缆</td><td rowspan="3"><1</td></tr>
<tr><td>插接器 G19/15 端子 - 车身搭铁</td></tr>
<tr><td>插接器 G19/23 端子 - 车身搭铁</td></tr>
</table>

3. 检测网关控制模块 CAN 总线电路

（1）检测网关控制模块 CAN 总线电压波形

测量网关控制模块动力网、ESC 网、舒适网 CAN 总线电压波形的方法基本相同。以测量网关控制模块 ESC 网 CAN 总线电压波形为例，测量方法如下。

1）测量前准备

①将起动按钮置于 OFF 挡位。

②断开蓄电池负极电缆，等待 5 min。

③在插接器 G19/14（ESC 网 CAN-H）端子、插接器 G19/13（ESC 网 CAN-L）端子后端引线处插上探针。

④将示波器通道 CH1、CH2 表笔分别连接插接器 G19/14 端子、插接器 G19/13 端子上的探针。

⑤连接蓄电池负极电缆。

⑥将起动按钮置于 ON 挡位。

2）操作仪器。接通示波器电源开关，调整波形的频率、幅值至合适区域，固定并存储所测量的串行数据。

3）读取测量值。如图 1-3-13 所示，测量网关控制模块 ESC 网 CAN 总线电压波形；采用同样的方法测量网关控制模块动力网、舒适网 CAN 总线电压波形；将所测得的波形与正常波形进行对比，分析、判断网关控制模块 CAN 总线数据传输线是否正常。如果所测得的波形为异常波形，则参考模块一任务 2 中的异常波形，进一步确定故障类型。

图 1-3-13　网关控制模块 ESC 网 CAN 总线电压波形的测量

（2）测量网关控制模块 CAN 总线电压

测量网关控制模块动力网、ESC 网、舒适网 CAN 总线电压的方法基本相同。以测量网关控制模块动力网 CAN 总线电压为例，测量方法如下。

1）测量前准备

①将起动按钮置于 OFF 挡位。

②断开蓄电池负极电缆，等待 5 min。

③在插接器 G19/9（动力网 CAN-H）端子、插接器 G19/10（动力网 CAN-L）端子后端引线处插上探针。

④连接蓄电池负极电缆。

⑤将起动按钮置于 ON 挡位。

2）操作仪表。将数字式万用表置于直流电压挡，黑表笔接车身搭铁，红表笔先后接插接器 G19/9 端子、插接器 G19/10 端子上的探针，当显示屏显示数值稳定时，按下“HOLD”键。

3）读取测量值。如图 1-3-14 所示，测量网关控制模块动力网 CAN 总线电压；采用同样的方法测量网关控制模块 ESC 网、舒适网 CAN 总线电压；将所测得的数值与表 1-3-6 中的标准值进行对比，分析、判断网关控制模块 CAN 总线数据传输线是否正常。

a）

b）

图 1-3-14 网关控制模块动力网 CAN 总线电压的测量

a）CAN-H 对地电压 b）CAN-L 对地电压

表 1-3-6 网关控制模块 CAN 总线电压的标准值

测量部位	说明	条件	标准值 /V
插接器 G19/9 端子 - 车身搭铁	动力网 CAN-H 对地电压	起动按钮置于 ON 挡位	2.5～3.5
插接器 G19/10 端子 - 车身搭铁	动力网 CAN-L 对地电压		1.5～2.5
插接器 G19/14 端子 - 车身搭铁	ESC 网 CAN-H 对地电压		2.5～3.5
插接器 G19/13 端子 - 车身搭铁	ESC 网 CAN-L 对地电压		1.5～2.5
插接器 G19/7 端子 - 车身搭铁	舒适网 CAN-H 对地电压		2.5～3.5
插接器 G19/8 端子 - 车身搭铁	舒适网 CAN-L 对地电压		1.5～2.5

（3）测量网关控制模块外部终端电阻

测量网关控制模块动力网、ESC 网、舒适网外部终端电阻的方法基本相同。以测量网关控制模块舒适网外部终端电阻为例，测量方法如下。

1）测量前准备

①将起动按钮置于 OFF 挡位。

②断开蓄电池负极电缆，等待 5 min。

③断开插接器 G19 与网关控制模块的连接。

④在插接器 G19/7（舒适网 CAN-H）端子、插接器 G19/8（舒适网 CAN-L）端子前端针孔处插上探针。

2）操作仪表。将数字式万用表置于电阻挡，红、黑表笔分别接插接器 G19/7 端子、插接器 G19/8 端子上的探针，当显示屏显示数值稳定时，按下“HOLD”键。

3）读取测量值。如图 1-3-15 所示，测量网关控制模块舒适网外部终端电阻；采用同样的方法测量网关控制模块动力网、ESC 网外部终端电阻；将所测得的数值与表 1-3-7 中的标准值进行对比，分析、判断网关控制模块 CAN 总线数据传输线是否正常。

图 1-3-15　网关控制模块舒适网外部终端电阻的测量

表 1-3-7　网关控制模块外部终端电阻的标准值

测量部位	说明	条件	标准值 /Ω
插接器 G19/9 端子 - 插接器 G19/10 端子	网关控制模块动力网外部终端电阻	起动按钮置于 OFF 挡位，断开蓄电池负极电缆	约 120
插接器 G19/14 端子 - 插接器 G19/13 端子	网关控制模块 ESC 网外部终端电阻		
插接器 G19/7 端子 - 插接器 G19/8 端子	网关控制模块舒适网外部终端电阻		

（4）测量网关控制模块内部终端电阻

测量网关控制模块动力网、ESC 网、舒适网内部终端电阻的方法基本相同。以测量网关控制模块动力网内部终端电阻为例，测量方法如下。

1）测量前准备

①将起动按钮置于 OFF 挡位。

②断开蓄电池负极电缆，等待 5 min。

③断开插接器 G19 与网关控制模块的连接。

④拆卸网关控制模块紧固螺栓，取出网关控制模块。

2）操作仪表。将数字式万用表置于电阻挡，红、黑表笔分别接网关控制模块侧插接器 G19/9 端子、插接器 G19/10 端子，当显示屏显示数值稳定时，按下“HOLD”键。

3）读取测量值。如图 1-3-16 所示，测量网关控制模块动力网内部终端电阻；采用同样的方法测量网关控制模块 ESC 网、舒适网内部终端电阻；将所测得的数值与表 1-3-8 中的标准值进行对比，分析、判断网关控制模块是否正常。

图 1-3-16　网关控制模块动力网内部终端电阻的测量

表 1-3-8　　网关控制模块内部终端电阻的标准值

测量部位	说明	条件	标准值 /Ω
插接器 G19/9 端子 - 插接器 G19/10 端子	网关控制模块动力网内部终端电阻	起动按钮置于 OFF 挡位，断开蓄电池负极电缆	约 120
插接器 G19/14 端子 - 插接器 G19/13 端子	网关控制模块 ESC 网内部终端电阻		
插接器 G19/7 端子 - 插接器 G19/8 端子	网关控制模块舒适网内部终端电阻		

4. 更换网关控制模块

如果经过以上检测确认网关控制模块电源电路、CAN 总线电路均正常，则可以判定故障部位是网关控制模块本身，可采用替换法进行修复，操作步骤如下。

（1）将起动按钮置于 OFF 挡位。

（2）断开蓄电池负极电缆，等待 5 min。

（3）拆卸手套箱总成。

（4）断开插接器 G19 与网关控制模块的连接。

（5）使用 10 号套筒拆卸网关控制模块紧固螺栓，取出网关控制模块。

（6）按照与拆卸相反的顺序安装新的网关控制模块。

提示：网关控制模块紧固螺栓拧紧力矩为（9±1）N·m。

（7）连接插接器 G19 与网关控制模块。

（8）连接蓄电池负极电缆。

（9）使用故障诊断仪消除故障码。

（10）将起动按钮置于 ON 挡位，车辆上电，确认 OK 指示灯点亮，组合仪表显示屏显示正常，网关控制系统正常。

（11）装复手套箱总成

1）安装气动弹簧，并上紧卡扣。

2）将手套箱两侧的限位柱与气动弹簧连接。

3）安装手套箱总成。

模块二
新能源汽车动力网络系统检修

任务 1 | 电池管理控制模块检修

学习目标

1. 能叙述电池管理系统的功能和组成。
2. 能分析电池管理控制模块电路。
3. 能对电池管理控制模块进行自诊断检查。
4. 能检测电池管理控制模块电源电路和 CAN 总线电路。

●任务描述

某新能源汽车进厂维修，车主反映踩下制动踏板、将起动按钮置于 ON 挡位后，OK 指示灯未点亮（车辆无法上电），但冷却风扇高速运转，组合仪表显示屏显示“请检查动力系统”提示，无法显示动力电池剩余电量，动力电池故障警报灯、动力电池过热警报灯、动力系统故障警报灯等点亮，如图 2-1-1 所示。班组长使用故障诊断仪连接车辆自诊断系统、读取电池管理系统故障码时，故障诊断仪显示“ECU 无响应，通讯中断”，由此初步判断为电池管理控制模块通信故障，现安排你负责检修。作为一名维修人员，你如何检修上述故障？

图 2-1-1 电池管理控制模块通信故障的信息显示

任务分析

OK 指示灯未点亮，组合仪表显示屏显示“请检查动力系统”提示，动力系统故障警报灯点亮，说明动力网 CAN 总线系统出现故障；组合仪表无法显示动力电池剩余电量，动力电池故障警报灯、动力电池过热警报灯点亮，说明电池管理系统出现故障；使用故障诊断仪连接车辆自诊断系统、读取电池管理系统故障码时，故障诊断仪显示“ECU 无响应，通讯中断”，说明动力网 CAN 总线系统中的电池管理控制模块通信故障，无法检测到电池管理系统信息。考虑到电池管理控制模块与 CAN 总线系统的连接关系，检修内容需要覆盖电池管理控制模块及其相关电路。

相关知识

一、电池管理系统的功能

电池管理系统（BMS）的功能主要包括电池参数监测、荷电状态估算、电池均衡管理、故障诊断与保护、充放电管理、热管理、通信与数据记录、远程监控等。

1. 电池参数监测

实时监测电池模块中各个单体电池的电压、电流、温度等关键参数，这些参数对于评估电池的健康状况和性能至关重要。

2. 荷电状态估算

通过算法估算电池的荷电状态（SOC），即电池剩余电量，确保电池在合理的 SOC 范围内工作，防止过充电或过放电。

3. 电池均衡管理

由于电池在生产和使用过程中存在不一致性，电池管理系统通过均衡技术调整电池模块中各个单体电池的状态，确保它们达到均衡一致的状态，提高整个电池模块的性能和寿命。

4. 故障诊断与保护

具有故障检测与诊断功能，能够识别并响应电池的异常状态，如过热、过压、欠压等，并采取相应的保护措施，如断开电路或调整充放电策略。

5. 充放电管理

控制电池的充放电过程，优化充电策略，提高充电效率，减少能量损失，并确保电池在安全的条件下放电。

6. 热管理

监测电池的温度，并根据需要调节电池的冷却或加热系统，以维持电池工作在最佳工作温度范围内，防止过热导致的性能下降或安全风险。

7. 通信与数据记录

通过通信接口与外部设备（如车辆控制系统、充电设备等）交换信息，并记录电池的历史数据和运行状态，便于分析与维护。

8. 远程监控

从远程位置可以实时监控电池模块的运行状态和关键参数，对于确保电池的安全、高效运行至关重要。

二、电池管理系统的组成

1. 组成

电池管理系统主要由电池管理控制模块、电池模块、电池信息采集器、漏电传感器等组成。

（1）电池管理控制模块

电池管理控制模块（又称电池管理控制器，见图 2-1-2）是电池管理系统的核心部件，其主要作用是监测和控制电池的充放电过程，保证电池在安全、高效的状态下工作。

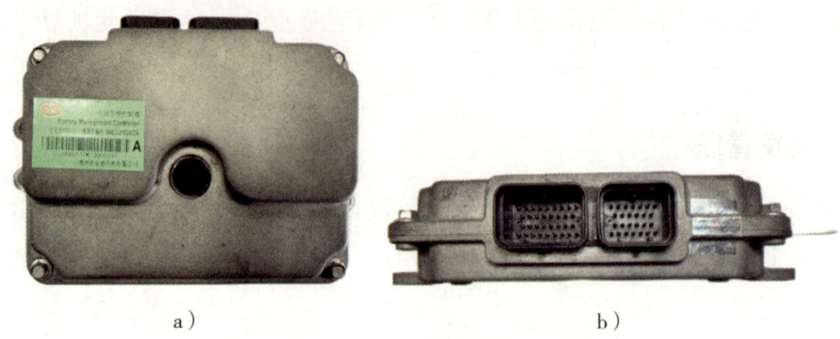

a）　　b）

图 2-1-2　电池管理控制模块

a）正面　b）侧面

（2）电池模块

电池模块由若干单体电池通过串联或并联的方式构成。以比亚迪 e5 2019 款为例，108 节单体电池串联构成 11 个电池模块，其中，10 个电池模块均由 10 节单体电池串联而成，1 个电池模块由 8 节单体电池串联而成，如图 2-1-3 所示。

图 2-1-3　电池模块

（3）电池信息采集器

电池信息采集器（BIC）如图 2-1-4 所示，其主要作用是实时精准监测各单体电池的电压、电流、温度等关键参数，并将这些信息转换成数字信号发送给电池管理控制模块。

（4）漏电传感器

漏电传感器（见图 2-1-5）安装在动力电池包内，其主要作用是监测与高压电池相连接的正极母线或负极母线与车身底盘之间的绝缘电阻，以判定高压系统是否漏电。

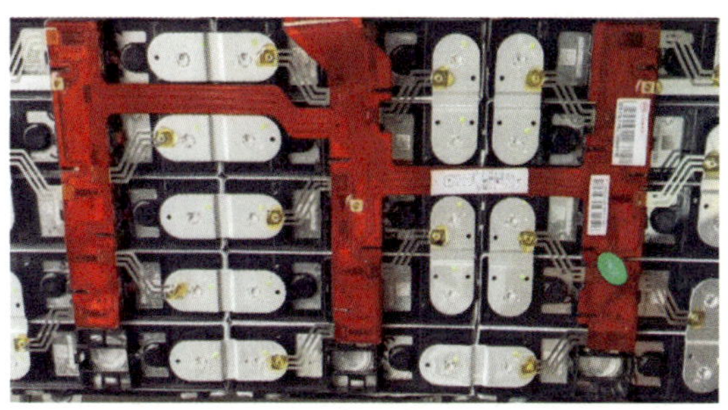

图 2-1-4　电池信息采集器

图 2-1-5　漏电传感器

2. 电池管理控制模块的安装位置

以比亚迪 e5 为例，其电池管理控制模块安装在前舱蓄电池侧面，如图 2-1-6 所示。

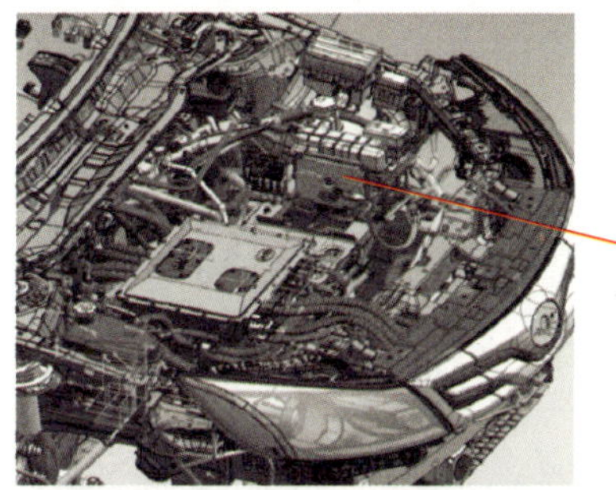

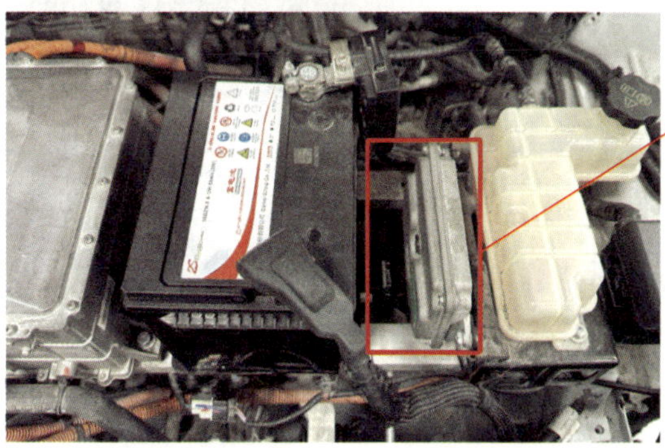

图 2-1-6　电池管理控制模块的安装位置

二、电池管理控制模块的电路

以比亚迪 e5 为例，其电池管理控制模块电路（局部）如图 2-1-7 所示。

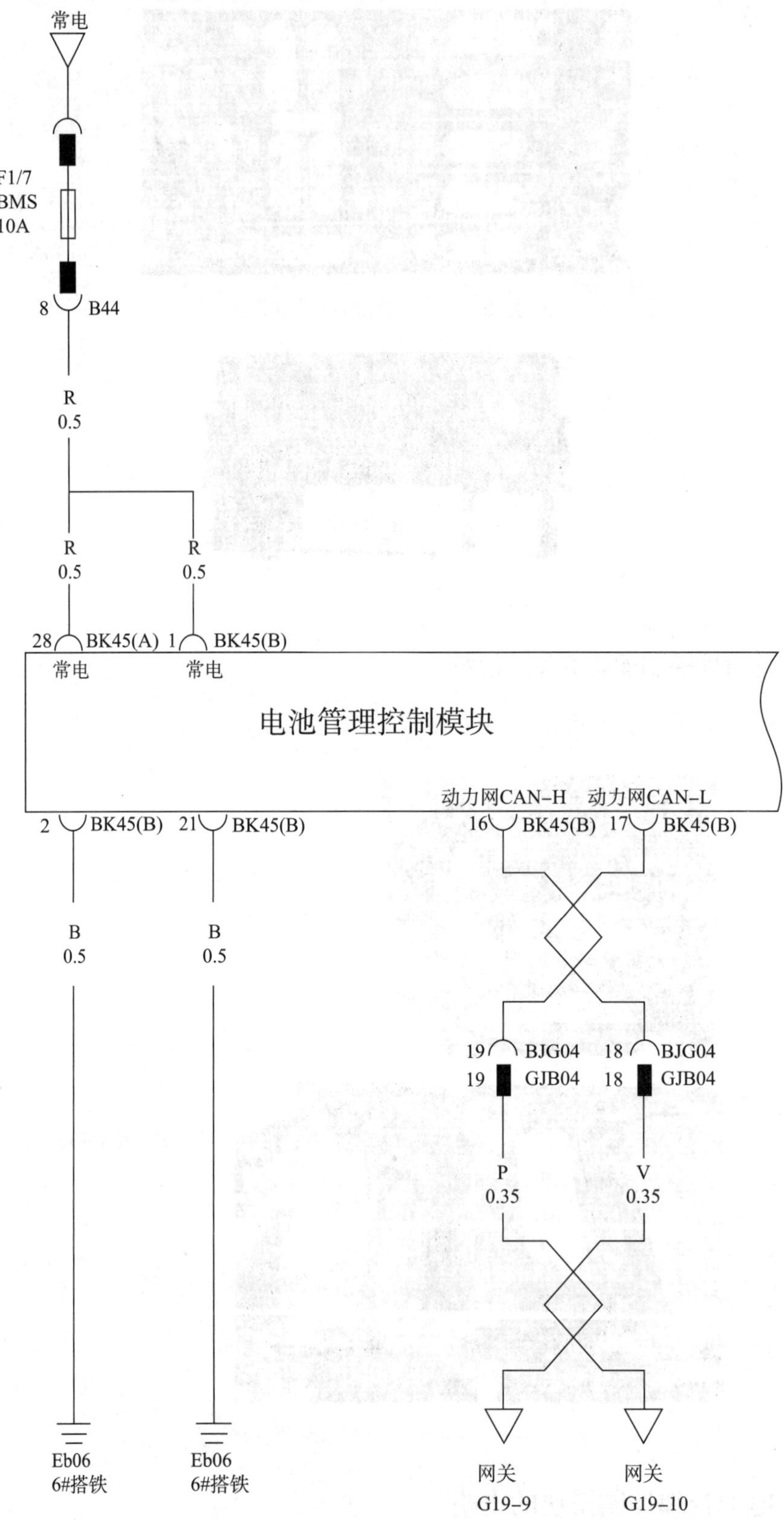

图 2-1-7　电池管理控制模块电路（局部）

1. 电池管理控制模块电源电路

电池管理控制模块由常电供电，常电电路通过熔丝 F1/7 由插接器 BK45(A)/28 端子、插接器 BK45(B)/1 端子连接电池管理控制模块。搭铁电路由插接器 BK45(B)/2 端子、插接器 BK45(B)/21 端子通过导线连接到 6# 搭铁 Eb06。

熔丝 F1/7 在前舱配电盒中，如图 2-1-8 所示。

图 2-1-8 熔丝 F1/7 的位置

2. 电池管理控制模块 CAN 总线电路

动力网主总线 CAN-H、CAN-L 以双绞线的形式分别通过插接器 BK45(B)/16 端子、插接器 BK45(B)/17 端子连接到电池管理控制模块。

电池管理控制模块与网关控制模块通过动力网主总线进行连接，网关控制模块、电池管理控制模块内部均设置有动力网终端电阻，标准值均为 120 Ω；网关控制模块、电池管理控制模块内部的终端电阻在整个动力网中处于并联状态，因此，电池管理控制模块外部终端电阻为 120 Ω。

3. 电池管理控制模块插接器及其端子功能定义

电池管理控制模块插接器 BK45(A)、BK45(B) 的外形如图 2-1-9 所示，其部分端子功能定义见表 2-1-1。

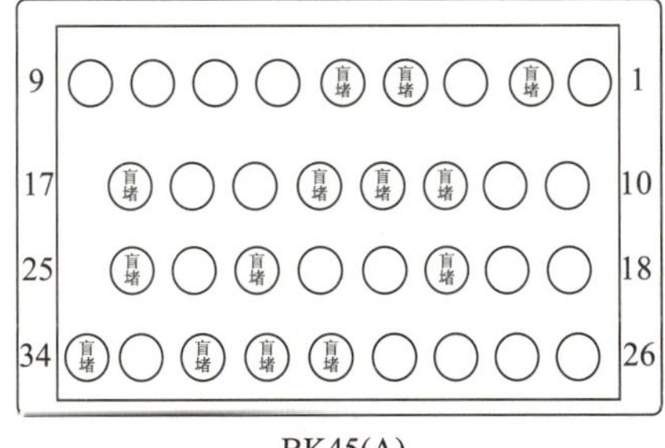

图 2-1-9 电池管理控制模块插接器 BK45(A)、BK45(B) 的外形

表 2-1-1　电池管理控制模块插接器 BK45(A)、BK45(B) 的部分端子功能定义

端子号	功能定义	端子号	功能定义
BK45(A)/28	常电	BK45(B)/16	动力网 CAN-H
BK45(B)/1	常电	BK45(B)/17	动力网 CAN-L
BK45(B)/2	搭铁	BK45(B)/21	搭铁

任务实施

一、器材准备

按表 2-1-2 准备任务实施所需的器材。

表 2-1-2　器材清单

类别	名称
工具	数字式万用表、测试线、探针、棘轮手柄、套筒、螺钉旋具等
设备	实训车辆（以比亚迪 e5 为例）、工具车、零件车、故障诊断仪、示波器等
材料	电工胶布、熔丝等
资料	维修手册、电路图等
其他	安全帽、护目镜、绝缘手套等人员防护用品，翼子板布、座椅套、转向盘套等车辆防护用品，危险警示牌、危险作业隔离带、绝缘垫等现场安全防护设施

二、实施流程

任务实施流程如图 2-1-10 所示。

三、检修作业

1. 自诊断检查

确认蓄电池电压正常、故障诊断仪与车辆自诊断系统连接正常后，在故障诊断仪中根据屏幕显示信息提示进入“电池管理系统”界面，选择“读取故障码”选项，读取电池管理系统的故障码。

如图 2-1-11 所示，若故障诊断仪显示“ECU 无响应，通讯中断”，则说明无法与电池管理控制模块进行通信，明确故障范围是电池管理控制模块及其相关电路。

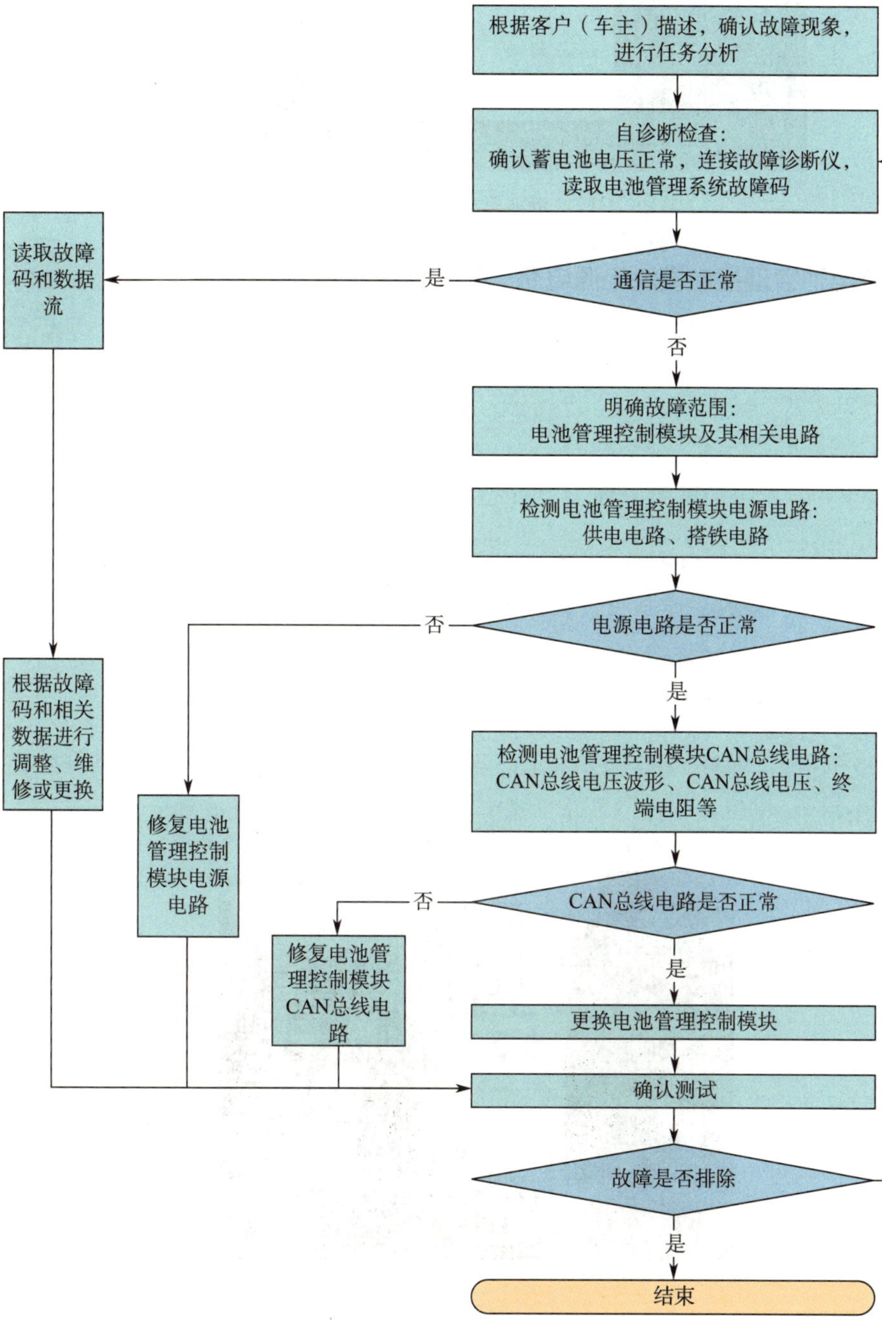

根据客户（车主）描述，确认故障现象，进行任务分析

自诊断检查：确认蓄电池电压正常，连接故障诊断仪，读取电池管理系统故障码

通信是否正常

是 → 读取故障码和数据流 → 根据故障码和相关数据进行调整、维修或更换 → 确认测试

否 → 明确故障范围：电池管理控制模块及其相关电路

检测电池管理控制模块电源电路：供电电路、搭铁电路

电源电路是否正常

否 → 修复电池管理控制模块电源电路 → 确认测试

是 → 检测电池管理控制模块CAN总线电路：CAN总线电压波形、CAN总线电压、终端电阻等

CAN总线电路是否正常

否 → 修复电池管理控制模块CAN总线电路 → 确认测试

是 → 更换电池管理控制模块

确认测试

故障是否排除

否 → 自诊断检查

是 → 结束

图 2-1-10　任务实施流程

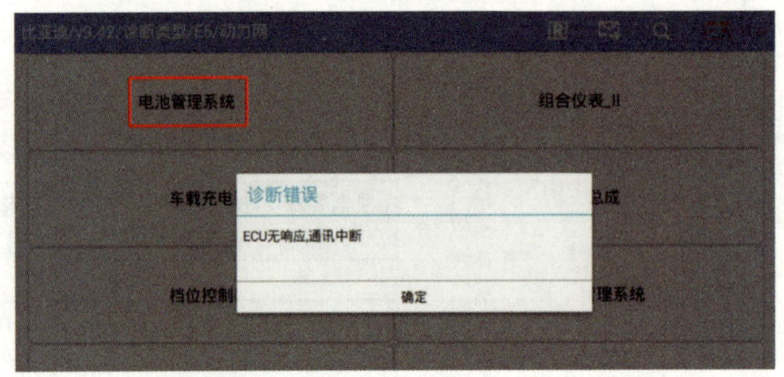

图 2-1-11　电池管理系统故障码的读取

2. 检测电池管理控制模块电源电路

（1）测量电池管理控制模块电源电路熔丝对地电压

1）测量前准备

①将起动按钮置于 OFF 挡位。

②将数字式万用表的黑表笔插入“COM”插孔，红表笔插入“V Ω”插孔；将挡位功能选择开关旋至电阻挡，观察显示屏显示是否正常、电量是否充足。

2）操作仪表。将数字式万用表置于直流电压挡，黑表笔接车身搭铁，红表笔先后接电池管理控制模块电源电路熔丝 F1/7 的两端测试点，当显示屏显示数值稳定时，按下“HOLD”键。

3）读取测量值。如图 2-1-12 所示，测量熔丝 F1/7 对地电压；将所测得的数值与表 2-1-3 中的标准值进行对比，分析、判断电池管理控制模块供电是否正常。

图 2-1-12　熔丝 F1/7 对地电压的测量

表 2-1-3　　电池管理控制模块电源电路熔丝对地电压的标准值

测量部位	说明	条件	标准值 /V
熔丝 F1/7 - 车身搭铁	熔丝对地电压	起动按钮置于 OFF 挡位	11 ~ 14

（2）测量电池管理控制模块插接器电源端子对地电压

测量电池管理控制模块插接器 BK45(A)/28（常电）端子、插接器 BK45(B)/1（常电）端子对地电压的方法基本相同。以测量插接器 BK45(A)/28 端子对地电压为例，测量方法如下。

1）测量前准备

①将起动按钮置于 OFF 挡位。

②断开蓄电池负极电缆，等待 5 min。

③断开插接器 BK45(A)、BK45(B)与电池管理控制模块的连接。

④在插接器 BK45(A)/28 端子前端针孔处插上探针。

⑤连接蓄电池负极电缆。

2）操作仪表。将数字式万用表置于直流电压挡，黑表笔接车身搭铁，红表笔接插接器 BK45(A)/28 端子上的探针，当显示屏显示数值稳定时，按下"HOLD"键。

3）读取测量值。如图 2-1-13 所示，测量插接器 BK45(A)/28 端子对地电压；采用同样的方法测量插接器 BK45(B)/1 端子对地电压；将所测得的数值与表 2-1-4 中的标准值进行对比，分析、判断电池管理控制模块供电是否正常。

图 2-1-13　插接器 BK45(A)/28 端子对地电压的测量

表 2-1-4　　电池管理控制模块插接器电源端子对地电压的标准值

测量部位	说明	条件	标准值 /V
插接器 BK45(A)/28 端子－车身搭铁	电源端子对地电压	起动按钮置于 OFF 挡位	11～14
插接器 BK45(B)/1 端子－车身搭铁			

（3）测量电池管理控制模块插接器搭铁端子对地电阻

测量电池管理控制模块插接器 BK45(B)/2（搭铁）端子、插接器 BK45(B)/21（搭铁）端子对地电阻的方法基本相同。以测量插接器 BK45(B)/2 端子对地电阻为例，测量方法如下。

1）测量前准备

①将起动按钮置于 OFF 挡位。

②断开蓄电池负极电缆，等待 5 min。

③断开插接器 BK45(A)、BK45(B) 与电池管理控制模块的连接。

④在插接器 BK45(B)/2 端子前端针孔处插上探针。

2）操作仪表。将数字式万用表置于电阻挡，黑表笔接车身搭铁，红表笔接插接器 BK45(B)/2 端子上的探针，当显示屏显示数值稳定时，按下“HOLD”键。

3）读取测量值。如图 2-1-14 所示，测量插接器 BK45(B)/2 端子对地电阻；采用同样的方法测量插接器 BK45(B)/21 端子对地电阻；将所测得的数值与表 2-1-5 中的标准值进行对比，分析、判断电池管理控制模块搭铁是否正常。

图 2-1-14　插接器 BK45(B)/2 端子对地电阻的测量

表 2-1-5　　电池管理控制模块插接器搭铁端子对地电阻的标准值

<table>
<tr><th>测量部位</th><th>说明</th><th>条件</th><th>标准值 / Ω</th></tr>
<tr><td>插接器 BK45(B)/2 端子 - 车身搭铁</td><td rowspan="2">搭铁端子对地电阻</td><td rowspan="2">起动按钮置于 OFF 挡位，断开蓄电池负极电缆</td><td rowspan="2"><1</td></tr>
<tr><td>插接器 BK45(B)/21 端子 - 车身搭铁</td></tr>
</table>

3. 检测电池管理控制模块 CAN 总线电路

（1）检测电池管理控制模块 CAN 总线电压波形

1）测量前准备

①将起动按钮置于 OFF 挡位。

②断开蓄电池负极电缆，等待 5 min。

③在插接器 BK45(B)/16（动力网 CAN-H）端子、插接器 BK45(B)/17（动力网 CAN-L）端子后端引线处插上探针。

④将示波器通道 CH1、CH2 表笔分别连接插接器 BK45(B)/16 端子、插接器 BK45(B)/17 端子上的探针。

⑤连接蓄电池负极电缆。

⑥将起动按钮置于 ON 挡位。

2）操作仪器。接通示波器电源开关，调整波形的频率、幅值至合适区域，固定并存储所测量的串行数据。

3）读取测量值。如图 2-1-15 所示，检测电池管理控制模块 CAN 总线电压波形；将所测得的波形与正常波形进行对比，分析、判断电池管理控制模块 CAN 总线数据传输线是否正常。如果所测得的波形为异常波形，则参考模块一任务 2 中的异常波形，进一步确定故障类型。

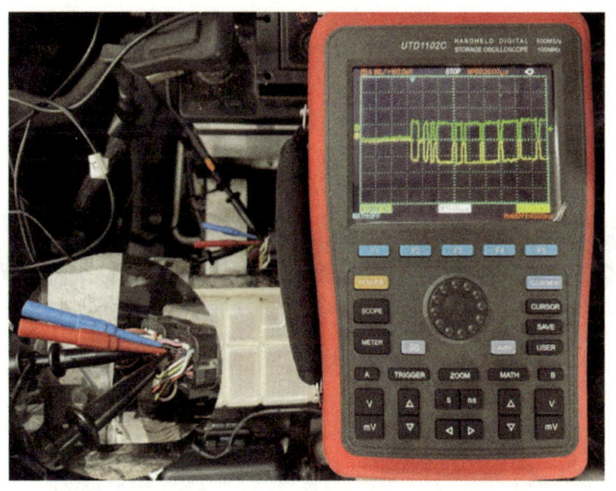

图 2-1-15　电池管理控制模块 CAN 总线电压波形的测量

（2）测量电池管理控制模块 CAN 总线电压

1）测量前准备

①将起动按钮置于 OFF 挡位。

②断开蓄电池负极电缆，等待 5 min。

③在插接器 BK45(B)/16 端子、插接器 BK45(B)/17 端子后端引线处插上探针。

④连接蓄电池负极电缆。

⑤将起动按钮置于 ON 挡位。

2）操作仪表。将数字式万用表置于直流电压挡，黑表笔接车身搭铁，红表笔先后接插接器 BK45(B)/16 端子、插接器 BK45(B)/17 端子上的探针，当显示屏显示数值稳定时，按下“HOLD”键。

3）读取测量值。如图 2-1-16 所示，测量电池管理控制模块 CAN 总线电压；将所测得的数值与表 2-1-6 中的标准值进行对比，分析、判断电池管理控制模块 CAN 总线数据传输线是否正常。

a）

b）

图 2-1-16　电池管理控制模块 CAN 总线电压的测量

a）CAN-H 对地电压　b）CAN-L 对地电压

表 2-1-6　电池管理控制模块 CAN 总线电压的标准值

测量部位	说明	条件	标准值 /V
插接器 BK45(B)/16 端子 - 车身搭铁	动力网 CAN-H 对地电压	起动按钮置于 ON 挡位	2.5 ~ 3.5
插接器 BK45(B)/17 端子 - 车身搭铁	动力网 CAN-L 对地电压		1.5 ~ 2.5

（3）测量电池管理控制模块外部终端电阻

1）测量前准备

①将起动按钮置于 OFF 挡位。

②断开蓄电池负极电缆，等待 5 min。

③断开插接器 BK45(A)、BK45(B) 与电池管理控制模块的连接。

④在插接器 BK45(B)/16 端子、插接器 BK45(B)/17 端子前端针孔处插上探针。

2）操作仪表。将数字式万用表置于电阻挡，红、黑表笔分别接插接器 BK45(B)/16 端子、插接器 BK45(B)/17 端子上的探针，当显示屏显示数值稳定时，按下“HOLD”键。

3）读取测量值。如图 2-1-17 所示，测量电池管理控制模块外部终端电阻；将所测得的数值与表 2-1-7 中的标准值进行对比，分析、判断电池管理控制模块 CAN 总线数据传输线是否正常。

图 2-1-17　电池管理控制模块外部终端电阻的测量

表 2-1-7　　电池管理控制模块外部终端电阻的标准值

测量部位	说明	条件	标准值 /Ω
插接器 BK45(B)/16 端子 - 插接器 BK45(B)/17 端子	电池管理控制模块外部终端电阻	起动按钮置于 OFF 挡位，断开蓄电池负极电缆	约 120

（4）测量电池管理控制模块内部终端电阻

1）测量前准备

①将起动按钮置于 OFF 挡位。

②断开蓄电池负极电缆，等待 5 min。

③断开插接器 BK45(A)、BK45(B) 与电池管理控制模块的连接。

④拆卸电池管理控制模块紧固螺栓，取出电池管理控制模块。

2）操作仪表。将数字式万用表置于电阻挡，红、黑表笔分别接电池管理控制模块侧插接器 BK45(B)/16 端子、插接器 BK45(B)/17 端子，当显示屏显示数值稳定时，按下“HOLD”键。

3）读取测量值。如图 2-1-18 所示，测量电池管理控制模块内部终端电阻；将所测得的数值与表 2-1-8 中的标准值进行对比，分析、判断电池管理控制模块是否正常。

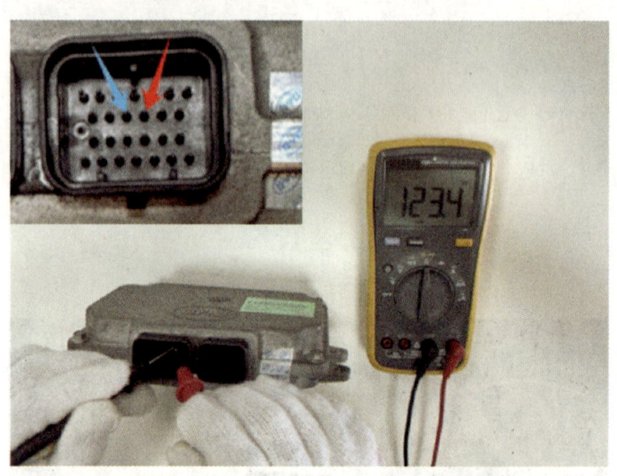

图 2-1-18　电池管理控制模块内部终端电阻的测量

表 2-1-8　　电池管理控制模块内部终端电阻的标准值

测量部位	说明	条件	标准值 /Ω
插接器 BK45(B)/16 端子 - 插接器 BK45(B)/17 端子	电池管理控制模块内部终端电阻	起动按钮置于 OFF 挡位，断开蓄电池负极电缆	约 120

4. 更换电池管理控制模块

如果经过以上检测确认电池管理控制模块电源电路、CAN 总线电路均正常，则可以判定故障部位是电池管理控制模块本身，可采用替换法进行修复，操作步骤如下。

（1）将起动按钮置于 OFF 挡位。

（2）断开蓄电池负极电缆，等待 5 min。

（3）断开插接器 BK45(A)、BK45(B) 与电池管理控制模块的连接。

（4）使用 10 号套筒拆卸电池管理控制模块紧固螺栓，取出电池管理控制模块。

（5）按照与拆卸相反的顺序安装新的电池管理控制模块。

提示：电池管理控制模块紧固螺栓的拧紧力矩为（9±1）N·m。

（6）连接插接器 BK45(A)、BK45(B) 与电池管理控制模块。

（7）连接蓄电池负极电缆。

（8）使用故障诊断仪消除故障码。

（9）将起动按钮置于 ON 挡位，车辆上电，确认 OK 指示灯点亮，组合仪表显示屏显示正常，冷却风扇运转正常。

任务 2 | 驱动电机控制模块检修

学习目标

1. 能叙述驱动电机系统的功能和组成。
2. 能分析驱动电机控制模块电路。
3. 能对驱动电机控制模块进行自诊断检查。
4. 能检测驱动电机控制模块电源电路和 CAN 总线电路。

任务描述

某新能源汽车进厂维修，车主反映踩下制动踏板、将起动按钮置于 ON 挡位后，OK 指示灯未点亮（车辆无法上电），但冷却风扇高速运转，组合仪表显示屏显示“请检查动力系统”提示，动力系统故障警报灯点亮，如图 2-2-1 所示。班组长使用故障诊断仪连接车辆自诊断系统、读取驱动电机控制模块故障码时，故障诊断仪显示“ECU 无响应，通讯中断”，由此初步判断为驱动电机控制模块通信故障，现安排你负责检修。作为一名维修人员，你如何检修上述故障？

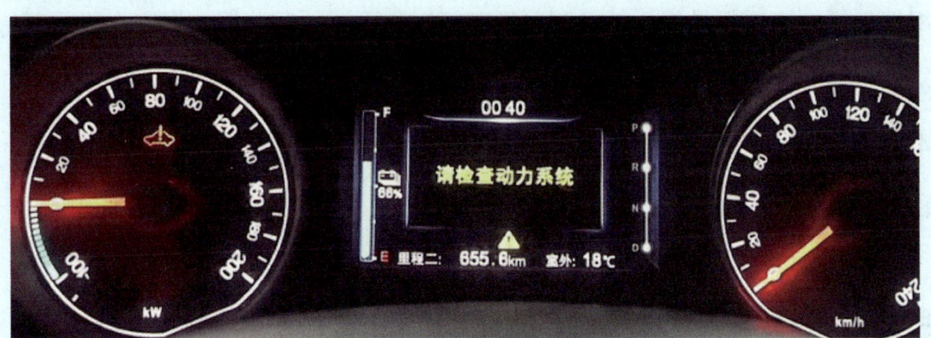

图 2-2-1 驱动电机控制模块通信故障的信息显示

任务分析

OK 指示灯未点亮，组合仪表显示屏显示“请检查动力系统”提示，动力系统故障警报灯点亮，说明动力网 CAN 总线系统出现故障；使用故障诊断仪连接车辆自诊断系统、读取驱动电机控制模块故障码时，故障诊断仪显示“ECU 无响应，通讯中断”，说明动力网 CAN 总线系统中的驱动电机控制模块通信故障，无法检测到驱动电机系统信息。考虑到驱动电机控制模块与 CAN 总线系统的连接关系，检修内容需要覆盖驱动电机控制模块及其相关电路。

相关知识

一、驱动电机系统的功能

驱动电机系统是新能源汽车的关键组成部分，其性能直接影响车辆的动力性、能耗和安全性。驱动电机系统的功能主要包括电流与电压控制、驱动与发电控制、最优运转控制、通信与信号传输、动力输出与保护、制动能量回馈、故障检测与处理等。

1. 电流与电压控制

限制交流电的最高输出电流和直流电的最高输出电压，确保电机在安全、稳定的电压和电流范围内运行。

2. 驱动与发电控制

控制电机的正向驱动、反向驱动、正转发电和反转发电，实现车辆的多种运行模式和能量回收。

3. 最优运转控制

根据目标转矩进行最优运转控制，具有限幅和平滑处理功能，提高电机的运行效率和稳定性。

4. 通信与信号传输

通过 CAN 总线与其他控制模块进行通信，接收并发送相关信号，间接控制车辆相关系统的正常运行。

5. 动力输出与保护

控制电机的动力输出，同时对电机进行保护（如电压跌落、过温保护、防止电机飞车等），确保电机安全运行。

6. 制动能量回馈

实现制动过程中的能量回馈控制，提高能源利用效率。

7. 故障检测与处理

实现自身内部故障的检测与处理，确保系统的可靠性和安全性。

二、驱动电机系统的组成

1. 组成

驱动电机系统主要由驱动电机、驱动电机控制模块及其工作必需的辅助装置（如减速器）等组成，如图 2-2-2 所示。

（1）驱动电机

驱动电机的主要作用是将电能转化为机械能。当电流通过电机定子绕组时，在定子与转子之间的气隙中产生旋转磁场。这个旋转磁场与转子上的永磁体或感应电流相互作用，从而产生电磁转矩，推动转子旋转。通过控制定子绕组中的电流大小和方向，就可以实现对电机转速和转矩的精确控制，进而驱动新能源汽车行驶。

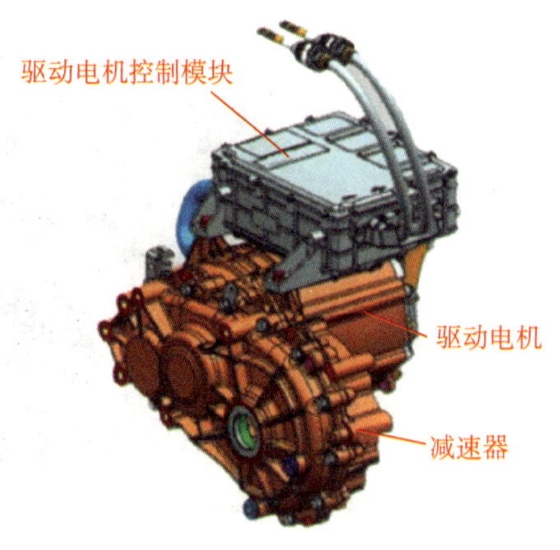

图 2-2-2　驱动电机系统的组成

以比亚迪 e5 为例，其驱动电机采用的是交流无刷永磁同步电机，主要由壳体、定子、转子、旋转变压器和温度传感器等组成，如图 2-2-3 所示。

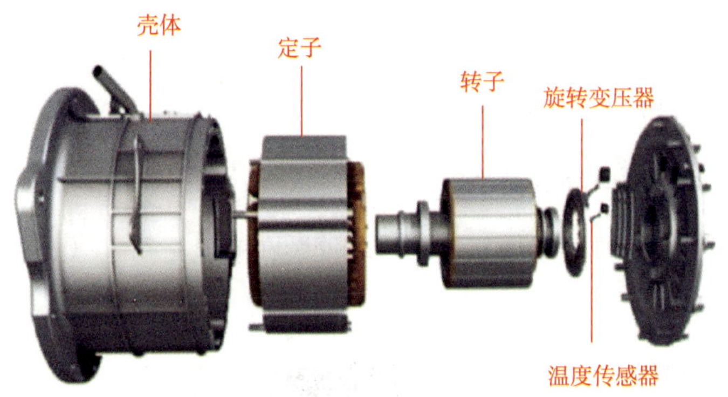

图 2-2-3　驱动电机的组成

旋转变压器和温度传感器的位置如图 2-2-4 所示。

旋转变压器是一种电机控制中常用的位置传感器，能够精准测量电机转子的位置、转速和旋转方向。旋转变压器主要由定子、转子等组成。定子由多个硅钢片构成，定子绕组内部包含三组线圈，分别为励磁绕组、正弦信号绕组和余弦信号绕组，两个信号绕组在布置上相差一定的角度，在励磁绕组上连接交流信号。

温度传感器主要用于监测电机温度变化，通过测量电机的温度来提供实时的温度信息，以便驱动电机控制模块根据温度信息来调整电机的工作状态，确保电机在安全的温度范围内运行。

（2）驱动电机控制模块

驱动电机控制模块（又称驱动电机控制器，见图 2-2-5）是驱动电机系统的核心部件，其主要作用是控制电机的正反转、功率、转矩、转速等，实现车辆的前进、后退和正常行驶，并实现能量回收、安全保护、CAN 通信、故障处理等功能。

图 2-2-4　旋转变压器和温度传感器的位置

图 2-2-5　驱动电机控制模块

驱动电机控制模块主要由功率模块和驱动模块等组成。功率模块是驱动电机控制模块的“力量源泉”，主要用于电能的转换和传输，即将电池提供的直流电转换为驱动电机所需的交流电。功率模块通常采用功率半导体器件如 IGBT（绝缘栅双极型晶体管）或 MOSFET（金属 - 氧化物 - 半导体场效应晶体管）等构成，以实现高效率的电能转换。驱动模块是驱动电机控制模块的“指挥官”，主要用于控制功率模块的开关状态，从而实现对驱动电机电流、电压和频率的精确控制。

2. 驱动电机控制模块的安装位置

以比亚迪 e5 为例，其驱动电机控制模块安装在前舱充配电总成下部，如图 2-2-6 所示。

图 2-2-6　驱动电机控制模块的安装位置

三、驱动电机控制模块的电路

以比亚迪 e5 为例，其驱动电机控制模块电路如图 2-2-7 所示。

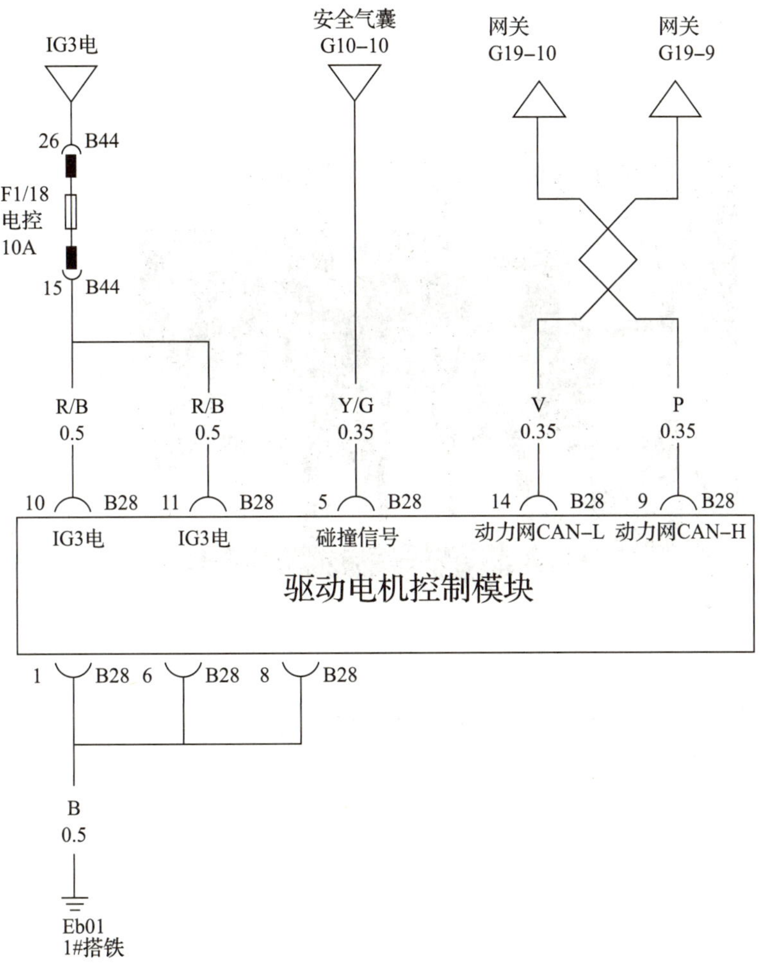

图 2-2-7 驱动电机控制模块电路

1. 驱动电机控制模块电源电路

驱动电机控制模块由 IG3 电供电，IG3 电电路通过熔丝 F1/18 由插接器 B28/10 端子、插接器 B28/11 端子连接驱动电机控制模块。搭铁电路由插接器 B28/1 端子、插接器 B28/6 端子、插接器 B28/8 端子通过导线连接到 1# 搭铁 Eb01。

熔丝 F1/18 在前舱配电盒中，如图 2-2-8 所示。

2. 驱动电机控制模块 CAN 总线电路

动力网支总线 CAN-H、CAN-L 以双绞线的形式分别通过插接器 B28/9 端子、插接器 B28/14 端子连接到驱动电机控制模块。

驱动电机控制模块与网关控制模块、电池管理控制模块通过动力网支总线进行连接，网关控制模块、电池管理控制模块内部均设置有动力网终端电阻，标准值均为120 Ω；驱动电机控制模块内部没有终端电阻，网关控制模块、电池管理控制模块内部的终端电阻在整个动力网中处于并联状态，因此，驱动电机控制模块外部终端电阻为60 Ω。

图 2-2-8　熔丝 F1/18 的位置

3. 驱动电机控制模块插接器及其端子功能定义

驱动电机控制模块插接器 B28 的外形如图 2-2-9 所示，其部分端子功能定义见表 2-2-1。

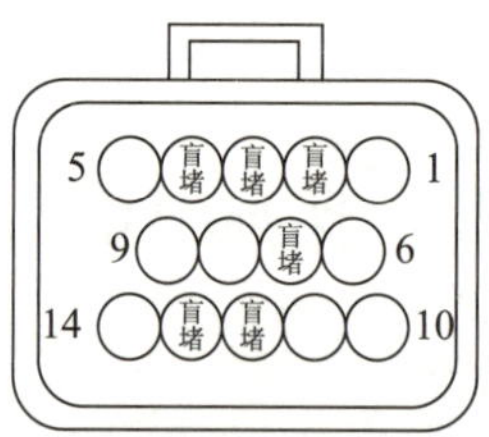

图 2-2-9　驱动电机控制模块插接器 B28 的外形

表 2-2-1　　驱动电机控制模块插接器 B28 的部分端子功能定义

端子号	功能定义	端子号	功能定义
B28/1	搭铁	B28/10	IG3 电
B28/6	搭铁	B28/11	IG3 电
B28/8	搭铁	B28/14	动力网 CAN-L
B28/9	动力网 CAN-H		

任务实施

一、器材准备

按表 2-2-2 准备任务实施所需的器材。

表 2-2-2　　器材清单

类别	名称
工具	数字式万用表、测试线、探针、棘轮手柄、套筒、螺钉旋具、变速器托架、水管钳、撬棒、冲子、锤子等
设备	实训车辆（以比亚迪 e5 为例）、工具车、零件车、故障诊断仪、示波器、举升机等
材料	电工胶布、熔丝等
资料	维修手册、电路图等
其他	安全帽、护目镜、绝缘手套等人员防护用品，翼子板布、座椅套、转向盘套等车辆防护用品，危险警示牌、危险作业隔离带、绝缘垫等现场安全防护设施

二、实施流程

任务实施流程如图 2-2-10 所示。

三、检修作业

1. 自诊断检查

确认蓄电池电压正常、故障诊断仪与车辆自诊断系统连接正常后，在故障诊断仪中根据屏幕显示信息提示进入“前驱动电机控制器”界面，选择“读取故障码”选项，读取驱动电机控制模块的故障码。

如图 2-2-11 所示，若故障诊断仪显示“ECU 无响应，通讯中断”，则说明无法与驱动电机控制模块进行通信，明确故障范围是驱动电机控制模块及其相关电路。

2. 检测驱动电机控制模块电源电路

（1）测量驱动电机控制模块电源电路熔丝对地电压

如图 2-2-12 所示，将起动按钮置于 ON 挡位，按照本模块任务 1 所述熔丝对地电压的测量方法，测量驱动电机控制模块电源电路熔丝 F1/18 对地电压；并将所测得的数值与表 2-2-3 中的标准值进行对比，分析、判断驱动电机控制模块供电是否正常。

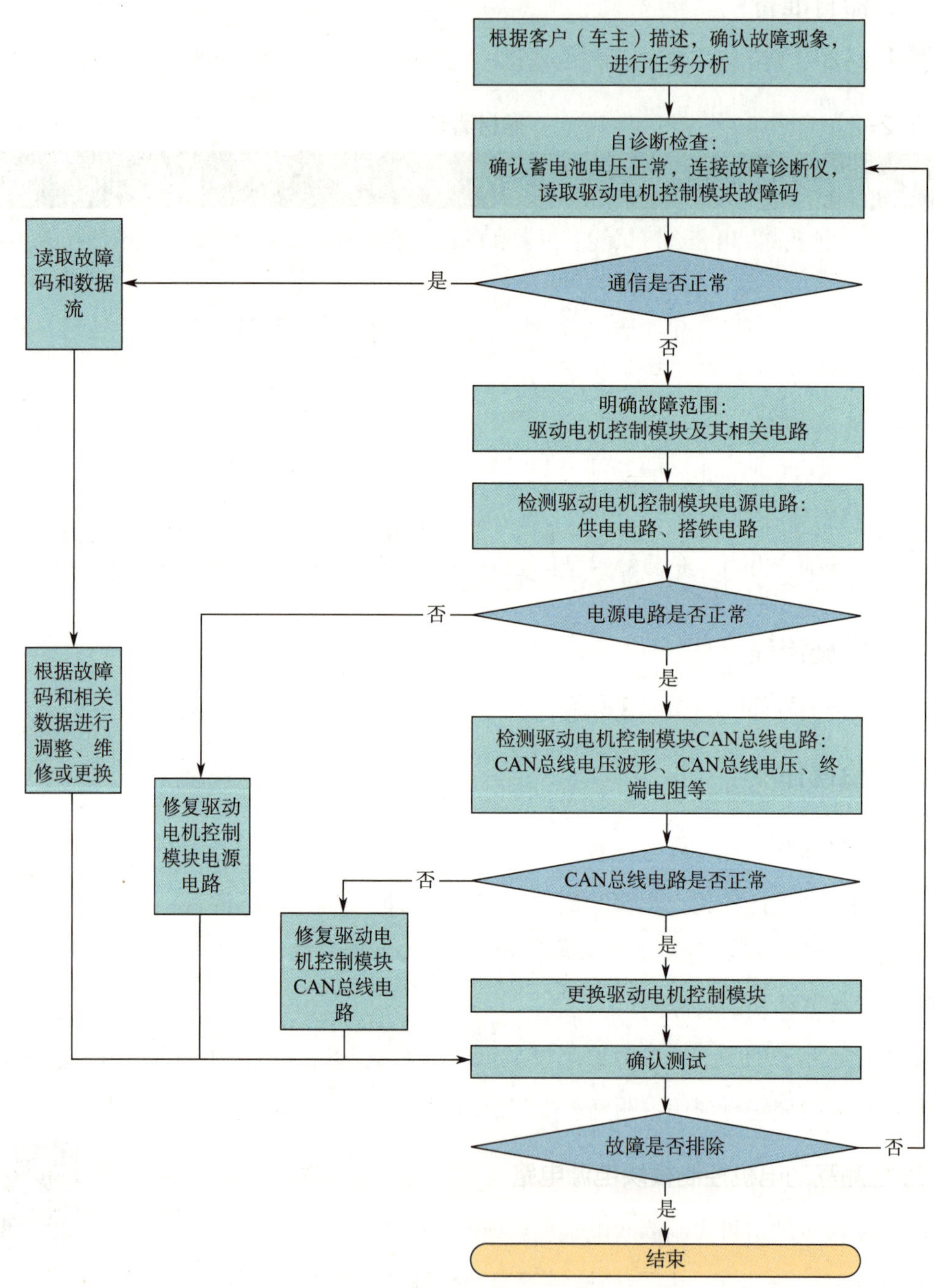

图 2-2-10　任务实施流程

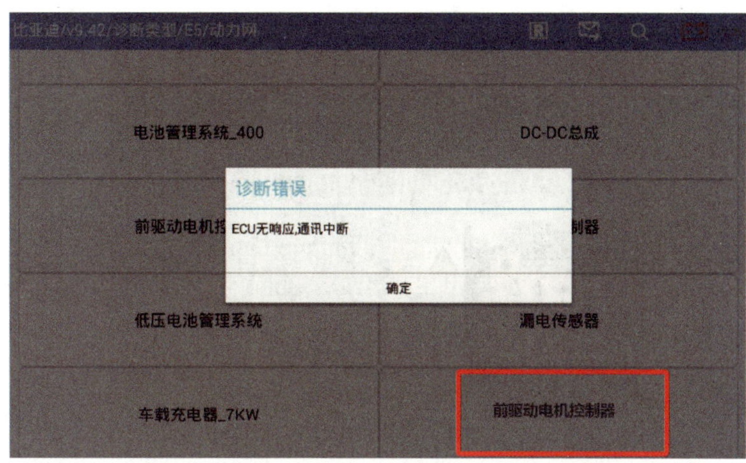

图 2-2-11　驱动电机控制模块故障码的读取

图 2-2-12　熔丝 F1/18 对地电压的测量

表 2-2-3　　驱动电机控制模块电源电路熔丝对地电压的标准值

测量部位	说明	条件	标准值 /V
熔丝 F1/18－车身搭铁	熔丝对地电压	起动按钮置于 ON 挡位	11～14

（2）测量驱动电机控制模块插接器电源端子对地电压

如图 2-2-13 所示，将起动按钮置于 ON 挡位，按照本模块任务 1 所述插接器电源端子对地电压的测量方法，测量驱动电机控制模块插接器 B28/10（IG3 电）端子对地电压；采用同样的方法测量插接器 B28/11（IG3 电）端子对地电压；并将所测得的数值与表 2-2-4 中的标准值进行对比，分析、判断驱动电机控制模块供电是否正常。

图 2-2-13 插接器 B28/10 端子对地电压的测量

表 2-2-4 驱动电机控制模块插接器电源端子对地电压的标准值

测量部位	说明	条件	标准值 /V
插接器 B28/10 端子 - 车身搭铁	电源端子对地电压	起动按钮置于 ON 挡位	11 ~ 14
插接器 B28/11 端子 - 车身搭铁			

（3）测量驱动电机控制模块插接器搭铁端子对地电阻

如图 2-2-14 所示，按照本模块任务 1 所述插接器搭铁端子对地电阻的测量方法，测量驱动电机控制模块插接器 B28/1（搭铁）端子对地电阻；采用同样的方法测量插接器 B28/6（搭铁）端子、插接器 B28/8（搭铁）端子对地电阻；并将所测得的数值与表 2-2-5 中的标准值进行对比，分析、判断驱动电机控制模块搭铁是否正常。

图 2-2-14 插接器 B28/1 端子对地电阻的测量

表 2-2-5　驱动电机控制模块插接器搭铁端子对地电阻的标准值

测量部位	说明	条件	标准值 /Ω
插接器 B28/1 端子 - 车身搭铁	搭铁端子对地电阻	起动按钮置于 OFF 挡位，断开蓄电池负极电缆	<1
插接器 B28/6 端子 - 车身搭铁			
插接器 B28/8 端子 - 车身搭铁			

3. 检测驱动电机控制模块 CAN 总线电路

（1）检测驱动电机控制模块 CAN 总线电压波形

1）测量前准备

①将起动按钮置于 OFF 挡位。

②断开蓄电池负极电缆，等待 5 min。

③在插接器 B28/9（动力网 CAN-H）端子、插接器 B28/14（动力网 CAN-L）端子后端引线处插上探针。

④将示波器通道 CH1、CH2 表笔分别连接插接器 B28/9 端子、插接器 B28/14 端子上的探针。

⑤连接蓄电池负极电缆。

⑥将起动按钮置于 ON 挡位。

2）操作仪器。接通示波器电源开关，调整波形的频率、幅值至合适区域，固定并存储所测量的串行数据。

3）读取测量值。如图 2-2-15 所示，测量驱动电机控制模块 CAN 总线电压波形；将所测得的波形与正常波形进行对比，分析、判断驱动电机控制模块 CAN 总线数据传输线是否正常。如果所测得的波形为异常波形，则参考模块一任务 2 中的异常波形，进一步确定故障类型。

（2）测量驱动电机控制模块 CAN 总线电压

1）测量前准备

①将起动按钮置于 OFF 挡位。

②断开蓄电池负极电缆，等待 5 min。

③在插接器 B28/9 端子、插接器 B28/14 端子后端引线处插上探针。

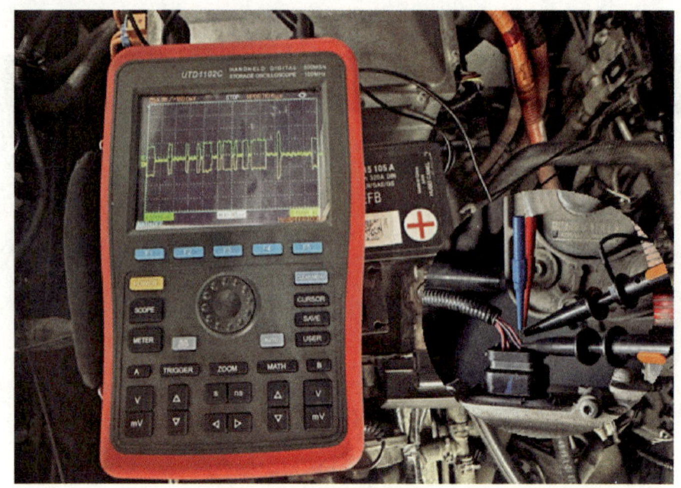

图 2-2-15 驱动电机控制模块 CAN 总线电压波形的测量

④连接蓄电池负极电缆。

⑤将起动按钮置于 ON 挡位。

2）操作仪表。将数字式万用表置于直流电压挡，黑表笔接车身搭铁，红表笔先后接插接器 B28/9 端子、插接器 B28/14 端子上的探针，当显示屏显示数值稳定时，按下“HOLD”键。

3）读取测量值。如图 2-2-16 所示，测量驱动电机控制模块 CAN 总线电压；将所测得的数值与表 2-2-6 中的标准值进行对比，分析、判断驱动电机控制模块 CAN 总线数据传输线是否正常。

a）

b）

图 2-2-16 驱动电机控制模块 CAN 总线电压的测量

a）CAN-H 对地电压 b）CAN-L 对地电压

表 2-2-6　　驱动电机控制模块 CAN 总线电压的标准值

测量部位	说明	条件	标准值 /V
插接器 B28/9 端子 - 车身搭铁	动力网 CAN-H 对地电压	起动按钮置于 ON 挡位	2.5～3.5
插接器 B28/14 端子 - 车身搭铁	动力网 CAN-L 对地电压		1.5～2.5

（3）测量驱动电机控制模块外部终端电阻

1）测量前准备

①将起动按钮置于 OFF 挡位。

②断开蓄电池负极电缆，等待 5 min。

③断开插接器 B28 与驱动电机控制模块的连接。

④在插接器 B28/9 端子、插接器 B28/14 端子前端针孔处插上探针。

2）操作仪表。将数字式万用表置于电阻挡，红、黑表笔分别接插接器 B28/9 端子、插接器 B28/14 端子上的探针，当显示屏显示数值稳定时，按下“HOLD”键。

3）读取测量值。如图 2-2-17 所示，测量驱动电机控制模块外部终端电阻；将所测得的数值与表 2-2-7 中的标准值进行对比，分析、判断驱动电机控制模块 CAN 总线数据传输线是否正常。

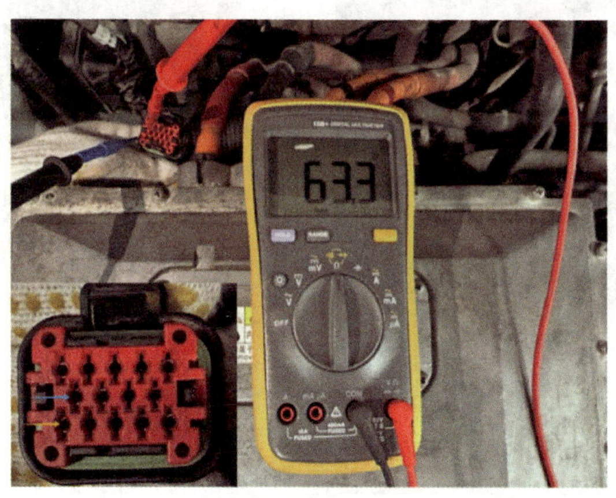

图 2-2-17　驱动电机控制模块外部终端电阻的测量

表 2-2-7　　驱动电机控制模块外部终端电阻的标准值

测量部位	说明	条件	标准值 / Ω
插接器 B28/9 端子 - 插接器 B28/14 端子	驱动电机控制模块外部终端电阻	起动按钮置于 OFF 挡位，断开蓄电池负极电缆	约 60

4. 更换驱动电机控制模块

如果经过以上检测确认驱动电机控制模块电源电路、CAN 总线电路均正常，则可以判定故障部位是驱动电机控制模块本身，可采用替换法进行修复，操作步骤如下。

（1）将起动按钮置于 OFF 挡位。

（2）断开蓄电池负极电缆，等待 5 min。

（3）戴绝缘手套，取出高压维修开关，等待 10 min。

（4）断开驱动电机控制模块高压线束，进行验电，确保高压下电。

（5）断开插接器 B28 与驱动电机控制模块的连接。

（6）拆卸车轮

1）旋松车轮螺母。

2）抬升前车身，在适当的部位用安全架支撑。

3）拆卸车轮螺母和前轮。

4）将半轴螺母（见图 2-2-18）上弯折到楔形槽的部分恢复原状，拆卸半轴螺母。

（7）拆卸半轴

1）拆除下摆臂连接螺母（见图 2-2-19），使转向节与下摆臂分离。

图 2-2-18　半轴螺母的位置

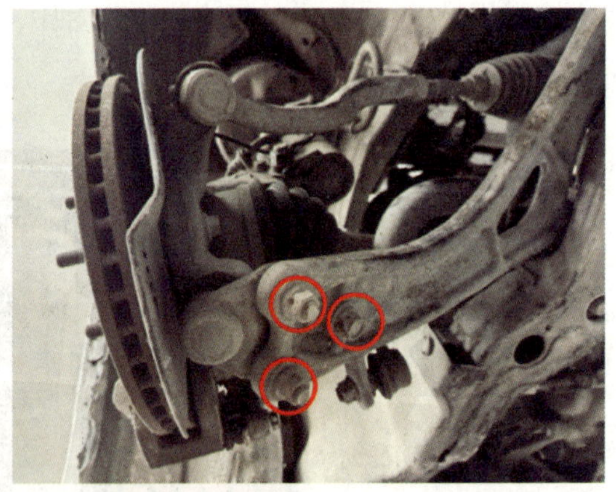

图 2-2-19　下摆臂连接螺母的位置

2）如图 2-2-20 所示，向外拉制动器，使用塑料锤对着外球笼螺纹端面敲击，将外球笼敲出。

3）使用撬棒分别撬左、右半轴内球笼球壳（见图 2-2-21），使左、右半轴脱出，取出左、右半轴。

（8）使用水管钳拆卸驱动电机控制模块和驱动电机的冷却液进、出软管（见图 2-2-22），排出驱动电机控制模块和驱动电机中的冷却液。

图 2-2-20 向外拉制动器

图 2-2-21 左、右半轴内球笼球壳的位置

图 2-2-22 驱动电机控制模块和驱动电机冷却液进、出软管的位置

（9）使用变速器托架托住减速器。

（10）拆卸减速器与车身的连接螺栓（见图 2-2-23）。

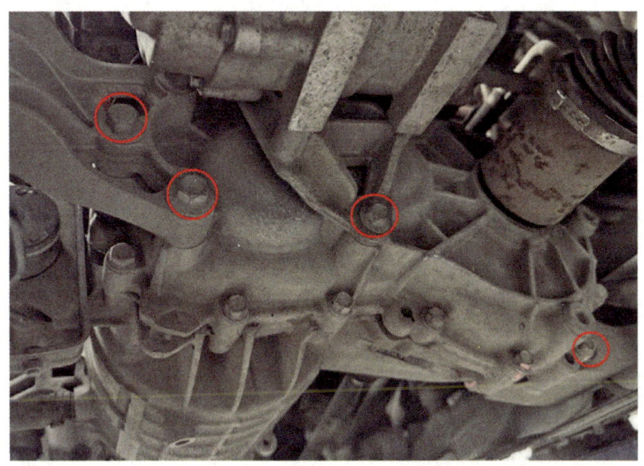

图 2-2-23 减速器与车身连接螺栓的位置

（11）拆卸驱动电机与车身的连接螺栓（见图 2-2-24）。

图 2-2-24　驱动电机与车身连接螺栓的位置

（12）对变速箱托架进行泄压，取出驱动电机、减速器和驱动电机控制模块。

（13）拆卸驱动电机控制模块与驱动电机的紧固螺栓，取下驱动电机控制模块。

（14）按照与拆卸相反的顺序安装新的驱动电机控制模块，并进行相关附件的装复。

（15）装复完成后，加注冷却液至标准值范围。

（16）连接插接器 B28 与驱动电机控制模块。

（17）连接驱动电机控制模块高压线束。

（18）戴绝缘手套，安装高压维修开关。

（19）连接蓄电池负极电缆。

（20）使用故障诊断仪消除故障码。

（21）将起动按钮置于 ON 挡位，车辆上电，确认 OK 指示灯点亮，组合仪表显示屏显示正常，冷却风扇运转正常。

任务 3 | 充配电总成检修

学习目标

1. 能叙述充配电系统的功能和组成。

2. 能分析充配电总成电路。
3. 能对充配电总成进行自诊断检查。
4. 能检测充配电总成电源电路和 CAN 总线电路。

●任务描述

某新能源汽车进厂维修，车主反映踩下制动踏板、将起动按钮置于 ON 挡位后，OK 指示灯未点亮（车辆无法上电），但冷却风扇高速运转，组合仪表显示屏显示“请检查动力系统”提示，动力系统故障警报灯、充电连接警报灯点亮，如图 2-3-1 所示。班组长使用故障诊断仪连接车辆自诊断系统、读取充配电总成故障码时，故障诊断仪显示“ECU 无响应，通讯中断”，由此初步判断为充配电总成通信故障，现安排你负责检修。作为一名维修人员，你如何检修上述故障？

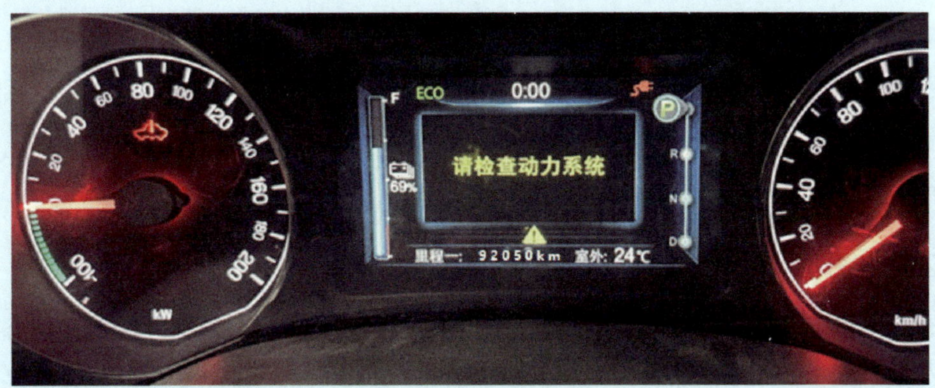

图 2-3-1　充配电总成通信故障的信息显示

●任务分析

OK 指示灯未点亮，组合仪表显示屏显示“请检查动力系统”提示，动力系统故障警报灯点亮，说明动力网 CAN 总线系统出现故障；未插充电枪时充电连接警报灯点亮，说明充配电系统出现故障；使用故障诊断仪连接车辆自诊断系统、读取充配电总成故障码时，故障诊断仪显示“ECU 无响应，通讯中断”，说明动力网 CAN 总线系统中的充配电总成通信故障，无法检测到充配电系统信息。考虑到充配电总成与 CAN 总线系统的连接关系，检修内容需要覆盖充配电总成及其相关电路。

相关知识

一、充配电系统的功能

充配电系统实现新能源汽车整车高压回路配电和高压漏电检测等功能，控制高压交流电先转换为高压直流电再转成低压直流电为整车低压电器供电。

充配电系统的功能主要包括充电管理、电能分配、高压安全保护、能量转换、状态监测与显示等。

1. 充电管理

充配电系统具备高效的充电管理能力，能够灵活兼容交流慢充和直流快充等多种充电模式。在交流慢充模式下，充配电系统将输入的交流电精准转换为适合电池特性的直流电，并根据电池的实时状态（电量、温度等）智能调整充电电流和电压，有效防止过充，确保电池安全。当电池电量较低时，适当增大充电电流以加速充电，当电量接近饱和时，则逐渐减小充电电流，实现精细化充电控制。在直流快充模式下，充配电系统协调车辆与充电桩之间的通信，确保充电过程安全、高效，同时实时监测电压和电流，一旦发现异常立即采取相应措施，保障充电安全。

2. 电能分配

充配电系统能够根据车辆的不同运行模式和各高压用电设备的实际需求，动态、合理地分配电能。在车辆加速时，充配电系统迅速为驱动电机分配更多电能，以满足动力需求；在匀速行驶时，则适当减少分配给驱动电机的电能，而增加空调系统等辅助设备的电能供应。

3. 高压安全保护

充配电系统内置完善的高压安全保护机制，能实时监测整个高压系统的绝缘电阻，一旦发现绝缘性能下降或存在漏电风险，立即发出警报并切断高压电路，以防止漏电对车辆和乘员造成危害。当车辆发生碰撞等意外情况时，充配电系统迅速响应，切断高压路，确保乘员安全。

4. 能量转换

充配电系统具备出色的能量转换能力。在充电过程中，充配电系统能将交流电高效转换为直流电并将电能存储到动力电池中；在车辆行驶需要放电时，又能将电池输出的直流电转换为适合交流电机等设备使用的交流电，不仅提高了能源利用效率，还减少了

能量损失，为车辆的稳定运行提供了有力保障。

5. 状态监测与显示

充配电系统具备强大的状态监测与显示功能，能实时监测电池的电量、电压、温度等关键参数和各高压用电设备的工作状态（如驱动电机的转速、功率等），并通过组合仪表或显示屏等方式直观展示给用户，不仅可以帮助用户实时了解车辆的性能状态，还可以在出现故障时提供故障码和相应提示信息，以便维修人员进行快速诊断与维修。

二、充配电系统的组成

1. 组成

以比亚迪 e5 为例，其充配电系统采用三合一充配电总成，如图 2-3-2 所示，内部集成高压配电箱、车载充电机、DC/DC 变换器等部件。

（1）高压配电箱

高压配电箱（PDU）主要由接触器（见图 2-3-3）和烧结模块构成。

接触器的作用是用小电流控制大电流负载，即利用 12 V 低压电控制高压电路的通、断，从而实现高压系统的安全、可靠运行。

在新能源汽车的高压系统中，当进行接通或断开操作时，可能会产生电弧而导致接触器烧结。烧结模块在直流充电确认阶段之前检测直流充电正、负极接触器的状态，确保接触器能够正常工作，以防止电弧引起的烧结。

高压配电箱的主要作用如下：

1）进行电流、电压采集。

2）对高压连接状态、绝缘状态进行实时监控。

3）对高压安全进行管理，实现过流、过压、过温保护。

4）对高压配电进行管理，对各路输出实现分别控制。

5）当车辆发生碰撞和翻车时，切断高压回路。

（2）车载充电机

车载充电机（又称车载充电器，OBC）的主要作用是将输入的 220 V 交流电转换为直流电输出，为动力电池充电，实现动力电池电量的补给；同时在工作过程与充电桩、电池管理控制模块、整车控制模块等部件进行通信，并根据动力电池需求调节输出功率。

（3）DC/DC 变换器

DC/DC 变换器的主要作用是将一种电压的直流电转换为另一种电压的直流电，即将动力电池的高压直流电转换为低压直流电，向辅助蓄电池和低压系统供电。

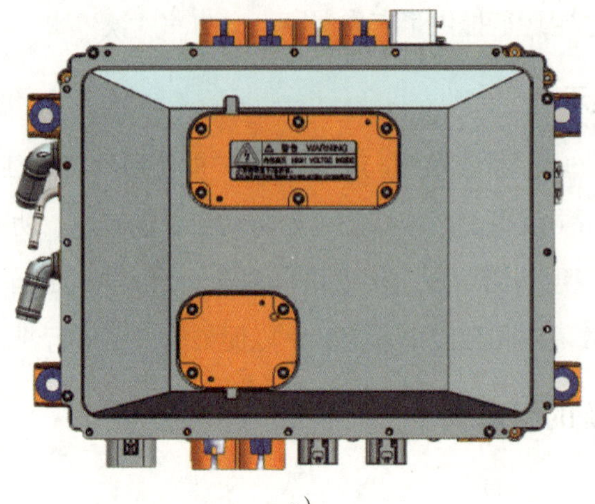

a）

b）

图 2-3-2　充配电总成

a）外观　b）内部结构组成

1—车载充电机　2—车载充电机输入熔丝　3—直流充电负极接触器　4—直流充电正极接触器
5—烧结模块　6—DC/DC 变换器　7—DC/DC 变换器输入熔丝

图 2-3-3　接触器

2. 充配电总成的安装位置

以比亚迪 e5 为例，其充配电总成安装在前舱上部，如图 2-3-4 所示。

图 2-3-4 充配电总成的安装位置

三、充配电总成的电路

以比亚迪 e5 为例，其充配电总成电路（局部）如图 2-3-5 所示。

1. 充配电总成电源电路

充配电总成由常电供电，常电电路通过熔丝 F1/6 由插接器 B74/1 端子、插接器 B74/2 端子连接充配电总成。搭铁电路由插接器 B74/3 端子、插接器 B74/19 端子通过导线连接到 11# 搭铁 Eb11。

熔丝 F1/6 在前舱配电盒中，如图 2-3-6 所示。

2. 充配电总成 CAN 总线电路

动力网支总线 CAN-H、CAN-L 以双绞线的形式分别通过插接器 B74/16 端子、插接器 B74/17 端子连接到充配电总成。

充配电总成与网关控制模块、电池管理控制模块通过动力网支总线进行连接，网关控制模块、电池管理控制模块内部均设置有动力网终端电阻，标准值均为 120 Ω；充配电总成内部没有终端电阻，网关控制模块、电池管理控制模块内部的终端电阻在整个动力网中处于并联状态，因此，充配电总成外部终端电阻为 60 Ω。

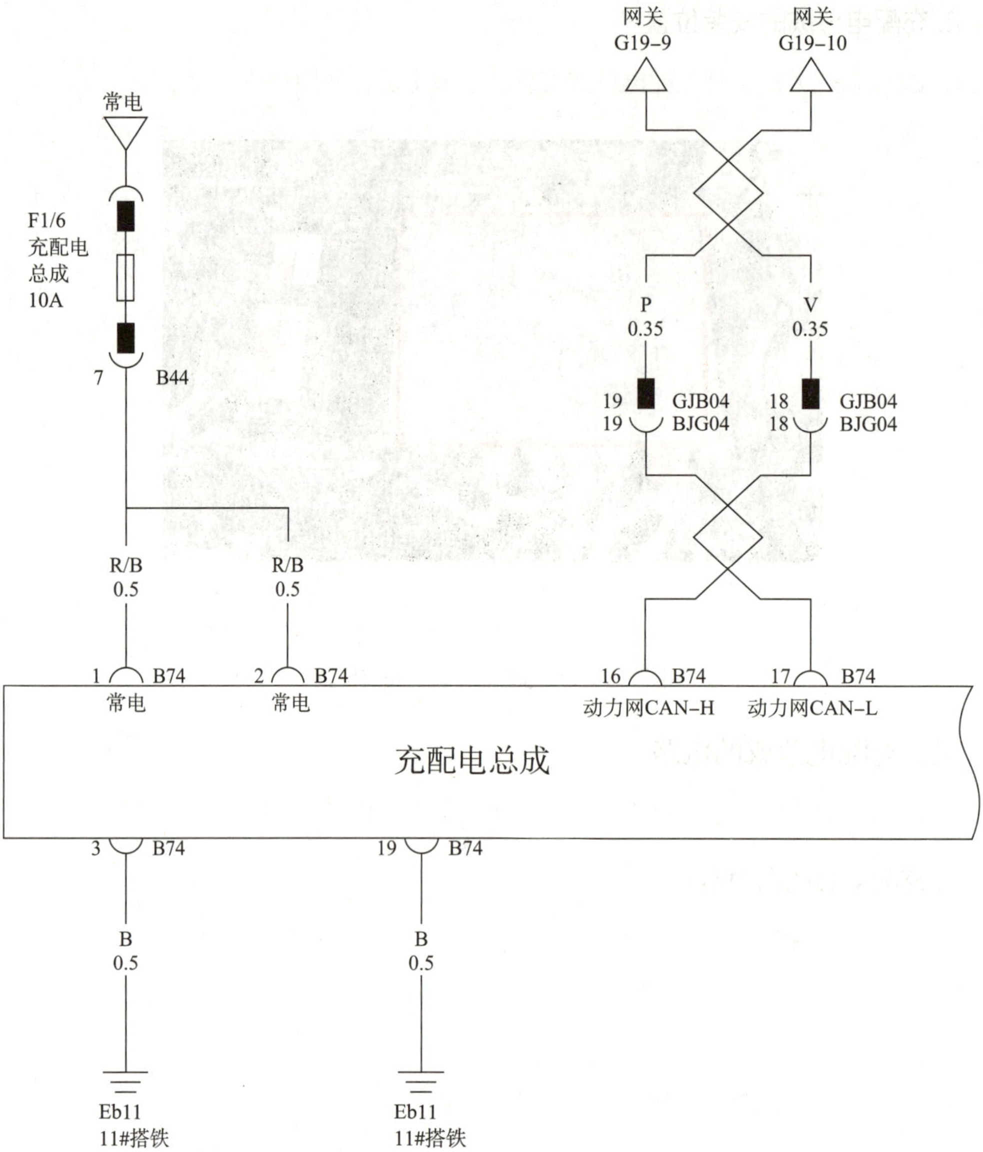

网关
G19-9
网关
G19-10

常电
F1/6
充配电
总成
10A
7 B44

P
0.35
V
0.35
19 GJB04
19 BJG04
18 GJB04
18 BJG04

R/B
0.5
R/B
0.5

1 B74
常电
2 B74
常电
16 B74
动力网CAN-H
17 B74
动力网CAN-L

充配电总成

3 B74
19 B74
B
0.5
B
0.5
Eb11
11#搭铁
Eb11
11#搭铁

图 2-3-5 充配电总成电路（局部）

图 2-3-6 熔丝 F1/6 的位置

3. 充配电总成插接器及其端子功能定义

充配电总成插接器 B74 的外形如图 2-3-7 所示，其部分端子功能定义见表 2-3-1。

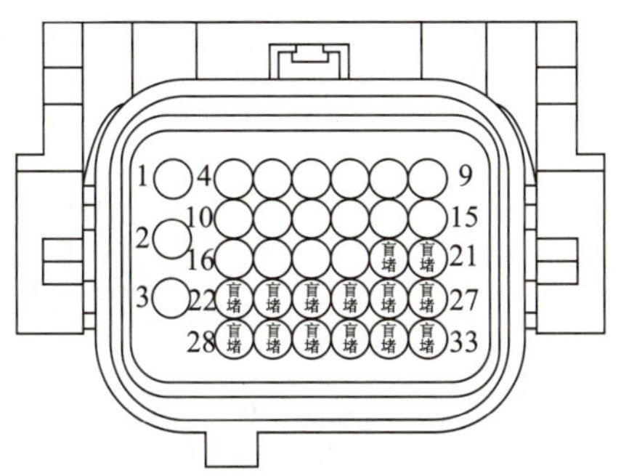

图 2-3-7 充配电总成插接器 B74 的外形

表 2-3-1 充配电总成插接器 B74 的部分端子功能定义

端子号	功能定义	端子号	功能定义
B74/1	常电	B74/16	动力网 CAN-H
B74/2	常电	B74/17	动力网 CAN-L
B74/3	搭铁	B74/19	搭铁

任务实施

一、器材准备

按表 2-3-2 准备任务实施所需的器材。

表 2-3-2 器材清单

类别	名称
工具	数字式万用表、测试线、探针、棘轮手柄、套筒、螺钉旋具、水管钳等
设备	实训车辆（以比亚迪 e5 为例）、工具车、零件车、故障诊断仪、示波器等
材料	电工胶布、熔丝等
资料	维修手册、电路图等
其他	安全帽、护目镜、绝缘手套等人员防护用品，翼子板布、座椅套、转向盘套等车辆防护用品，危险警示牌、危险作业隔离带、绝缘垫等现场安全防护设施

二、实施流程

任务实施流程如图 2-3-8 所示。

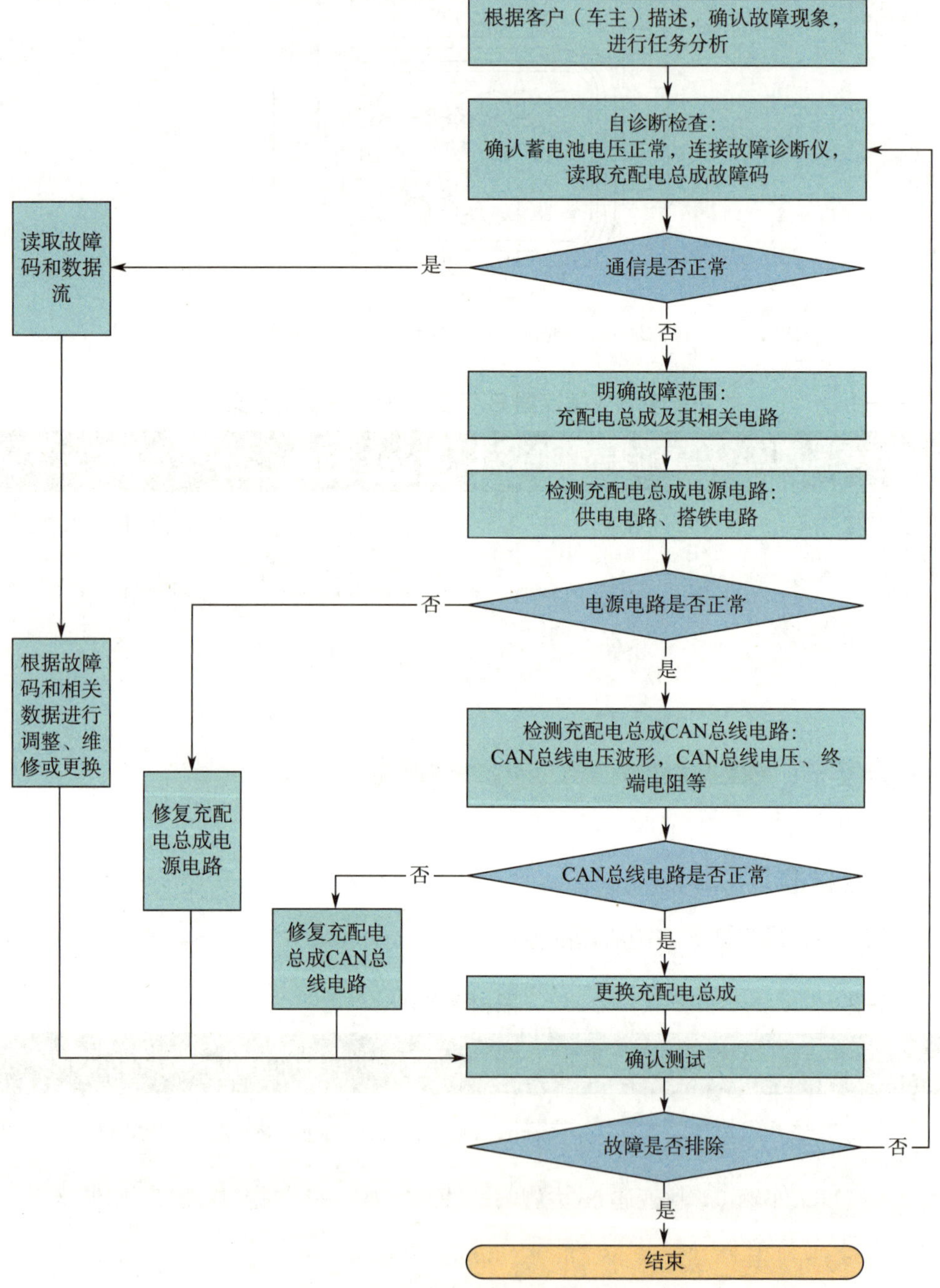

图 2-3-8　任务实施流程

三、检修作业

1. 自诊断检查

确认蓄电池电压正常、故障诊断仪与车辆自诊断系统连接正常后，在故障诊断仪中根据屏幕显示信息提示分别进入“车载充电器”、“DC-DC 总成”界面，选择“读取故障码”选项，读取充配电总成的故障码。

如图 2-3-9 所示，若在“车载充电器”界面，故障诊断仪显示“ECU 无响应，通讯中断”，则说明无法与充配电总成的车载充电机进行通信，明确故障范围是充配电总成及其相关电路。

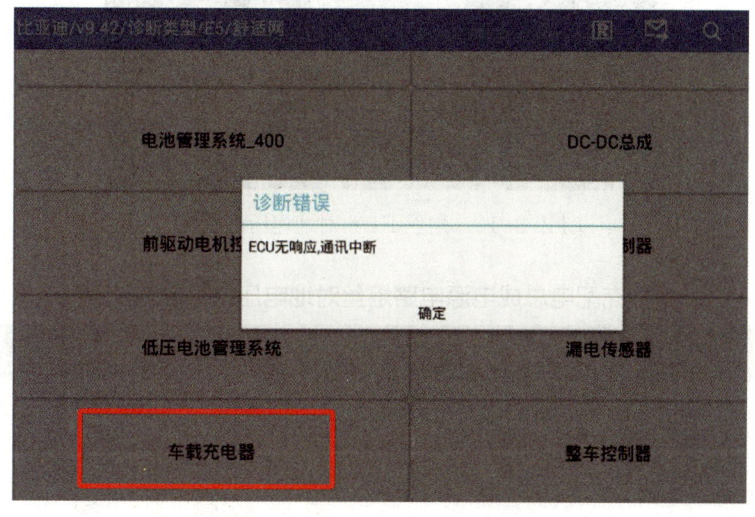

a）

比亚迪/v9.42/诊断类型/E5/动力网/DC-DC总成

系统正常

b）

图 2-3-9 充配电总成故障码的读取

a）车载充电器 b）DC-DC 总成

2. 检测充配电总成电源电路

（1）测量充配电总成电源电路熔丝对地电压

如图 2-3-10 所示，将起动按钮置于 OFF 挡位，按照本模块任务 1 所述熔丝对地电压的测量方法，测量充配电总成电源电路熔丝 F1/6 对地电压；并将所测得的数值与表 2-3-3 中的标准值进行对比，分析、判断充配电总成供电是否正常。

图 2-3-10　熔丝 F1/6 对地电压的测量

表 2-3-3　充配电总成电源电路熔丝对地电压的标准值

测量部位	说明	条件	标准值 /V
熔丝 F1/6－车身搭铁	熔丝对地电压	起动按钮置于 OFF 挡位	11～14

（2）测量充配电总成插接器电源端子对地电压

如图 2-3-11 所示，将起动按钮置于 OFF 挡位，按照本模块任务 1 所述插接器电源端子对地电压的测量方法，测量充配电总成插接器 B74/1（常电）端子对地电压；采用同样的方法测量插接器 B74/2（常电）端子对地电压；并将所测得的数值与表 2-3-4 中的标准值进行对比，分析、判断充配电总成供电是否正常。

图 2-3-11　插接器 B74/1 端子对地电压的测量

表 2-3-4　　充配电总成插接器电源端子对地电压的标准值

测量部位	说明	条件	标准值 /V
插接器 B74/1 端子 - 车身搭铁	电源端子对地电压	起动按钮置于 OFF 挡位	11 ~ 14
插接器 B74/2 端子 - 车身搭铁			

（3）测量充配电总成插接器搭铁端子对地电阻

如图 2-3-12 所示，按照本模块任务 1 所述插接器搭铁端子对地电阻的测量方法，测量充配电总成插接器 B74/3（搭铁）端子对地电阻；采用同样的方法测量插接器 B74/19（搭铁）端子对地电阻；并将所测得的数值与表 2-3-5 中的标准值进行对比，分析、判断充配电总成搭铁是否正常。

图 2-3-12　插接器 B74/3 端子对地电阻的测量

表 2-3-5　　充配电总成插接器搭铁端子对地电阻的标准值

测量部位	说明	条件	标准值 /Ω
插接器 B74/3 端子 - 车身搭铁	搭铁端子对地电阻	起动按钮置于 OFF 挡位，断开蓄电池负极电缆	<1
插接器 B74/19 端子 - 车身搭铁			

3. 检测充配电总成 CAN 总线电路

（1）检测充配电总成 CAN 总线电压波形

1）测量前准备

①将起动按钮置于 OFF 挡位。

②断开蓄电池负极电缆，等待 5 min。

③在插接器 B74/16（动力网 CAN-H）端子、插接器 B74/17（动力网 CAN-L）端子后端引线处插上探针。

④将示波器通道 CH1、CH2 表笔分别连接插接器 B74/16 端子、插接器 B74/17 端子上的探针。

⑤连接蓄电池负极电缆。

⑥将起动按钮置于 ON 挡位。

2）操作仪器。接通示波器电源开关，调整波形的频率、幅值至合适区域，固定并存储所测量的串行数据。

3）读取测量值。如图 2-3-13 所示，测量充配电总成 CAN 总线电压波形；将所测得的波形与正常波形进行对比，分析、判断充配电总成 CAN 总线数据传输线是否正常。如果所测得的波形为异常波形，则参考模块一任务 2 中的异常波形，进一步确定故障类型。

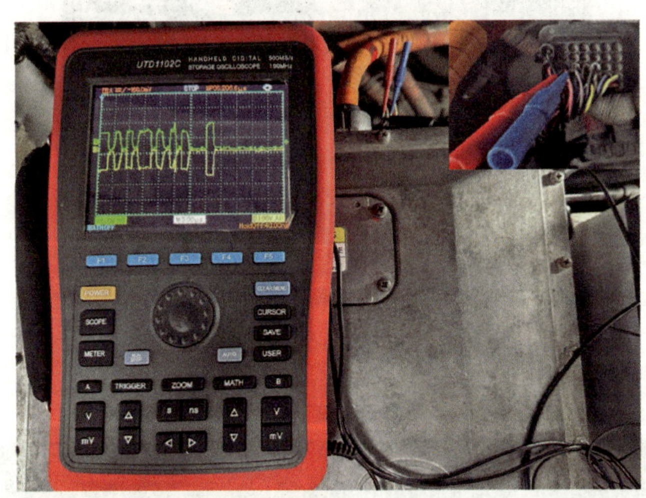

图 2-3-13　充配电总成 CAN 总线电压波形的测量

（2）测量充配电总成 CAN 总线电压

1）测量前准备

①将起动按钮置于 OFF 挡位。

②断开蓄电池负极电缆，等待 5 min。

③在插接器 B74/16 端子、插接器 B74/17 端子后端引线处插上探针。

④连接蓄电池负极电缆。

⑤将起动按钮置于 ON 挡位。

2）操作仪表。将数字式万用表置于直流电压挡，黑表笔接车身搭铁，红表笔先后接插接器 B74/16 端子、插接器 B74/17 端子上的探针，当显示屏显示数值稳定时，按下“HOLD”键。

3）读取测量值。如图 2-3-14 所示，测量充配电总成 CAN 总线电压；将所测得的数值与表 2-3-6 中的标准值进行对比，分析、判断充配电总成 CAN 总线数据传输线是否正常。

a）

b）

图 2-3-14 充配电总成 CAN 总线电压的测量

a）CAN-H 对地电压 b）CAN-L 对地电压

表 2-3-6 充配电总成 CAN 总线电压的标准值

测量部位	说明	条件	标准值 /V
插接器 B74/16 端子 - 车身搭铁	动力网 CAN-H 对地电压	起动按钮置于 ON 挡位	2.5～3.5
插接器 B74/17 端子 - 车身搭铁	动力网 CAN-L 对地电压		1.5～2.5

（3）测量充配电总成外部终端电阻

1）测量前准备

①将起动按钮置于 OFF 挡位。

②断开蓄电池负极电缆，等待 5 min。

③断开插接器 B74 与充配电总成的连接。

④在插接器 B74/16 端子、插接器 B74/17 端子前端针孔处插上探针。

2）操作仪表。将数字式万用表置于电阻挡，红、黑表笔分别接插接器 B74/16 端子、插接器 B74/17 端子上的探针，当显示屏显示数值稳定时，按下“HOLD”键。

3）读取测量值。如图 2-3-15 所示，测量充配电总成外部终端电阻；将所测得的数值与表 2-3-7 中的标准值进行对比，分析、判断充配电总成 CAN 总线数据传输线是否正常。

图 2-3-15　充配电总成外部终端电阻的测量

表 2-3-7　充配电总成外部终端电阻的标准值

测量部位	说明	条件	标准值 / Ω
插接器 B74/16 端子 - 插接器 B74/17 端子	充配电总成外部终端电阻	起动按钮置于 OFF 挡位，断开蓄电池负极电缆	约 60

4. 更换充配电总成

如果经过以上检测确认充配电总成电源电路、CAN 总线电路均正常，则可以判定故障部位是充配电总成本身，可采用替换法进行修复，操作步骤如下。

（1）将起动按钮置于 OFF 挡位。

（2）断开蓄电池负极电缆，等待 5 min。

（3）戴绝缘手套，取出高压维修开关，等待 10 min。

（4）使用水管钳拆卸充配电总成进、出水管和排气管（见图 2-3-16）。

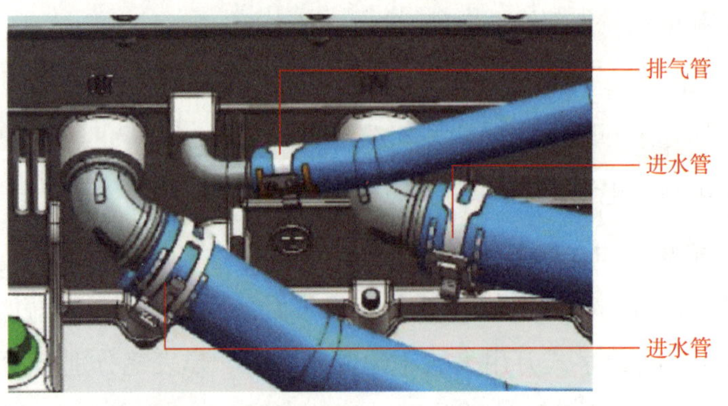

图 2-3-16　充配电总成进、出水管和排气管的位置

（5）拆卸空调 PTC 加热器插接器、空调压缩机插接器和交流充电输入插接器（见图 2-3-17）。

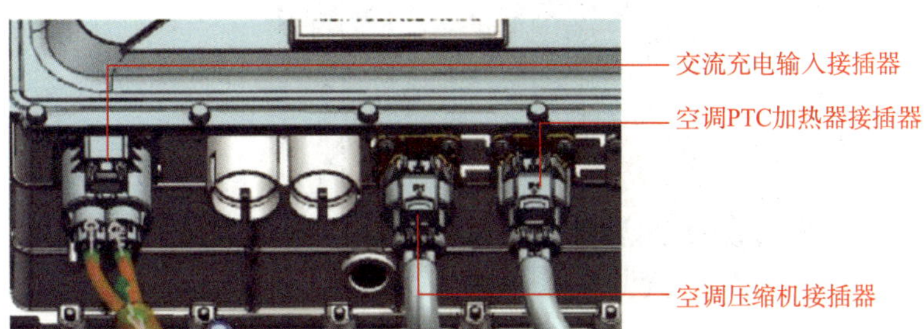

图 2-3-17 空调 PTC 加热器接插器、空调压缩机接插器、交流充电输入接插器的位置

（6）使用 13 号套筒拆卸低压正极线（见图 2-3-18）和 2 条搭铁线（见图 2-3-19）。

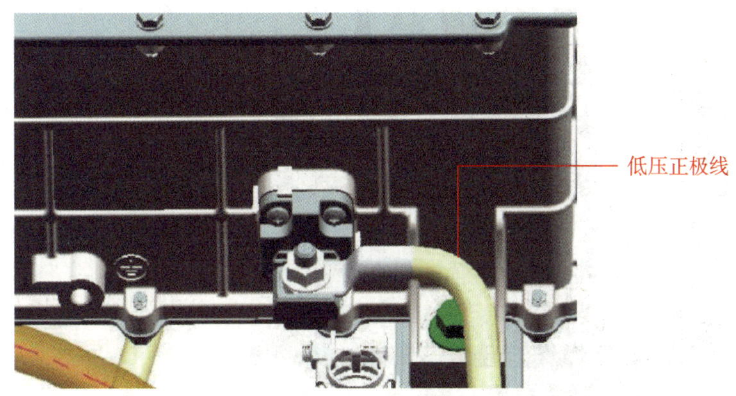

图 2-3-18 低压正极线的位置

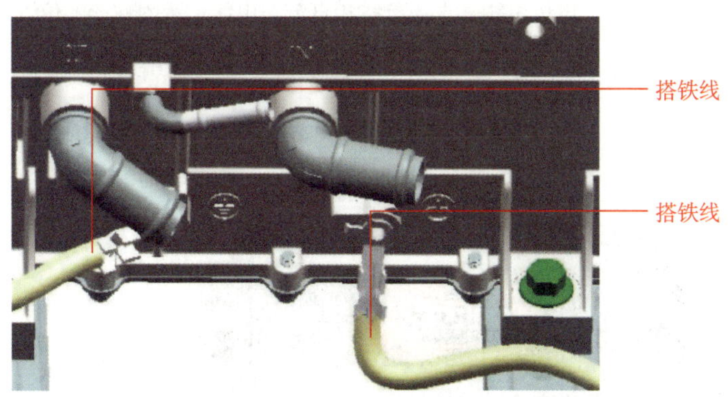

图 2-3-19 搭铁线的位置

（7）使用 10 号套筒拆卸充配电总成小盖紧固螺栓（10 颗 M5 螺栓，见图 2-3-20），拆卸充配电总成内部接线端子，拆卸充配电总成小盖。

（8）使用万用表测量直流母线电压，确认电压为 0 后，再进行后续操作。

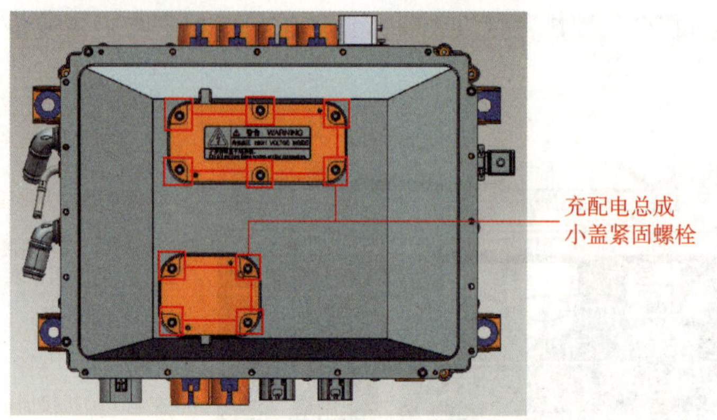

图 2-3-20　充配电总成小盖紧固螺栓的位置

（9）使用 10 号套筒拆卸电控甩线、直流母线和直流充电线束紧固螺栓（12 颗 M6 螺栓，见图 2-3-21）。

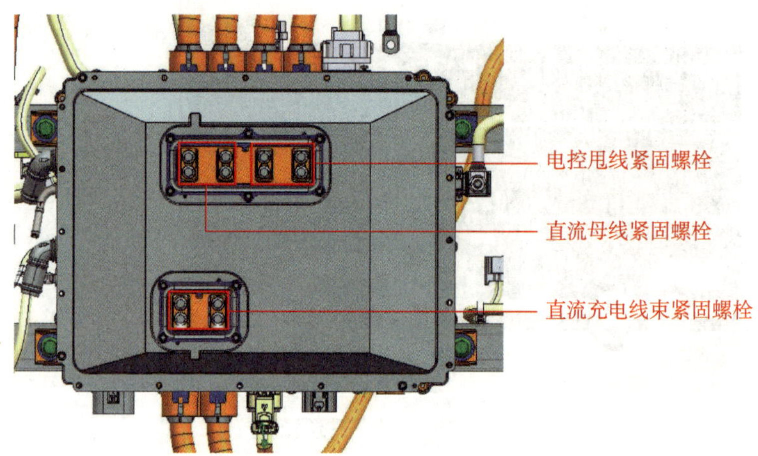

图 2-3-21　电控甩线、直流母线和直流充电线束紧固螺栓的位置

（10）使用 13 号套筒拆卸充配电总成安装脚紧固螺栓（4 颗 M10 螺栓，见图 2-3-22），取出充配电总成。

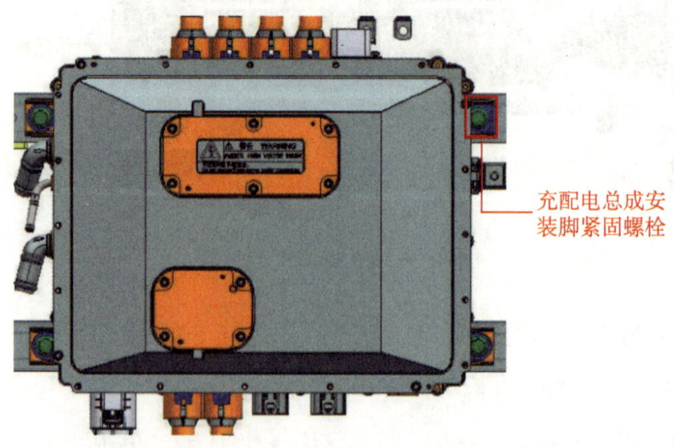

图 2-3-22　充配电总成安装脚紧固螺栓的位置

（11）按照与拆卸相反的顺序安装新的充配电总成，并进行相关附件以及线束和插接器等的装复。.

提示：充配电总成小盖紧固螺栓（M5）拧紧力矩为（2.8±0.3）N·m，电控甩线、直流母线和直流充电线束紧固螺栓（M6）拧紧力矩为（9±1）N·m，充配电总成安装脚紧固螺栓（M10）拧紧力矩为（15±1）N·m。

（12）装复完成后，加注冷却液至标准值范围。

（13）戴绝缘手套，安装高压维修开关。

（14）连接蓄电池负极电缆。

（15）使用故障诊断仪消除故障码。

（16）将起动按钮置于ON挡位，车辆上电，确认OK指示灯点亮，组合仪表显示屏显示正常，冷却风扇运转正常。

任务4 | 整车控制模块检修

学习目标

1. 能叙述整车控制系统的功能和组成。
2. 能分析整车控制模块电路。
3. 能对整车控制模块进行自诊断检查。
4. 能检测整车控制模块电源电路和CAN总线电路。

●任务描述

某新能源汽车进厂维修，车主反映踩下制动踏板、将起动按钮置于ON挡位后，OK指示灯未点亮（车辆无法上电），但冷却风扇高速运转，组合仪表显示屏显示“请检查动力系统”提示，动力系统故障警报灯、驻车系统故障警报灯点亮，P挡指示灯闪烁，如图2-4-1所示。班组长使用故障诊断仪连接车辆自诊断系统、读取整车控制模块故障码时，故障诊断仪显示“ECU无响应，通讯中断”，由此初步判断为整车控制模块通信故障，现安排你负责检修。作为一名维修人员，你如何检修上述故障？

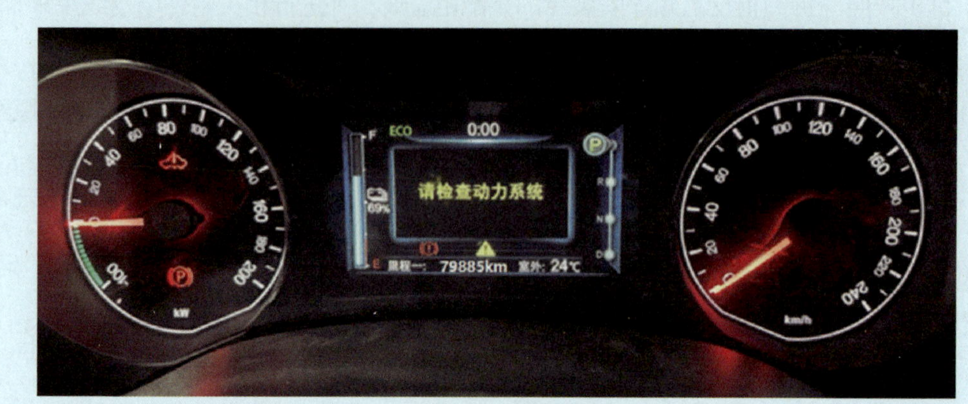

图 2-4-1　整车控制模块通信故障的信息显示

任务分析

OK 指示灯未点亮，组合仪表显示屏显示“请检查动力系统”提示，动力系统故障警报灯点亮，说明动力网 CAN 总线系统出现故障；驻车系统故障警报灯点亮，P 挡指示灯闪烁，说明控制车辆行驶状态的整车控制系统可能出现故障；使用故障诊断仪连接车辆自诊断系统、读取整车控制模块故障码时，故障诊断仪显示“ECU 无响应，通讯中断”，说明动力网 CAN 总线系统中的整车控制模块通信故障，无法检测到整车控制系统信息。考虑到整车控制模块与 CAN 总线系统的连接关系，检修内容需要覆盖整车控制模块及其相关电路。

相关知识

一、整车控制系统的功能

整车控制系统的功能主要包括行驶控制、车辆动态协调、能量管理、能量分配优化、充电控制、制动能量回馈控制、故障监测、故障处理、车辆状态监视与显示等。

1. 行驶控制

采集加速踏板信号、制动踏板信号等，实时感知驾驶员的操作意图并以此确定车辆行驶需求（如加速或制动），发送控制指令给驱动电机，确保车辆按照驾驶员的意图行驶。

2. 车辆动态协调

综合车辆的速度、加速度、转向等信息，协调驱动电机、减速器、制动系统等部件的工作，确保车辆行驶的稳定性和安全性。

3. 能量管理

实时监测电池的电量、电压、温度等状态参数，确保电池安全运行。

4. 能量分配优化

根据车辆的行驶状态和驾驶员的需求，合理分配电池能量给驱动电机、空调、音响等用电设备，以提高能量的利用率，延长车辆的续航里程。

5. 充电控制

在车辆充电过程中，与车载充电机和电池管理系统进行通信，监控充电状态，控制充电电流和电压，确保充电过程安全、高效。

6. 制动能量回馈控制

根据制动踏板的行程、车辆的行驶速度、电池的剩余电量等信息，判断是否满足制动能量回馈的条件。

7. 故障监测

实时监测整车各部件包括驱动电机、动力电池、制动系统和相关传感器等的工作状态，及时发现故障。

8. 故障处理

根据故障的类型和严重程度，采取相应的保护措施，如限制车辆的行驶速度、切断故障部件的电源等，以防止故障进一步扩大，保护车辆和驾驶员的安全。

9. 车辆状态监视与显示

将车辆的各种状态信息，如车速、电池电量、里程、故障信息等，发送给组合仪表或车载信息显示系统，以便驾驶员随时了解车辆的运行状况。

二、整车控制系统的组成

1. 组成

整车控制系统主要由整车控制模块、制动踏板位置传感器、真空压力传感器、加速踏板位置传感器和电动真空泵等组成。

（1）整车控制模块

整车控制模块（又称整车控制器，VCU，见图 2-4-2）是整车控制系统的核心，通过采集加速踏板信号、制动踏板信号和其他部件信号，并做出相应判断后，将信号发送给下层的各部件控制模块（电池管理控制模块、驱动电机控制模块、充配电总成等），以实现整车驱动、制动和能量回收等。

（2）制动踏板位置传感器

制动踏板位置传感器通常安装在制动踏板轴的一端，主要用于检测制动踏板的位置信号，如图 2-4-3 所示。制动踏板位置传感器采用霍尔式传感器，当驾驶员踩下制动踏板时，制动踏板的位置变化导致霍尔式传感器中的磁场发生变化，进而产生电信号，这个电信号传输给整车控制系统，用于精确控制制动系统的响应。

图 2-4-2　整车控制模块

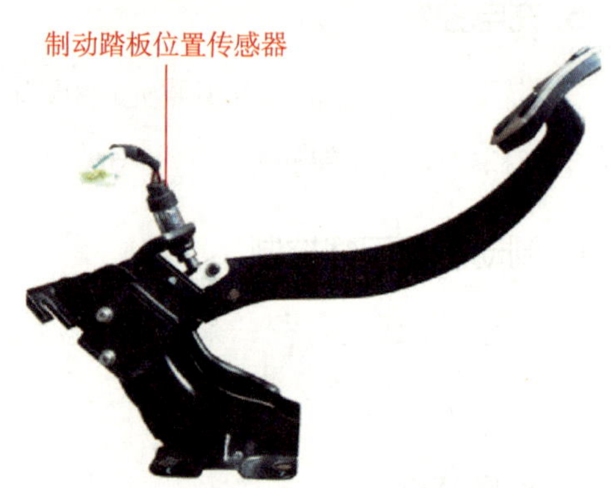

图 2-4-3　制动踏板位置传感器的安装位置

（3）真空压力传感器

真空压力传感器（见图 2-4-4）主要用于检测真空助力制动系统的真空度，确保制动系统正常工作。当驾驶员踩下制动踏板时，真空助力器利用真空度来放大制动力，以提高制动的效率和安全性。

（4）加速踏板位置传感器

加速踏板位置传感器通常安装在加速踏板轴的一端，主要用于检测加速踏板的位置信号，如图 2-4-5 所示。加速踏板位置传感器采用霍尔式传感器，当驾驶员踩下加速踏板时，加速踏板的位置变化导致霍尔式传感器中的磁场发生变化，进而产生电信号，这个电信号传输给整车控制系统，整车控制系统根据接收到的信号计算加速踏板的开度，并据此调节驱动电机的转速和转矩，从而实现对车辆动力输出的精确控制。

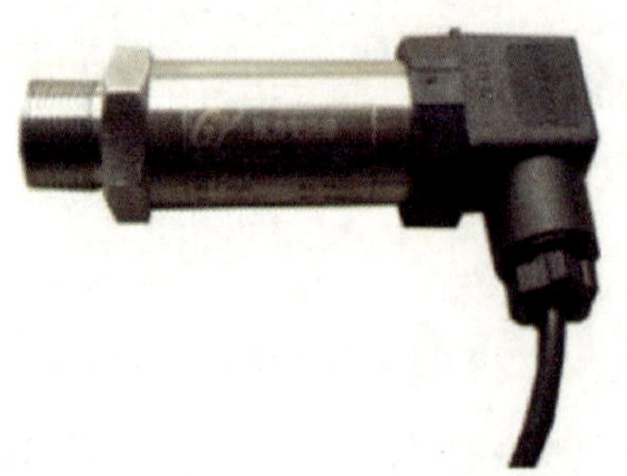

图 2-4-4　真空压力传感器

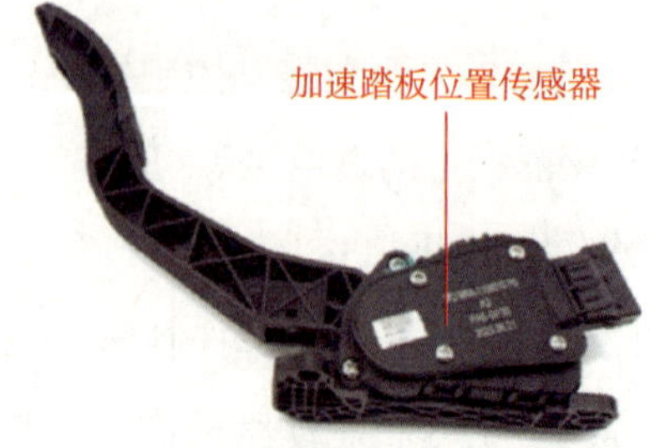

图 2-4-5　加速踏板位置传感器的安装位置

（5）电动真空泵

电动真空泵（见图 2-4-6）通过高效抽取真空，为真空助力器提供不可或缺的动力源泉，以确保即使没有传统内燃机产生的真空辅助，制动系统依然能够维持强大的助力效果。电动真空泵能敏锐地响应汽车的各种运行工况，通过电机直接驱动的方式迅速产生所需的真空源。

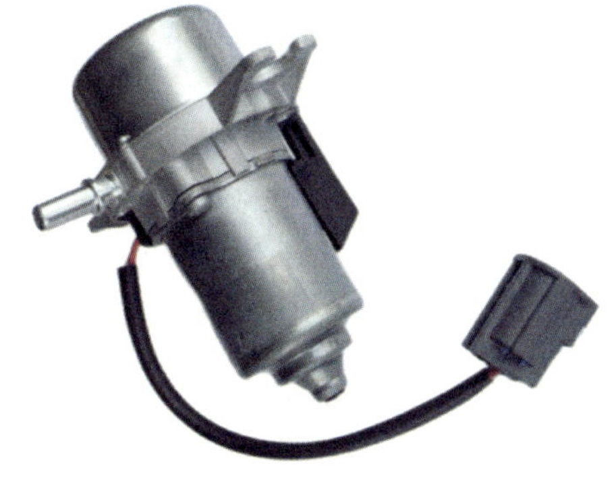

图 2-4-6 电动真空泵

2. 整车控制模块的安装位置

以比亚迪 e5 为例，其整车控制模块安装在右前座椅下方，如图 2-4-7 所示。

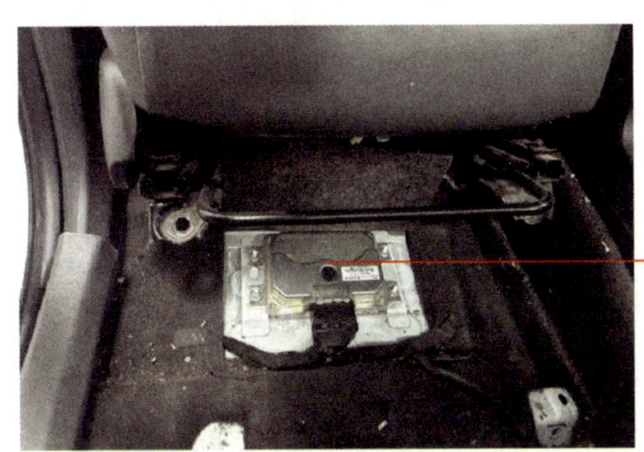

图 2-4-7 整车控制模块的安装位置

三、整车控制模块的电路

以比亚迪 e5 为例，其整车控制模块电路（局部）如图 2-4-8 所示。

1. 整车控制模块电源电路

整车控制模块由 IG3 电供电，IG3 电电路通过熔丝 F1/18 由插接器 BK49/1 端子、插接器 BK49/3 端子连接整车控制模块。搭铁电路由插接器 BK49/5 端子、插接器 BK49/7 端子通过导线连接到 14# 搭铁 Eb14。

2. 整车控制模块 CAN 总线电路

动力网支总线 CAN-H、CAN-L 以双绞线的形式分别通过插接器 BK49/21 端子、插接器 BK49/22 端子连接到整车控制模块。

整车控制模块与网关控制模块、电池管理控制模块通过动力网支总线进行连接，网关控制模块、电池管理控制模块内部均设置有动力网终端电阻，标准值均为 120 Ω；整车控制模块内部没有终端电阻，网关控制模块、电池管理控制模块内部的终端电阻在整个动力网中处于并联状态，因此，整车控制模块外部终端电阻为 60 Ω。

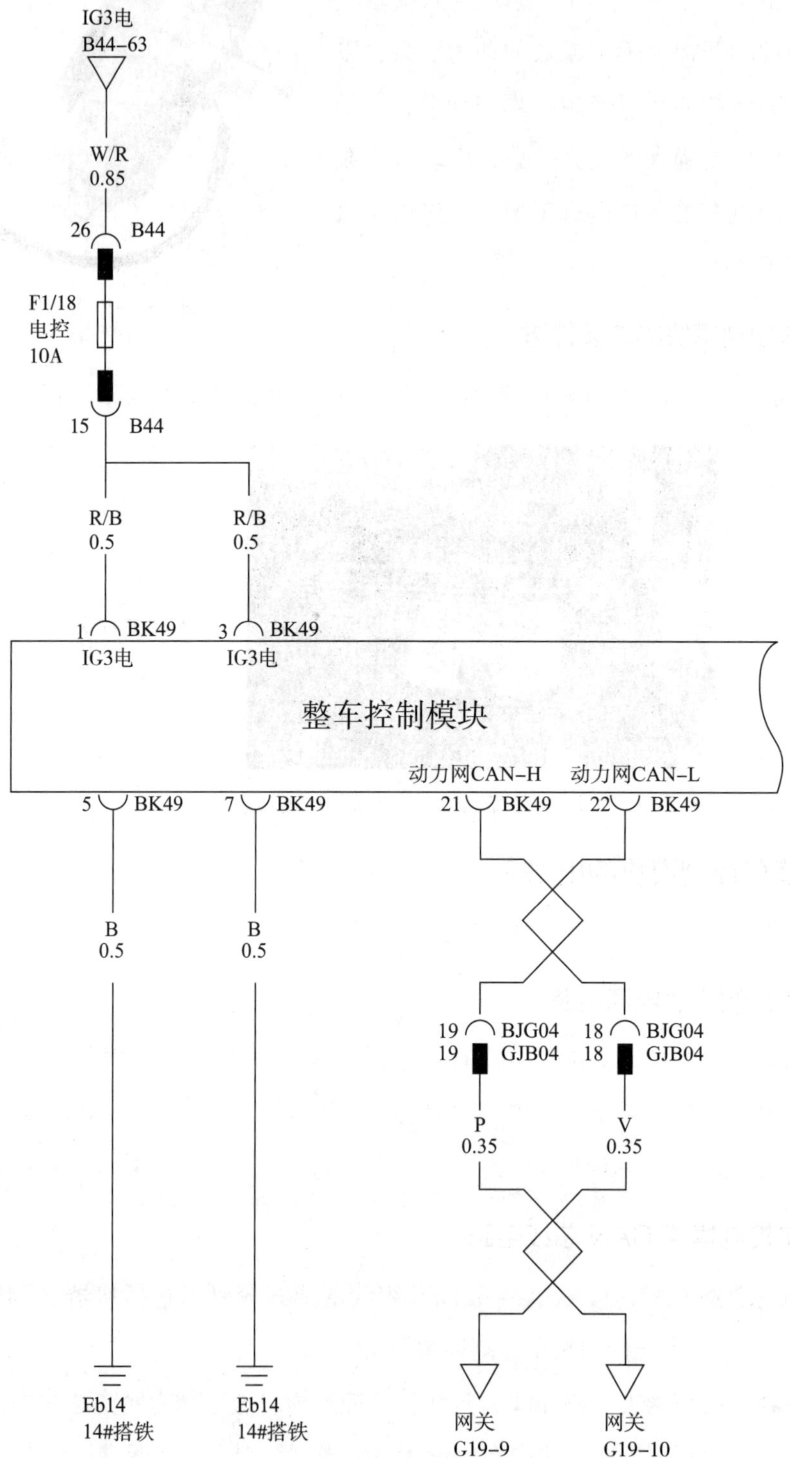

图 2-4-8 整车控制模块电路（局部）

3. 整车控制模块插接器及其端子功能定义

整车控制模块插接器 BK49 的外形如图 2-4-9 所示，其部分端子功能定义见表 2-4-1。

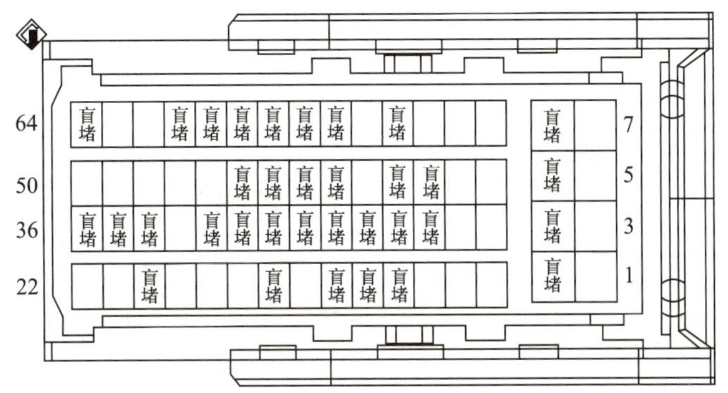

图 2-4-9　整车控制模块插接器 BK49 的外形

表 2-4-1　　整车控制模块插接器 BK49 的部分端子功能定义

端子号	功能定义	端子号	功能定义
BK49/1	IG3 电	BK49/7	搭铁
BK49/3	IG3 电	BK49/21	动力网 CAN-H
BK49/5	搭铁	BK49/22	动力网 CAN-L

任务实施

一、器材准备

按表 2-4-2 准备任务实施所需的器材。

表 2-4-2　　器材清单

类别	名称
工具	数字式万用表、测试线、探针、棘轮手柄、套筒、螺钉旋具等
设备	实训车辆（以比亚迪 e5 为例）、工具车、零件车、故障诊断仪、示波器等
材料	电工胶布、熔丝等
资料	维修手册、电路图等
其他	安全帽、护目镜、绝缘手套等人员防护用品，翼子板布、座椅套、转向盘套等车辆防护用品，危险警示牌、危险作业隔离带、绝缘垫等现场安全防护设施

二、实施流程

任务实施流程如图 2-4-10 所示。

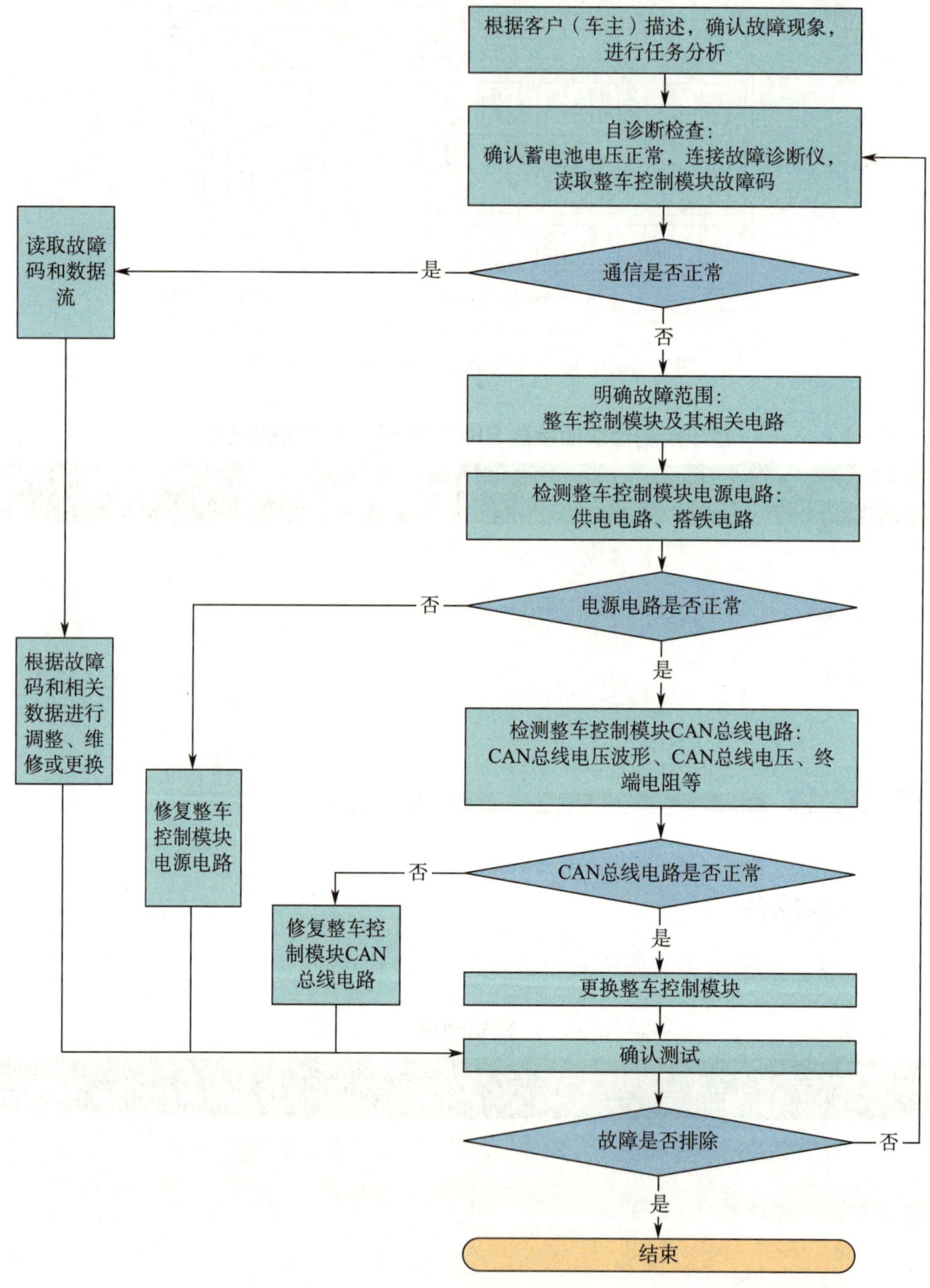

图 2-4-10　任务实施流程

三、检修作业

1. 自诊断检查

确认蓄电池电压正常、故障诊断仪与车辆自诊断系统连接正常后，在故障诊断仪中根据屏幕显示信息提示进入“整车控制器”界面，选择“读取故障码”选项，读取整车控制模块的故障码。

如图 2-4-11 所示，若故障诊断仪显示“ECU 无响应，通讯中断”，则说明无法与整车控制模块进行通信，明确故障范围是整车控制模块及其相关电路。

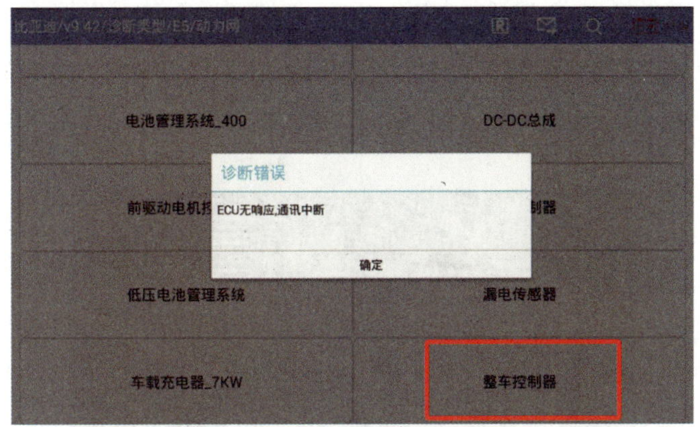

图 2-4-11 整车控制模块故障码的读取

2. 检测整车控制模块电源电路

（1）测量整车控制模块电源电路熔丝对地电压

如图 2-4-12 所示，将起动按钮置于 ON 挡位，按照本模块任务 1 所述熔丝对地电压的测量方法，测量整车控制模块电源电路熔丝 F1/18 对地电压；并将所测得的数值与表 2-4-3 中的标准值进行对比，分析、判断整车控制模块供电是否正常。

图 2-4-12 熔丝 F1/18 对地电压的测量

表 2-4-3　　整车控制模块电源电路熔丝对地电压的标准值

测量部位	说明	条件	标准值 /V
熔丝 F1/18 - 车身搭铁	熔丝对地电压	起动按钮置于 ON 挡位	11 ~ 14

（2）测量整车控制模块插接器电源端子对地电压

为便于测量整车控制模块插接器电源端子对地电压，测量前应先拆卸整车控制模块外围部件（右前座椅）。

如图 2-4-13 所示，将起动按钮置于 ON 挡位，按照本模块任务 1 所述插接器电源端子对地电压的测量方法，测量整车控制模块插接器 BK49/1（IG3 电）端子对地电压；采用同样的方法测量插接器 BK49/3（IG3 电）端子对地电压；并将所测得的数值与表 2-4-4 中的标准值进行对比，分析、判断整车控制模块供电是否正常。

图 2-4-13　插接器 BK49/1 端子对地电压的测量

表 2-4-4　　整车控制模块插接器电源端子对地电压的标准值

测量部位	说明	条件	标准值 /V
插接器 BK49/1 端子 - 车身搭铁	电源端子对地电压	起动按钮置于 ON 挡位	11 ~ 14
插接器 BK49/3 端子 - 车身搭铁			

（3）测量整车控制模块插接器搭铁端子对地电阻

如图 2-4-14 所示，按照本模块任务 1 所述插接器搭铁端子对地电阻的测量方法，测量插接器 BK49/5（搭铁）端子对地电阻；采用同样的方法测量插接器 BK49/7（搭铁）端子对地电阻；并将所测得的数值与表 2-4-5 中的标准值进行对比，分析、判断整车控制模块搭铁是否正常。

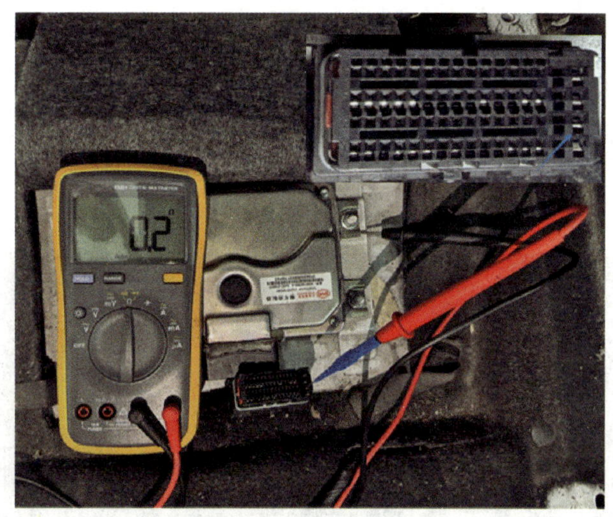

图 2-4-14 插接器 BK49/5 端子对地电阻的测量

表 2-4-5 整车控制模块插接器搭铁端子对地电阻的标准值

<table>
<tr><th>测量部位</th><th>说明</th><th>条件</th><th>标准值 / Ω</th></tr>
<tr><td>插接器 BK49/5 端子 - 车身搭铁</td><td rowspan="2">搭铁端子对地电阻</td><td rowspan="2">起动按钮置于 OFF 挡位，断开蓄电池负极电缆</td><td rowspan="2"><1</td></tr>
<tr><td>插接器 BK49/7 端子 - 车身搭铁</td></tr>
</table>

3. 检测整车控制模块 CAN 总线电路

（1）检测整车控制模块 CAN 总线电压波形

1）测量前准备

①将起动按钮置于 OFF 挡位。

②断开蓄电池负极电缆，等待 5 min。

③在插接器 BK49/21（动力网 CAN-H）端子、插接器 BK49/22（动力网 CAN-L）端子后端引线处插上探针。

④将示波器通道 CH1、CH2 表笔分别连接插接器 BK49/21 端子、插接器 BK49/22 端子上的探针。

⑤连接蓄电池负极电缆。

⑥将起动按钮置于 ON 挡位。

2）操作仪器。接通示波器电源开关，调整波形的频率、幅值至合适区域，固定并存储所测量的串行数据。

3）读取测量值。如图 2-4-15 所示，测量整车控制模块 CAN 总线电压波形；将所测得的波形与正常波形进行对比，分析、判断整车控制模块 CAN 总线数据传输线是否正常。如果所测得的波形为异常波形，则参考模块一任务 2 中的异常波形，进一步确定故障类型。

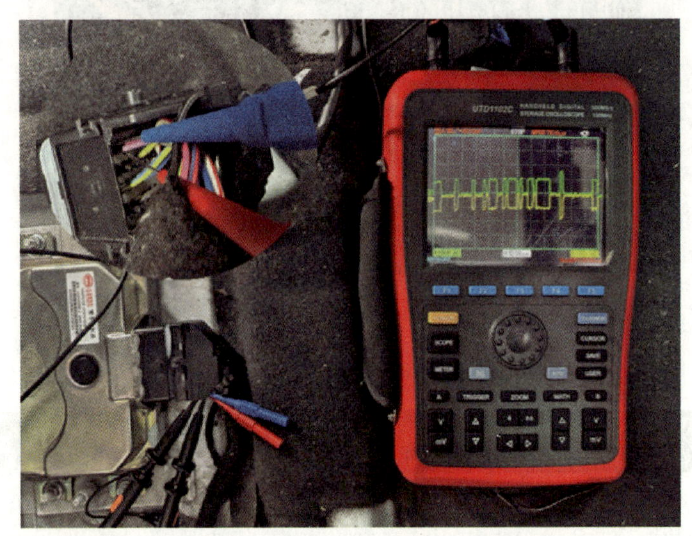

图 2-4-15　整车控制模块 CAN 总线电压波形的测量

（2）测量整车控制模块 CAN 总线电压

1）测量前准备

①将起动按钮置于 OFF 挡位。

②断开蓄电池负极电缆，等待 5 min。

③在插接器 BK49/21 端子、插接器 BK49/22 端子后端引线处插上探针。

④连接蓄电池负极电缆。

⑤将起动按钮置于 ON 挡位。

2）操作仪表。将数字式万用表置于直流电压挡，黑表笔接车身搭铁，红表笔先后接插接器 BK49/21 端子、插接器 BK49/22 端子上的探针，当显示屏显示数值稳定时，按下“HOLD”键。

3）读取测量值。如图 2-4-16 所示，测量整车控制模块 CAN 总线电压；将所测得的数值与表 2-4-6 中的标准值进行对比，分析、判断整车控制模块 CAN 总线数据传输线是否正常。

a）

b）

图 2-4-16 整车控制模块 CAN 总线电压的测量

a）CAN-H 对地电压 b）CAN-L 对地电压

表 2-4-6 整车控制模块 CAN 总线电压的标准值

测量部位	说明	条件	标准值 /V
插接器 BK49/21 端子 - 车身搭铁	动力网 CAN-H 对地电压	起动按钮置于 ON 挡位	2.5～3.5
插接器 BK49/22 端子 - 车身搭铁	动力网 CAN-L 对地电压		1.5～2.5

（3）测量整车控制模块外部终端电阻

1）测量前准备

①将起动按钮置于 OFF 挡位。

②断开蓄电池负极电缆，等待 5 min。

③断开插接器 BK49 与整车控制模块的连接。

④在插接器 BK49/21 端子、插接器 BK49/22 端子前端针孔处插上探针。

2）操作仪表。将数字式万用表置于电阻挡，红、黑表笔分别接插接器 BK49/21 端子、插接器 BK49/22 端子上的探针，当显示屏显示数值稳定时，按下“HOLD”键。

3）读取测量值。如图 2-4-17 所示，测量整车控制模块外部终端电阻；将所测得的数值与表 2-4-7 中的标准值进行对比，分析、判断整车控制模块 CAN 总线数据传输线是否正常。

图 2-4-17　整车控制模块外部终端电阻的测量

表 2-4-7　　整车控制模块外部终端电阻的标准值

测量部位	说明	条件	标准值 /Ω
插接器 BK49/21 端子 - 插接器 BK49/22 端子	整车控制模块外部终端电阻	起动按钮置于 OFF 挡位，断开蓄电池负极电缆	约 60

4. 更换整车控制模块

如果经过以上检测确认整车控制模块电源电路、CAN 总线电路均正常，则可以判定故障部位是整车控制模块本身，可采用替换法进行修复，操作步骤如下。

（1）将起动按钮置于 OFF 挡位。

（2）断开蓄电池负极电缆，等待 5 min。

（3）拆卸整车控制模块外围部件（右前座椅）。

（4）断开插接器 BK49 与整车控制模块的连接。

（5）使用 10 号套筒拆卸整车控制模块紧固螺栓（4 颗，见图 2-4-18），取出整车控制模块。

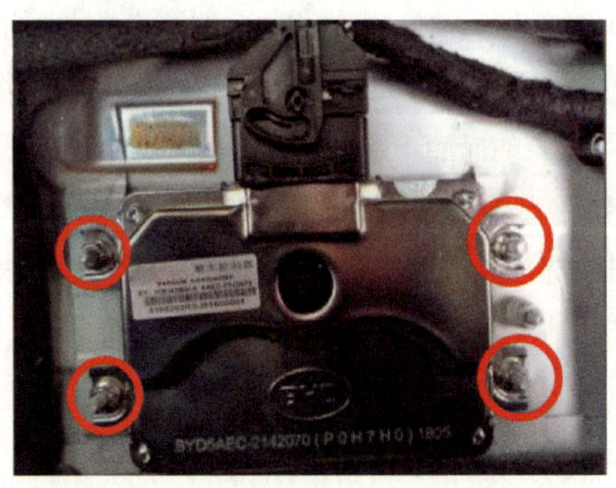
图 2-4-18　整车控制模块紧固螺栓的位置

（6）按照与拆卸相反的顺序安装新的整车控制模块。

提示：整车控制模块紧固螺栓拧紧力矩为 10 N·m。

（7）连接插接器 BK49 与整车控制模块。

（8）连接蓄电池负极电缆。

（9）使用故障诊断仪消除故障码。

（10）将起动按钮置于 ON 挡位，车辆上电，确认 OK 指示灯点亮，组合仪表显示屏显示正常，冷却风扇运转正常。

（11）装复整车控制模块外围部件（右前座椅）。

模块三
新能源汽车 ESC 网络系统检修

任务 1 | ABS 控制模块检修

学习目标

1. 能叙述 ABS 的功能和组成。
2. 能分析 ABS 控制模块电路。
3. 能对 ABS 控制模块进行自诊断检查。
4. 能检测 ABS 控制模块电源电路和 CAN 总线电路。

●任务描述

某新能源汽车进厂维修，车主反映车辆在行驶过程中，紧急制动时制动效果明显变差，组合仪表显示屏显示“请检查 ABS 系统”提示，ABS 故障指示灯点亮并发出警报声，如图 3-1-1 所示。班组长使用故障诊断仪连接车辆自诊断系统、读取 ABS 故障码时，故障诊断仪显示“ECU 无响应，通讯中断”，由此初步判断为

ABS 控制模块通信故障，现安排你负责检修。作为一名维修人员，你如何检修上述故障？

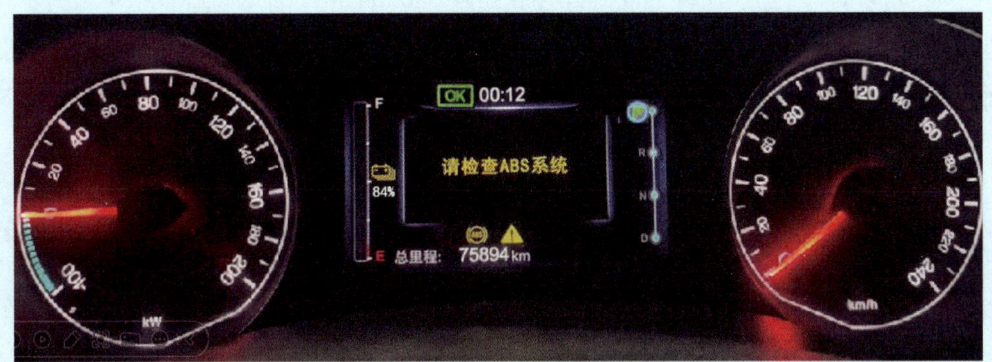

图 3-1-1　ABS 控制模块通信故障的信息显示

●任务分析

车辆在行驶过程中，紧急制动时制动效果明显变差，组合仪表显示屏显示“请检查 ABS 系统”提示，ABS 故障指示灯点亮并发出警报声，说明 ABS 出现故障；使用故障诊断仪连接车辆自诊断系统、读取 ABS 故障码时，故障诊断仪显示“ECU 无响应，通讯中断”，说明 ABS 控制模块通信故障。考虑到 ABS 控制模块与 CAN 总线系统的连接关系，检修内容需要覆盖 ABS 控制模块及其相关电路。

相关知识

一、ABS 的功能

防抱死制动系统（ABS）的功能主要包括防止车轮锁死、提高制动效率、适应各种路面条件、减少轮胎磨损等。

1. 防止车轮锁死

当车辆紧急制动时，ABS 可以确保车轮不会被完全锁死，从而使车辆仍然具有一定的转向能力，避免失控。这一功能在湿滑路面或紧急避让障碍物时尤为重要，因为它允许驾驶员在制动的同时仍能控制车辆的方向。

2. 提高制动效率

ABS 通过控制车轮的滑移率，使车辆在制动过程中始终保持最佳的稳定性，不仅可以提高制动的效率和效果，还能在一定程度上缩短制动距离，从而提高行驶安全性。

3. 适应各种路面条件

ABS 具有智能调节功能，可以根据不同的路面条件和车辆状态自动调整制动策略。因此，无论是在干燥的路面还是在湿滑、积雪等低附着路面，ABS 都能保持良好的制动性能。

4. 减少轮胎磨损

ABS 能避免车轮在制动过程中长时间处于抱死状态，可以减少轮胎的磨损，延长轮胎的使用寿命。

二、ABS 的组成

1. 组成

ABS 主要由 ABS 控制模块、电动真空泵、真空助力器、轮速传感器等组成。

（1）ABS 控制模块

ABS 控制模块如图 3-1-2 所示，通常与车身动态控制（VDC）和牵引力控制（TCS）等功能模块集成为一体。其主要作用是接收轮速传感器的信号，计算制动参数，调节制动压力，防止车轮抱死，提高行车安全性。

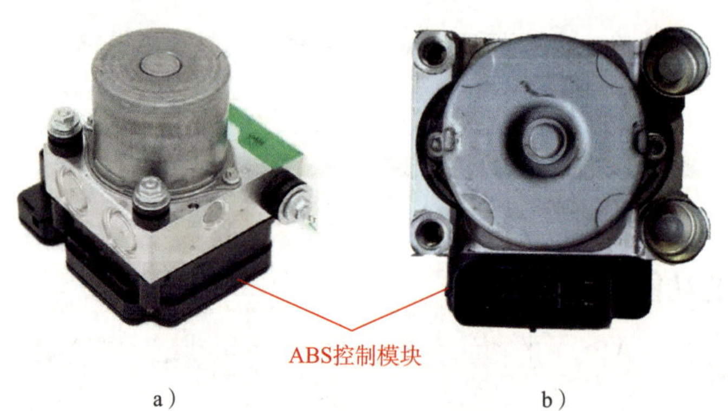

图 3-1-2　ABS 控制模块
a）正面　b）背面

（2）电动真空泵

电动真空泵如图 3-1-3 所示，其主要作用是产生负压，以增加制动力。电动真空泵通过真空传感器监测增压器中真空的变化，以确保各种驾驶条件下的充分增压效果。

（3）真空助力器

真空助力器安装在制动踏板与制动主缸之间，其主要作用是利用真空与大气的压力

差帮助驾驶员减轻踩下制动踏板的脚力。

（4）轮速传感器

轮速传感器的安装位置因车型而异，通常安装在车轮的轮毂上。其主要作用是将车轮的转速信号发送给 ABS 控制模块和自动变速器控制系统等。这些系统利用轮速信息来监测和控制车辆的行驶状态，从而提高车辆的安全性、稳定性和舒适性。

图 3-1-3　电动真空泵

2. 安装位置

以比亚迪 e5 为例，其 ABS 的主要组成部件安装在前舱，如图 3-1-4 所示。

图 3-1-4　ABS 主要组成部件的安装位置

1—ABS 控制模块　2—电动真空泵　3—真空助力器

三、ABS 控制模块的电路

以比亚迪 e5 为例，其 ABS 控制模块电路（局部）如图 3-1-5 所示。

1. ABS 控制模块电源电路

ABS 控制模块由常电（+B-MR VCC）、常电（+B-VR VCC）、IG1 电供电，常电（+B-MR VCC）电路通过熔丝 F1/31 由插接器 B03/1 端子连接 ABS 控制模块，常电（+B-VR VCC）电路通过熔丝 F1/30 由插接器 B03/25 端子连接 ABS 控制模块，IG1 电电路通过熔丝 F2/17 由插接器 B03/28 端子连接 ABS 控制模块。搭铁电路由插接器 B03/13 端子、插接器 B03/38 端子通过导线连接到 2# 搭铁 Eb02。

熔丝 F1/30、F1/31 在前舱配电盒内，熔丝 F2/17 在仪表板配电盒内，如图 3-1-6 所示。

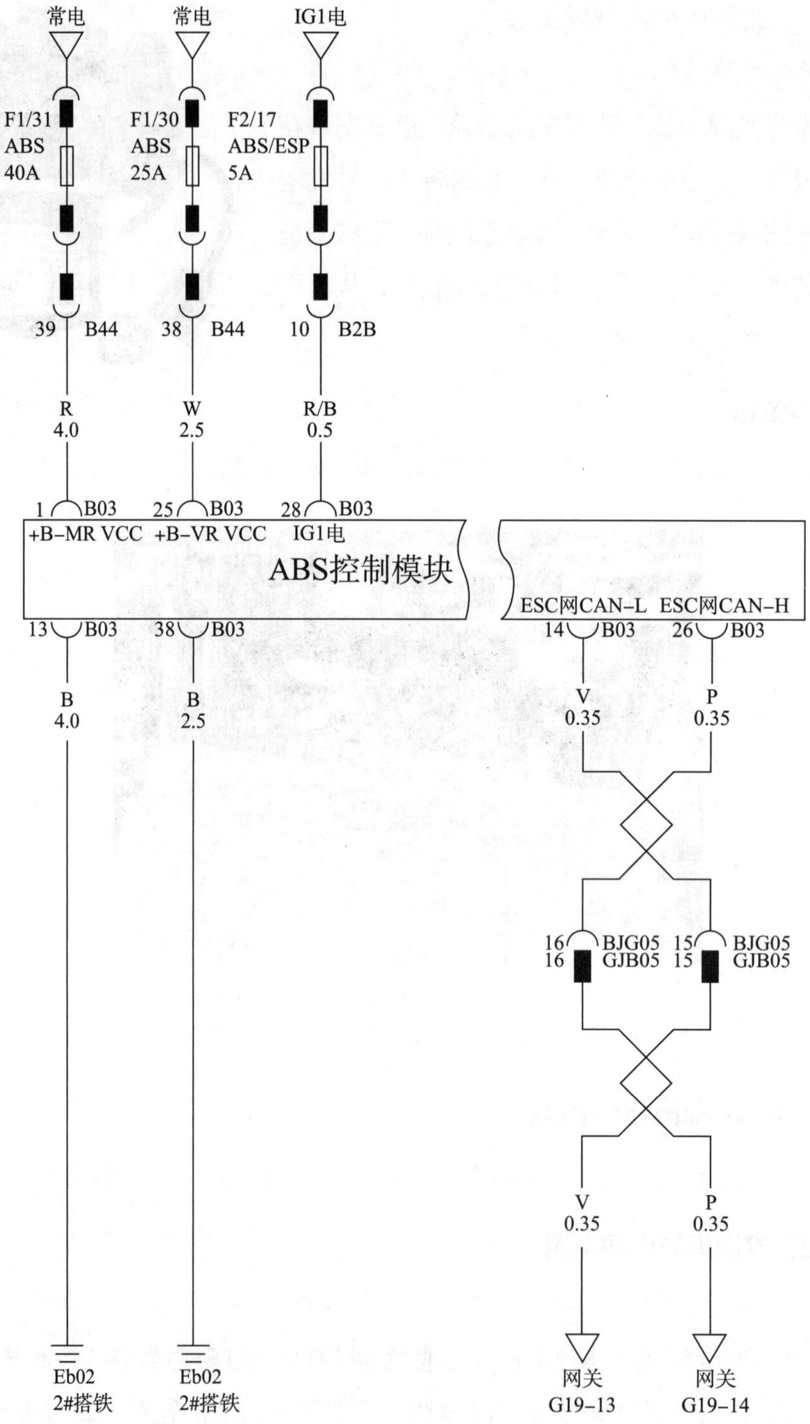

图 3-1-5　ABS 控制模块电路（局部）

2. ABS 控制模块 CAN 总线电路

ESC 网主总线 CAN-H、CAN-L 以双绞线的形式分别通过插接器 B03/26 端子、插接器 B03/14 端子连接到 ABS 控制模块。

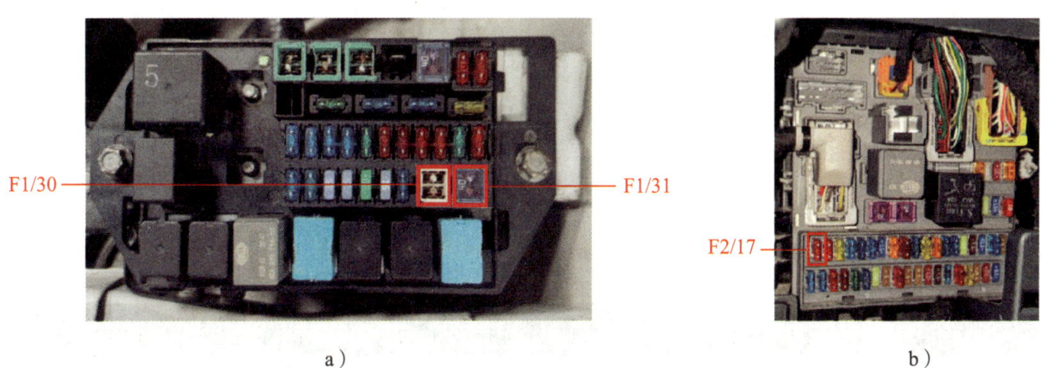

图 3-1-6 熔丝 F1/30、F1/31、F2/17 的位置

a）F1/30、F1/31 b）F2/17

ABS 控制模块与网关控制模块通过 ESC 网主总线进行连接，网关控制模块、ABS 控制模块内部均设置有 ESC 网终端电阻，标准值均为 120 Ω；网关控制模块、ABS 控制模块内部的终端电阻在整个 ESC 网中处于并联状态，因此，ABS 控制模块外部终端电阻为 120 Ω。

3. ABS 控制模块插接器及其端子功能定义

ABS 控制模块插接器 B03 的外形如图 3-1-7 所示，其部分端子功能定义见表 3-1-1。

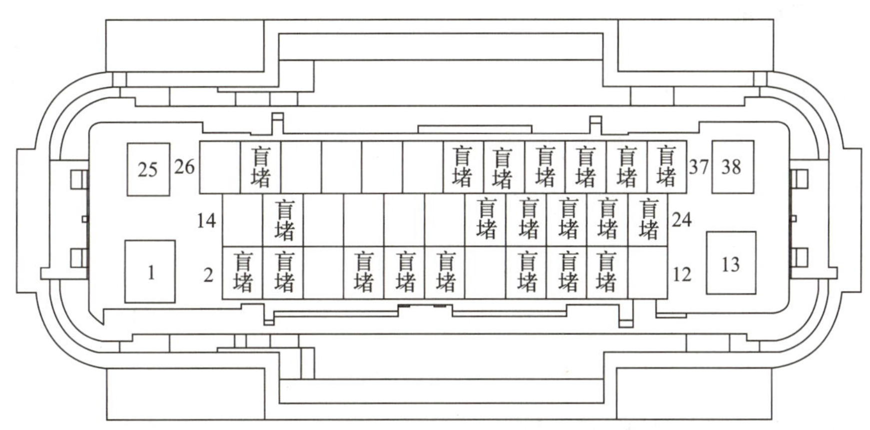

图 3-1-7 ABS 控制模块插接器 B03 的外形

表 3-1-1 ABS 控制模块插接器 B03 的部分端子功能定义

端子号	功能定义	端子号	功能定义
B03/1	常电（+B-MR VCC）	B03/26	ESC 网 CAN-H
B03/13	搭铁	B03/28	IG1 电
B03/14	ESC 网 CAN-L	B03/38	搭铁
B03/25	常电（+B-VR VCC）		

任务实施

一、器材准备

按表 3–1–2 准备任务实施所需的器材。

表 3–1–2　器材清单

类别	名称
工具	数字式万用表、测试线、探针、棘轮手柄、套筒、螺钉旋具、插簧等
设备	实训车辆（以比亚迪 e5 为例）、工具车、零件车、故障诊断仪、示波器等
材料	电工胶布、熔丝、制动液等
资料	维修手册、电路图等
其他	安全帽、护目镜、绝缘手套等人员防护用品，翼子板布、座椅套、转向盘套等车辆防护用品，危险警示牌、危险作业隔离带、绝缘垫等现场安全防护设施

二、实施流程

任务实施流程如图 3–1–8 所示。

三、检修作业

1. 自诊断检查

确认蓄电池电压正常、故障诊断仪与车辆自诊断系统连接正常后，在故障诊断仪中根据屏幕显示信息提示进入“防抱死刹车系统”界面，选择“读取故障码”选项，读取 ABS 的故障码。

如图 3–1–9 所示，若故障诊断仪显示“ECU 无响应，通讯中断”，则说明无法与 ABS 控制模块进行通信，明确故障范围是 ABS 控制模块及其相关电路。

2. 检测 ABS 控制模块电源电路

（1）测量 ABS 控制模块电源电路熔丝对地电压

测量 ABS 控制模块电源电路熔丝 F2/17、F1/30、F1/31 对地电压的方法基本相同。以测量熔丝 F2/17 对地电压为例，测量方法如下。

1）测量前准备

①将起动按钮置于 ON 挡位。

②将数字式万用表的黑表笔插入“COM”插孔，红表笔插入“V Ω”插孔；将挡位功能选择开关旋至电阻挡，观察显示屏显示是否正常、电量是否充足。

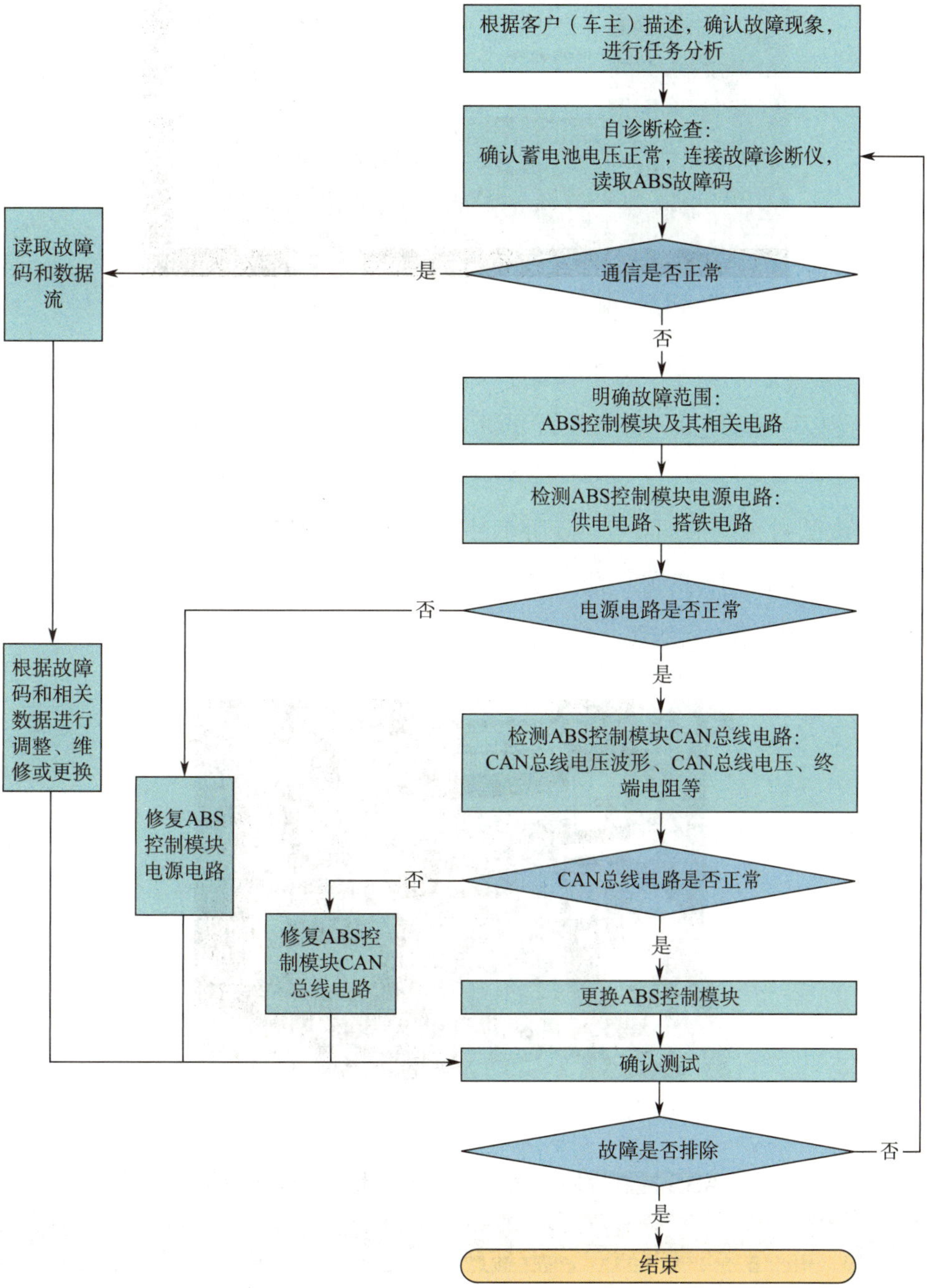

根据客户（车主）描述，确认故障现象，进行任务分析

自诊断检查：
确认蓄电池电压正常，连接故障诊断仪，读取ABS故障码

通信是否正常

是

读取故障码和数据流

根据故障码和相关数据进行调整、维修或更换

否

明确故障范围：
ABS控制模块及其相关电路

检测ABS控制模块电源电路：
供电电路、搭铁电路

电源电路是否正常

否

修复ABS控制模块电源电路

是

检测ABS控制模块CAN总线电路：
CAN总线电压波形、CAN总线电压、终端电阻等

CAN总线电路是否正常

否

修复ABS控制模块CAN总线电路

是

更换ABS控制模块

确认测试

故障是否排除

否

是

结束

图 3-1-8　任务实施流程

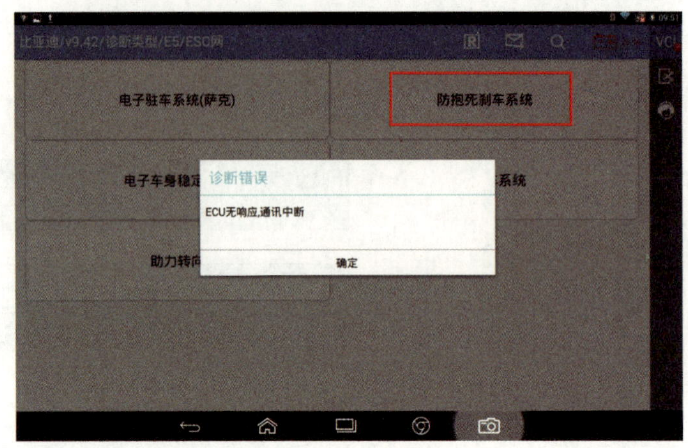

图 3-1-9　ABS 故障码的读取

2）操作仪表。将数字式万用表置于直流电压挡，黑表笔接车身搭铁，红表笔先后接 ABS 控制模块电源电路熔丝 F2/17 的两端测试点，当显示屏显示数值稳定时，按下“HOLD”键。

3）读取测量值。如图 3-1-10 所示，测量熔丝 F2/17 对地电压；将起动按钮置于 OFF 挡位，采用同样的方法测量熔丝 F1/30、F1/31 对地电压；将所测得的数值与表 3-1-3 中的标准值进行对比，分析、判断 ABS 控制模块供电是否正常。

图 3-1-10　熔丝 F2/17 对地电压的测量

表 3-1-3　　ABS 控制模块电源电路熔丝对地电压的标准值

测量部位	说明	条件	标准值 /V
熔丝 F2/17－车身搭铁	熔丝对地电压	起动按钮置于 ON 挡位	11～14
熔丝 F1/30－车身搭铁		起动按钮置于 OFF 挡位	
熔丝 F1/31－车身搭铁			

（2）测量 ABS 控制模块插接器电源端子对地电压

测量 ABS 控制模块插接器 B03/1（常电 +B-MR VCC）端子、插接器 B03/25（常电 +B-VR VCC）端子、插接器 B03/28（IG1 电）端子对地电压的方法基本相同。以测量插接器 B03/28 端子对地电压为例，测量方法如下。

1）测量前准备

①将起动按钮置于 OFF 挡位。

②断开蓄电池负极电缆，等待 5 min。

③如图 3-1-11 所示，用力按下锁扣开关，拉开锁扣，断开插接器 B03 与 ABS 控制模块的连接。

④在插接器 B03/28 端子前端针孔处插上探针。

⑤连接蓄电池负极电缆。

⑥将起动按钮置于 ON 挡位。

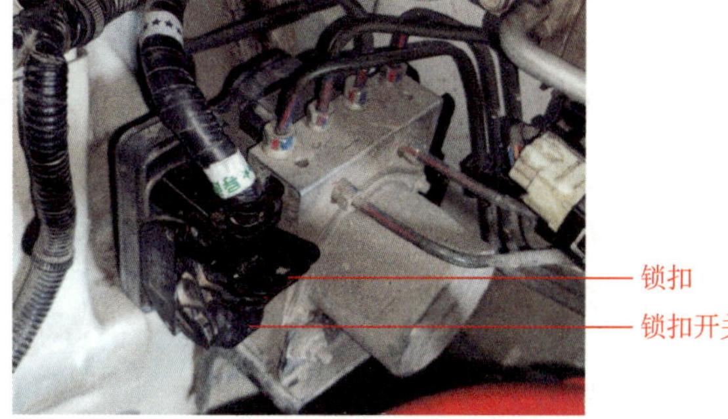

图 3-1-11　ABS 控制模块插接器的断开

2）操作仪表。将数字式万用表置于直流电压挡，黑表笔接车身搭铁，红表笔接插接器 B03/28 端子上的探针，当显示屏显示数值稳定时，按下“HOLD”键。

3）读取测量值。如图 3-1-12 所示，测量插接器 B03/28 端子对地电压；将起动按钮置于 OFF 挡位，采用同样的方法测量插接器 B03/1 端子、插接器 B03/25 端子对地电压；将所测得的数值与表 3-1-4 中的标准值进行对比，分析、判断 ABS 控制模块供电是否正常。

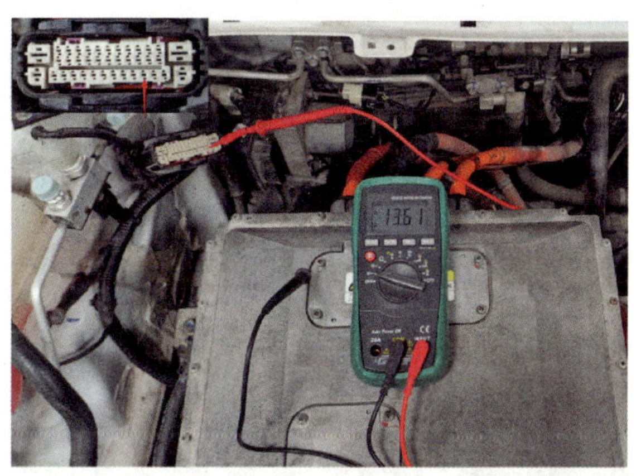

图 3-1-12　插接器 B03/28 端子对地电压的测量

表 3-1-4　　ABS 控制模块插接器电源端子对地电压的标准值

测量部位	说明	条件	标准值/V
插接器 B03/1 端子 - 车身搭铁	电源端子对地电压	起动按钮置于 OFF 挡位	11～14
插接器 B03/25 端子 - 车身搭铁			
插接器 B03/28 端子 - 车身搭铁		起动按钮置于 ON 挡位	

（3）测量 ABS 控制模块插接器搭铁端子对地电阻

测量 ABS 控制模块插接器 B03/13（搭铁）端子、插接器 B03/38（搭铁）端子对地电阻的方法基本相同。以测量插接器 B03/38 端子对地电阻为例，测量方法如下。

1）测量前准备

①将起动按钮置于 OFF 挡位。

②断开蓄电池负极电缆，等待 5 min。

③断开插接器 B03 与 ABS 控制模块的连接。

④在插接器 B03/38 端子前端针孔处插上探针。

2）操作仪表。将数字式万用表置于电阻挡，黑表笔接车身搭铁，红表笔接插接器 B03/38 端子上的探针，当显示屏显示数值稳定时，按下“HOLD”键。

3）读取测量值。如图 3-1-13 所示，测量插接器 B03/38 端子对地电阻；采用同样的方法测量插接器 B03/13 端子对地电阻；将所测得的数值与表 3-1-5 中的标准值进行对比，分析、判断 ABS 控制模块搭铁是否正常。

图 3-1-13　插接器 B03/38 端子对地电阻的测量

表 3-1-5　　ABS 控制模块插接器搭铁端子对地电阻的标准值

测量部位	说明	条件	标准值 / Ω
插接器 B03/13 端子 - 车身搭铁	搭铁端子对地电阻	起动按钮置于 OFF 挡位，断开蓄电池负极电缆	<1
插接器 B03/38 端子 - 车身搭铁			

3. 检测 ABS 控制模块 CAN 总线电路

（1）检测 ABS 控制模块 CAN 总线电压波形

1）测量前准备

①将起动按钮置于 OFF 挡位。

②断开蓄电池负极电缆，等待 5 min。

③在插接器 B03/26（ESC 网 CAN-H）端子、插接器 B03/14（ESC 网 CAN-L）端子后端引线处插上探针。

④将示波器通道 CH1、CH2 表笔分别连接插接器 B03/26 端子、插接器 B03/14 端子上的探针。

⑤连接蓄电池负极电缆。

⑥将起动按钮置于 ON 挡位。

2）操作仪器。接通示波器电源开关，调整波形的频率、幅值至合适区域，固定并存储所测量的串行数据。

3）读取测量值。如图 3-1-14 所示，检测 ABS 控制模块 CAN 总线电压波形；将所测得的波形与正常波形进行对比，分析、判断 ABS 控制模块 CAN 总线数据传输线是否正常。如果所测得的波形为异常波形，则参考模块一任务 2 中的异常波形，进一步确定故障类型。

图 3-1-14　ABS 控制模块 CAN 总线电压波形的测量

（2）测量 ABS 控制模块 CAN 总线电压

1）测量前准备

①将起动按钮置于 OFF 挡位。

②断开蓄电池负极电缆，等待 5 min。

③在插接器 B03/26 端子、插接器 B03/14 端子后端引线处插上探针。

④连接蓄电池负极电缆。

⑤将起动按钮置于 ON 挡位。

2）操作仪表。将数字式万用表置于直流电压挡，黑表笔接车身搭铁，红表笔先后接插接器 B03/26 端子、插接器 B03/14 端子上的探针，当显示屏显示数值稳定时，按下“HOLD”键。

3）读取测量值。如图 3-1-15 所示，测量 ABS 控制模块 CAN 总线电压；将所测得的数值与表 3-1-6 中的标准值进行对比，分析、判断 ABS 控制模块 CAN 总线数据传输线是否正常。

a）

b）

图 3-1-15　ABS 控制模块 CAN 总线电压的测量

a）CAN-H 对地电压　b）CAN-L 对地电压

表 3-1-6　测量 ABS 控制模块的 CAN 总线电压的标准值

测量部位	说明	条件	标准值 /V
插接器 B03/26 端子 - 车身搭铁	ESC 网 CAN-H 对地电压	起动按钮置于 ON 挡位	2.5 ~ 3.5
插接器 B03/14 端子 - 车身搭铁	ESC 网 CAN-L 对地电压		1.5 ~ 2.5

（3）测量 ABS 控制模块外部终端电阻

1）测量前准备

①将起动按钮置于 OFF 挡位。

②断开蓄电池负极电缆，等待 5 min。

③断开插接器 B03 与 ABS 控制模块的连接。

④在插接器 B03/26 端子、插接器 B03/14 端子前端针孔处插上探针。

2）操作仪表。将数字式万用表置于电阻挡，红、黑表笔分别接插接器 B03/26 端子、插接器 B03/14 端子上的探针，当显示屏显示数值稳定时，按下“HOLD”键。

3）读取测量值。如图 3-1-16 所示，测量 ABS 控制模块外部终端电阻；将所测得的数值与表 3-1-7 中的标准值进行对比，分析、判断 ABS 控制模块 CAN 总线数据传输线是否正常。

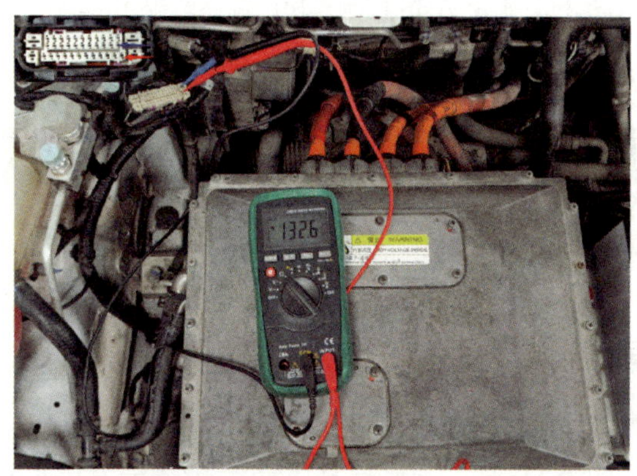

图 3-1-16　ABS 控制模块外部终端电阻的测量

表 3-1-7　ABS 控制模块外部终端电阻的标准值

测量部位	说明	条件	标准值 / Ω
插接器 B03/26 端子 - 插接器 B03/14 端子	ABS 控制模块外部终端电阻	起动按钮置于 OFF 挡位，断开蓄电池负极电缆	约 120

（4）测量 ABS 控制模块内部终端电阻

1）测量前准备

①将起动按钮置于 OFF 挡位。

②断开蓄电池负极电缆，等待 5 min。

③断开插接器 B03 与 ABS 控制模块的连接。

④在 ABS 控制模块侧插接器 B03/26 端子、插接器 B03/14 端子前端针孔处插入带引线的插簧。

2）操作仪表。将数字式万用表置于电阻挡，红、黑表笔分别接插接器 B03/26 端子、插接器 B03/14 端子上插簧的两根引线，当显示屏显示数值稳定时，按下“HOLD”键。

3）读取测量值。如图 3-1-17 所示，测量 ABS 控制模块内部终端电阻；将所测得的数值与表 3-1-8 中的标准值进行对比，分析、判断 ABS 控制模块是否正常。

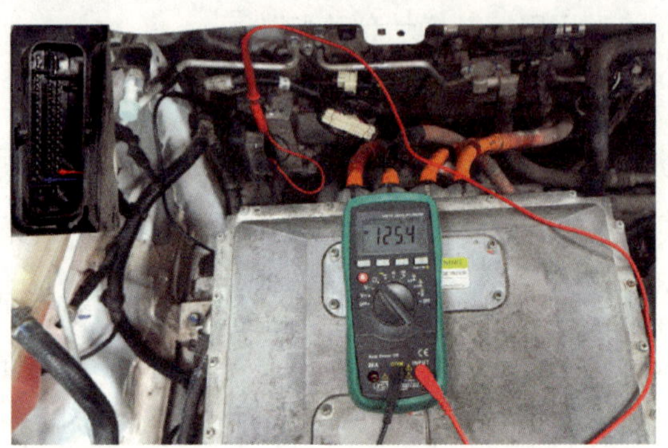

图 3-1-17　ABS 控制模块内部终端电阻的测量

表 3-1-8　ABS 控制模块内部终端电阻的标准值

测量部位	说明	条件	标准值 / Ω
插接器 B03/26 端子 - 插接器 B03/14 端子	ABS 控制模块内部终端电阻	起动按钮置于 OFF 挡位，断开蓄电池负极电缆	约 120

4. 更换 ABS 控制模块

如果经过以上检测确认 ABS 控制模块电源电路、CAN 总线电路均正常，则可以判定故障部位是 ABS 控制模块本身，可采用替换法进行修复，操作步骤如下。

（1）将起动按钮置于 OFF 挡位。

（2）断开蓄电池负极电缆，等待 5 min。

（3）断开插接器 B03 与 ABS 控制模块的连接。

（4）断开 ABS 控制模块主缸硬管（见图 3-1-18）并堵上管口。

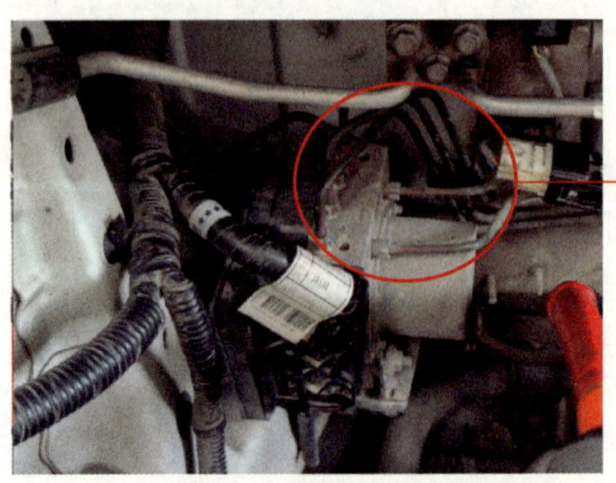

图 3-1-18　ABS 控制模块主缸硬管的位置

（5）使用 10 号套筒拆卸 ABS 控制模块与支架总成紧固螺栓（见图 3-1-19），取出 ABS 控制模块。

图 3-1-19 ABS 控制模块与支架总成紧固螺栓的位置

（6）按照与拆卸相反的顺序安装新的 ABS 控制模块。

提示：ABS 控制模块与支架总成紧固螺栓拧紧力矩为 25 N·M。

（7）连接 ABS 控制模块主缸硬管。

（8）连接插接器 B03 与 ABS 控制模块。

（9）补充制动液至标准液位。

（10）连接蓄电池负极电缆。

（11）进行基础制动排气。

（12）使用故障诊断仪消除故障码并进行 ABS 轮速传感器标定。

（13）将起动按钮置于 ON 挡位，车辆上电，确认组合仪表显示屏显示正常，ABS 故障指示灯熄灭，ABS 功能正常。

任务 2 | EPS 控制模块检修

学习目标

1. 能叙述 EPS 的功能和组成。
2. 能分析 EPS 控制模块电路。
3. 能对 EPS 控制模块进行自诊断检查。
4. 能检测 EPS 控制模块电源电路和 CAN 总线电路。

任务描述

某新能源汽车进厂维修，车主反映车辆转向沉重，组合仪表显示屏显示“请检查转向系统”提示，转向系统故障警报灯点亮，如图 3-2-1 所示。班组长使用故障诊断仪连接车辆自诊断系统、读取 EPS 故障码时，故障诊断仪显示“ECU 无响应，通讯中断”，由此初步判断为 EPS 控制模块通信故障，现安排你负责检修。作为一名维修人员，你如何检修上述故障？

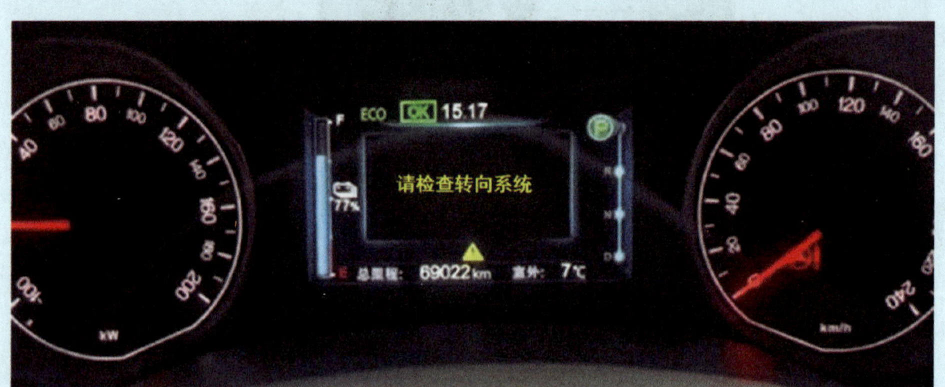

图 3-2-1　EPS 控制模块通信故障的信息显示

任务分析

车辆转向沉重，组合仪表显示屏显示“请检查转向系统”提示，转向系统故障警报灯点亮，说明转向系统出现故障；使用故障诊断仪连接车辆自诊断系统、读取 EPS 故障码时，故障诊断仪显示“ECU 无响应，通讯中断”，说明 EPS 控制模块通信故障。考虑到 EPS 控制模块与 CAN 总线系统的连接关系，检修内容需要覆盖 EPS 控制模块及其相关电路。

相关知识

一、EPS 的功能

电动助力转向系统（EPS）主要包括转向轴式（C-EPS）、转向齿轮式（P-EPS）和转向齿条式（R-EPS）三种类型。以比亚迪 e5 为例，其电动助力转向系统属于转向轴式。

电动助力转向系统的功能主要包括助力控制、回正控制、阻尼控制等。

1. 助力控制

助力控制是 EPS 的基本控制模式，其目的是在转向过程中减轻驾驶员对转向盘的操纵力并获得合适的路感。助力控制包括汽车原地转向助力和动态转向助力两方面。

2. 回正控制

回正控制的目的是使转向盘快速、准确地回到中位，避免转向盘产生不必要的抖动。转向时，由于转向轮主销后倾角和主销内倾角的存在，转向轮具有自动回正的功能。EPS 在机械转向机构的基础上，增加了 EPS 电机和减速机构，转向回正控制通过 EPS 电机实现。

3. 阻尼控制

车辆高速行驶时，EPS 通过控制阻尼补偿电流进行阻尼控制，增强驾驶员路感，改善车辆高速行驶时的转向稳定性。

二、EPS 的组成

1. 组成

EPS 主要由转向传感器、EPS 控制模块、EPS 电机和减速机构等组成。

（1）转向传感器

转向传感器的主要作用是检测转向信号（转向盘的转动方向和驾驶员施加给转向盘的转矩大小），并将此信号转换成电信号发送给 EPS 控制模块。

（2）EPS 控制模块

EPS 控制模块（见图 3-2-2）是电动助力转向系统的控制核心，其主要作用是接收转向传感器、车速传感器等的信号，向 EPS 电机发送控制信号（电流大小和方向），并通过 CAN 总线与其他模块进行通信。

a）

b）

图 3-2-2　EPS 控制模块

a）正面　b）侧面

（3）EPS 电机

EPS 电机属于双向直流电机，是电动助力转向系统的执行机构，其主要作用是根据 EPS 控制模块发送的控制信号，实现电动助力转向转矩、方向的直接控制。

（4）减速机构

减速机构属于蜗轮蜗杆减速机构，与 EPS 电机直接相连，其主要作用是增大电机输出转矩。

2. 安装位置

以比亚迪 e5 为例，其电动助力转向系统的主要组成部件安装在转向盘下方，如图 3-2-3 所示。

图 3-2-3　电动助力转向系统主要组成部件的安装位置

1—EPS 控制模块　2—EPS 电机　3—转向传感器　4—减速机构

三、EPS 控制模块的电路

以比亚迪 e5 为例，其 EPS 控制模块电路（局部）如图 3-2-4 所示。

1. EPS 控制模块电源电路

EPS 控制模块由常电、IG1 电供电，常电电路通过熔丝 F5/2 由插接器 B23/2 端子连接 EPS 控制模块，IG1 电电路通过熔丝 F2/35 由插接器 B22/8 端子连接 EPS 控制模块。搭铁电路由插接器 B23/1 端子通过导线连接到 4# 搭铁 Eb04。

熔丝 F5/2 在前舱正极配电盒内，F2/35 在仪表板配电盒内，如图 3-2-5 所示。

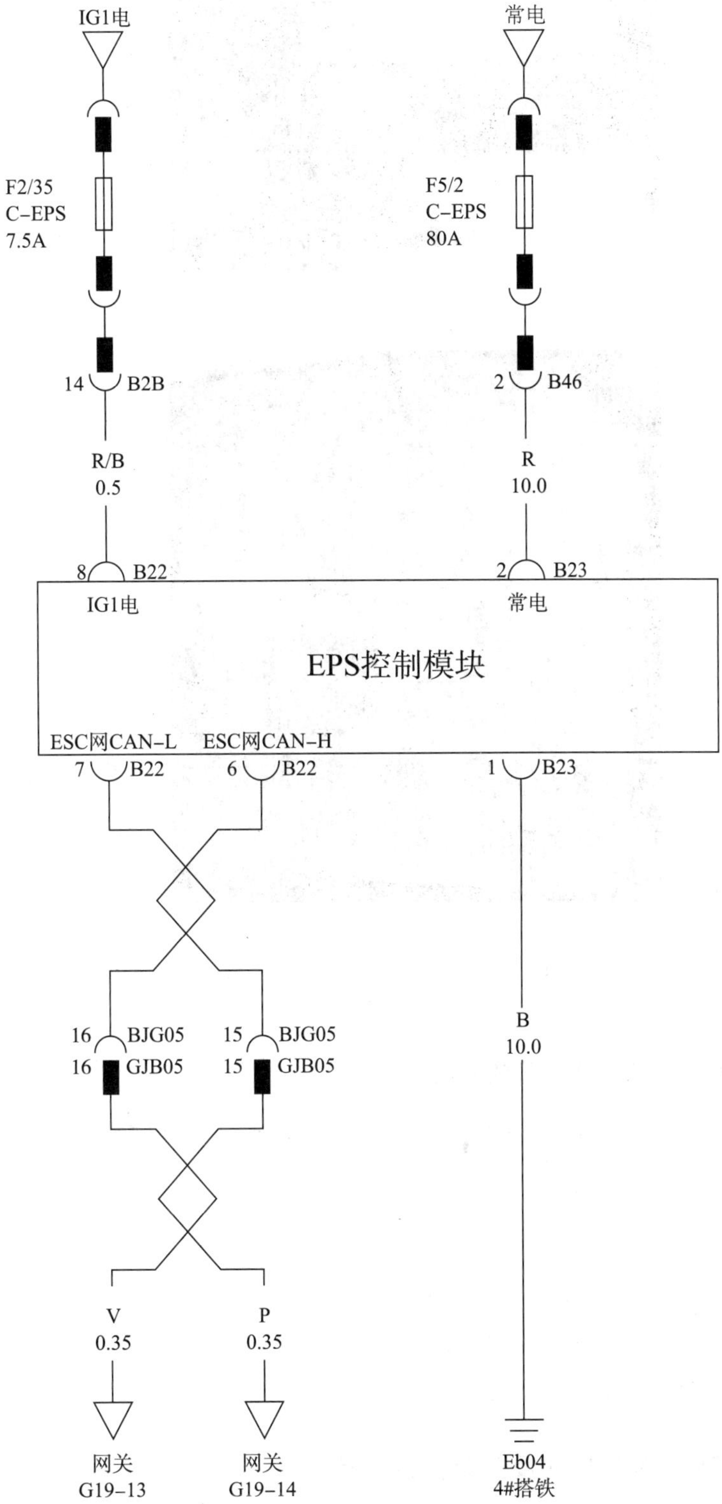

IG1电

F2/35
C-EPS
7.5A

14 B2B

R/B
0.5

8 B22

IG1电

常电

F5/2
C-EPS
80A

2 B46

R
10.0

2 B23

常电

EPS控制模块

ESC网CAN-L
ESC网CAN-H

7 B22
6 B22
1 B23

16 BJG05
16 GJB05
15 BJG05
15 GJB05

B
10.0

V
0.35

P
0.35

网关
G19-13

网关
G19-14

Eb04
4#搭铁

图 3-2-4　EPS 控制模块电路（局部）

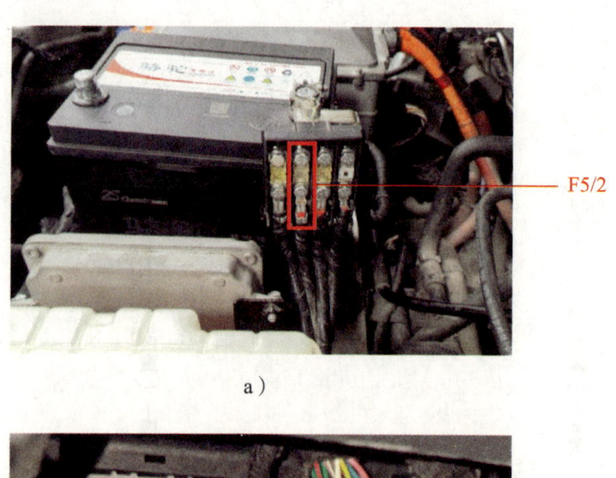

a）

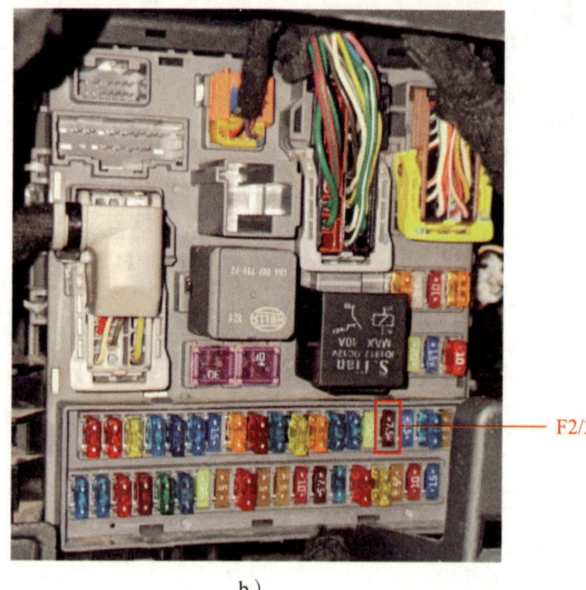

b）

图 3-2-5　熔丝 F5/2、F2/35 的位置

a）F5/2　b）F2/35

2. EPS 控制模块 CAN 总线电路

ESC 网支总线 CAN-H、CAN-L 以双绞线的形式分别通过插接器 B22/6 端子、插接器 B22/7 端子连接到 EPS 控制模块。

EPS 控制模块与网关控制模块、ABS 控制模块通过 ESC 网支总线进行连接，网关控制模块、ABS 控制模块内部均设置有 ESC 网终端电阻，标准值均为 120 Ω；EPS 控制模块内部没有终端电阻，网关控制模块、ABS 控制模块内部的终端电阻在整个 ESC 网中处于并联状态，因此，EPS 控制模块外部终端电阻为 60 Ω。

3. EPS 控制模块插接器及其端子功能定义

EPS 控制模块插接器 B22、B23 的外形如图 3-2-6 所示，其部分端子功能定义见表 3-2-1。

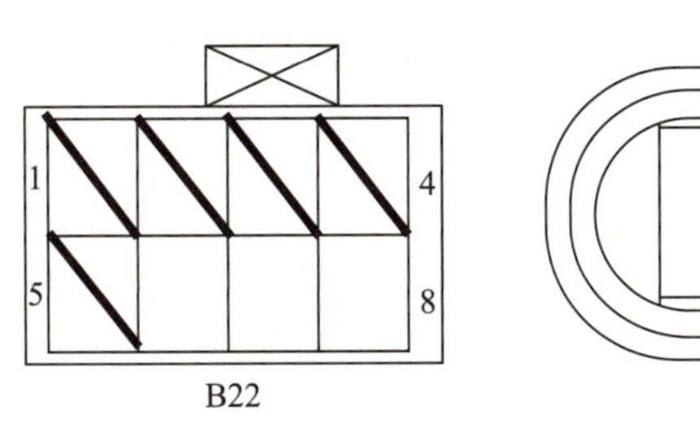

图 3-2-6 EPS 控制模块插接器 B22、B23 的外形

表 3-2-1 EPS 控制模块插接器 B22、B23 的部分端子功能定义

端子号	功能定义	端子号	功能定义
B22/6	ESC 网 CAN-H	B23/1	搭铁
B22/7	ESC 网 CAN-L	B23/2	常电
B22/8	IG1 电		

任务实施

一、器材准备

按表 3-2-2 准备任务实施所需的器材。

表 3-2-2 器材清单

类别	名称
工具	数字式万用表、测试线、探针、棘轮手柄、套筒、螺钉旋具、汽车内饰撬板等
设备	实训车辆（以比亚迪 e5 为例）、工具车、零件车、故障诊断仪、示波器等
材料	电工胶布、熔丝等
资料	维修手册、电路图等
其他	安全帽、护目镜、绝缘手套等人员防护用品，翼子板布、座椅套、转向盘套等车辆防护用品，危险警示牌、危险作业隔离带、绝缘垫等现场安全防护设施

二、实施流程

任务实施流程如图 3-2-7 所示。

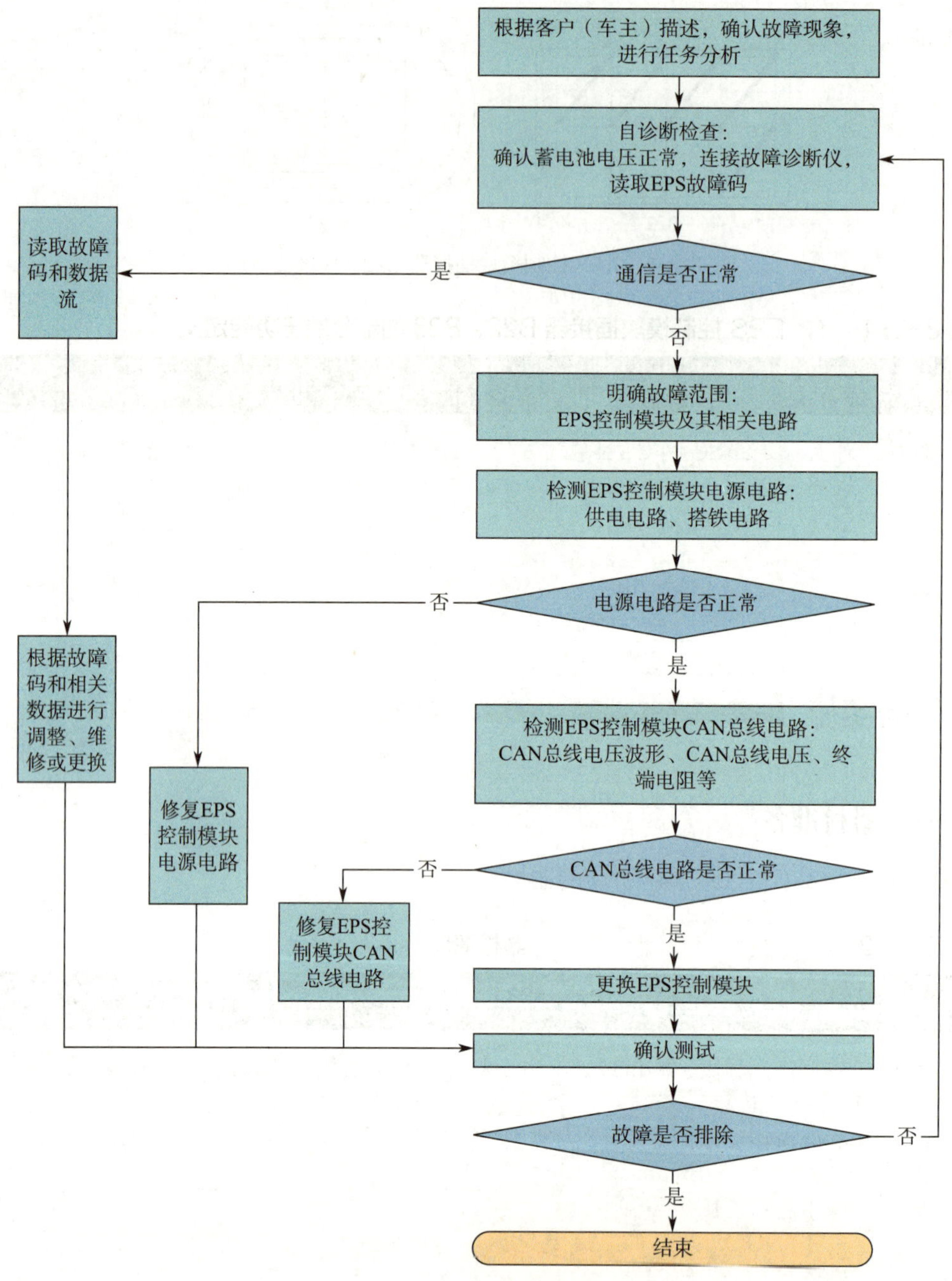

图 3-2-7　任务实施流程

三、检修作业

1. 自诊断检查

确认蓄电池电压正常、故障诊断仪与车辆自诊断系统连接正常后，在故障诊断仪中根据屏幕显示信息提示进入“助力转向”界面，选择“读取故障码”选项，读取 EPS 的故障码。

如图 3-2-8 所示，若故障诊断仪显示“ECU 无响应，通讯中断”，则说明无法与 EPS 控制模块进行通信，明确故障范围是 EPS 控制模块及其相关电路。

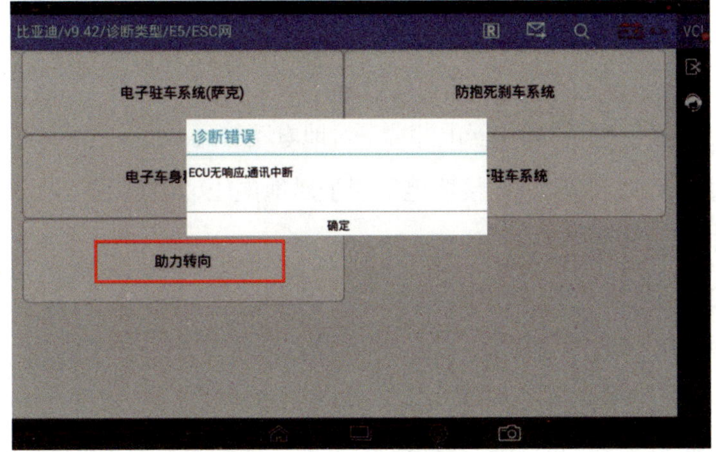

图 3-2-8　EPS 故障码的读取

2. 检测 EPS 控制模块电源电路

（1）测量 EPS 控制模块电源电路熔丝对地电压

如图 3-2-9 所示，将起动按钮置于 ON 挡位，按照本模块任务 1 所述熔丝对地电压的测量方法，测量 EPS 控制模块电源电路熔丝 F2/35 对地电压；将起动按钮置于 OFF 挡位，采用同样的方法测量熔丝 F5/2 对地电压；并将所测得的数值与表 3-2-3 中的标准值进行对比，分析、判断 EPS 控制模块供电是否正常。

图 3-2-9　熔丝 F2/35 对地电压的测量

表 3-2-3　　EPS 控制模块电源电路熔丝对地电压的标准值

测量部位	说明	条件	标准值 /V
熔丝 F2/35 - 车身搭铁	熔丝对地电压	起动按钮置于 ON 挡位	11 ~ 14
熔丝 F5/2 - 车身搭铁		起动按钮置于 OFF 挡位	

（2）测量 EPS 控制模块插接器电源端子对地电压

为便于测量 EPS 控制模块插接器电源端子对地电压，测量前应先拆卸 EPS 控制模块外围部件，操作步骤如下。

1）将起动按钮置于 OFF 挡位。

2）断开蓄电池负极电缆，等待 5 min。

3）拆卸仪表板左下饰板。

4）拆卸 EPS 控制模块与转向管柱相连接的紧固螺栓（2 颗），如图 3-2-10 所示。

如图 3-2-11 所示，将起动按钮置于 ON 挡位，按照本模块任务 1 所述插接器电源端子对地电压的测量方法，测量 EPS 控制模块插接器 B22/8（IG1 电）端子对地电压；将起动按钮置于 OFF 挡位，采用同样的方法测量插接器 B23/2（常电）端子对地电压；并将所测得的数值与表 3-2-4 中的标准值进行对比，分析、判断 EPS 控制模块供电是否正常。

图 3-2-10　EPS 控制模块及其紧固螺栓的位置

1—紧固螺栓　2—EPS 控制模块

图 3-2-11　插接器 B22/8 端子对地电压的测量

表 3-2-4　　EPS 控制模块插接器电源端子对地电压的标准值

测量部位	说明	条件	标准值 /V
插接器 B22/8 端子－车身搭铁	电源端子对地电压	起动按钮置于 ON 挡位	11～14
插接器 B23/2 端子－车身搭铁		起动按钮置于 OFF 挡位	

（3）测量 EPS 控制模块插接器搭铁端子对地电阻

如图 3-2-12 所示，按照本模块任务 1 所述插接器搭铁端子对地电阻的测量方法，测量 EPS 控制模块插接器 B23/1（搭铁）端子对地电阻；并将所测得的数值与表 3-2-5 中的标准值进行对比，分析、判断 EPS 控制模块搭铁是否正常。

图 3-2-12　插接器 B23/1 端子对地电阻的测量

表 3-2-5　　EPS 控制模块插接器搭铁端子对地电阻的标准值

测量部位	说明	条件	标准值 / Ω
插接器 B23/1 端子－车身搭铁	搭铁端子对地电阻	起动按钮置于 OFF 挡位，断开蓄电池负极电缆	<1

3. 检测 EPS 控制模块 CAN 总线电路

（1）检测 EPS 控制模块 CAN 总线电压波形

1）测量前准备

①将起动按钮置于 OFF 挡位。

②断开蓄电池负极电缆，等待 5 min。

③在插接器 B22/6（ESC 网 CAN-H）端子、插接器 B22/7（ESC 网 CAN-L）端子后端引线处插上探针。

④将示波器通道 CH1、CH2 表笔分别连接插接器 B22/6 端子、插接器 B22/7 端子上的探针。

⑤连接蓄电池负极电缆。

⑥将起动按钮置于 ON 挡位。

2）操作仪器。接通示波器电源开关，调整波形的频率、幅值至合适区域，固定并存储所测量的串行数据。

3）读取测量值。如图 3-2-13 所示，测量 EPS 控制模块 CAN 总线电压波形；将所测得的波形与正常波形进行对比，分析、判断 EPS 控制模块 CAN 总线数据传输线是否正常。如果所测得的波形为异常波形，则参考模块一任务 2 中的异常波形，进一步确定故障类型。

图 3-2-13　EPS 控制模块 CAN 总线电压波形的测量

（2）测量 EPS 控制模块 CAN 总线电压

1）测量前准备

①将起动按钮置于 OFF 挡位。

②断开蓄电池负极电缆，等待 5 min。

③在插接器 B22/6 端子、插接器 B22/7 端子后端引线处插上探针。

④连接蓄电池负极电缆。

⑤将起动按钮置于 ON 挡位。

2）操作仪表。将数字式万用表置于直流电压挡，黑表笔接车身搭铁，红表笔先后接插接器 B22/6 端子、插接器 B22/7 端子上的探针，当显示屏显示数值稳定时，按下“HOLD”键。

3）读取测量值。如图 3-2-14 所示，测量 EPS 控制模块 CAN 总线电压；将所测得的数值与表 3-2-6 中的标准值进行对比，分析、判断 EPS 控制模块 CAN 总线数据传输线是否正常。

a）

b）

图 3-2-14 EPS 控制模块 CAN 总线电压的测量

a）CAN-H 对地电压 b）CAN-L 对地电压

表 3-2-6 EPS 控制模块 CAN 总线电压的标准值

测量部位	说明	条件	标准值 /V
插接器 B22/6 端子 - 车身搭铁	ESC 网 CAN-H 对地电压	起动按钮置于 ON 挡位	2.5 ~ 3.5
插接器 B22/7 端子 - 车身搭铁	ESC 网 CAN-L 对地电压		1.5 ~ 2.5

（3）测量 EPS 控制模块外部终端电阻

1）测量前准备

①将起动按钮置于 OFF 挡位。

②断开蓄电池负极电缆，等待 5 min。

③断开插接器 B22 与 EPS 控制模块的连接。

④在插接器 B22/6 端子、插接器 B22/7 端子前端针孔处插上探针。

2）操作仪表。将数字式万用表置于电阻挡，红、黑表笔分别接插接器 B22/6 端子、插接器 B22/7 端子上的探针，当显示屏显示数值稳定时，按下“HOLD”键。

3）读取测量值。如图 3-2-15 所示，测量 EPS 控制模块外部终端电阻；将所测得的数值与表 3-2-7 中的标准值进行对比，分析、判断 EPS 控制模块 CAN 总线数据传输线是否正常。

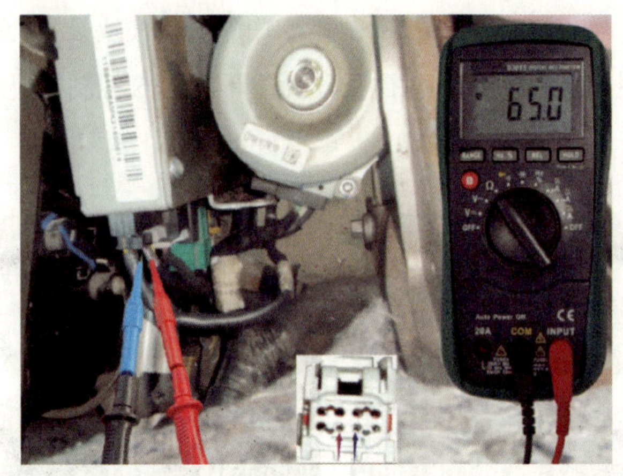

图 3-2-15　EPS 控制模块外部终端电阻的测量

表 3-2-7　EPS 控制模块外部终端电阻的标准值

测量部位	说明	条件	标准值 / Ω
插接器 B22/6 端子 - 插接器 B22/7 端子	EPS 控制模块外部终端电阻	起动按钮置于 OFF 挡位，断开蓄电池负极电缆	约 60

4. 更换 EPS 控制模块

如果经过以上检测确认 EPS 控制模块电源电路、CAN 总线电路均正常，则可以判定故障部位是 EPS 控制模块本身，可采用替换法进行修复，操作步骤如下。

（1）将起动按钮置于 OFF 挡位。

（2）断开蓄电池负极电缆，等待 5 min。

（3）拆卸 EPS 控制模块外围部件。

（4）断开 EPS 控制模块的 3 个插接器（见图 3-2-16）。

图 3-2-16　EPS 控制模块插接器的位置

（5）取出 EPS 控制模块。

（6）按照与拆卸相反的顺序安装新的 EPS 控制模块。

（7）连接 EPS 控制模块的 3 个插接器。

（8）连接蓄电池负极电缆。

（9）使用故障诊断仪消除故障码。

（10）将起动按钮置于 ON 挡位，车辆上电，确认组合仪表显示屏显示正常，转向系统故障警报灯熄灭，EPS 功能正常。

（11）装复 EPS 控制模块外围部件

1）安装 EPS 控制模块与转向管轴相连接的紧固螺栓（见图 3-2-17）。

图 3-2-17　EPS 控制模块与转向管轴连接紧固螺栓的位置

2）安装仪表板左下饰板。

任务 3 | EPB 控制模块检修

学习目标

1. 能叙述 EPB 的功能和组成。
2. 能分析 EPB 控制模块电路。
3. 能对 EPB 控制模块进行自诊断检查。
4. 能检测 EPB 控制模块电源电路和 CAN 总线电路。

●任务描述

某新能源汽车进厂维修，车主反映电子驻车启动后，P 挡指示灯闪烁，电子驻车无法释放，组合仪表显示屏显示“请检查电子驻车系统”提示，电子驻车故障警报灯点亮并发出警报声，如图 3-3-1 所示。班组长使用故障诊断仪连接车辆自诊断系统、读取 EPB 故障码时，故障诊断仪显示“ECU 无响应，通讯中断”，由此初步判断为 EPB 控制模块通信故障，现安排你负责检修。作为一名维修人员，你如何检修上述故障？

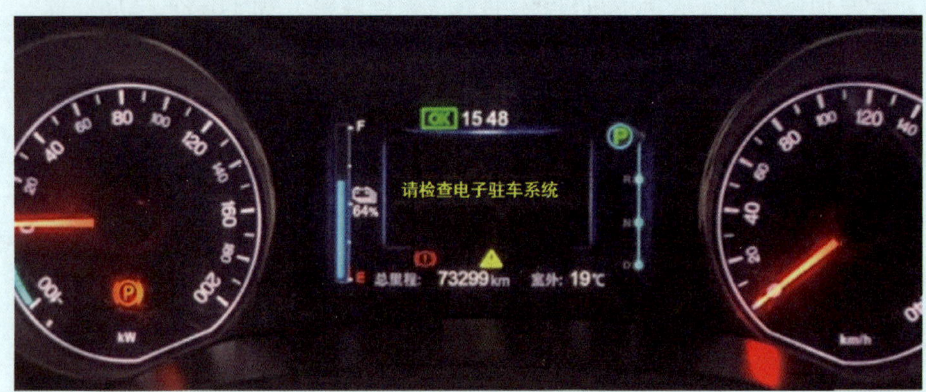

图 3-3-1　EPB 控制模块通信故障的信息显示

●任务分析

电子驻车启动后，P 挡指示灯闪烁，电子驻车无法释放，组合仪表显示屏显示“请检查电子驻车系统”提示，电子驻车故障警报灯点亮并发出警报声，说明电子驻车系统出现故障；使用故障诊断仪连接车辆自诊断系统、读取 EPB 故障码时，故障诊断仪显示“ECU 无响应，通讯中断”，说明 EPB 控制模块通信故障。考虑到 EPB 控制模块与 CAN 总线系统的连接关系，检修内容需要覆盖 EPB 控制模块及其相关电路。

相关知识

一、EPB 的功能

电子驻车系统（EPB）主要用于停车后防止车辆移动，便于在坡道上起步，并且可以在行车制动器失效后临时使用或配合行车制动器进行紧急制动。

EPB 的功能主要包括静态驻车制动、动态应急制动、自动驻车、手动释放、自动释

放、制动间隙自动调整、自诊断等。

1. 静态驻车制动

当车辆停止时，按下 EPB 开关，EPB 会对车辆施加制动力，以防止车辆滑动。

2. 动态应急制动

在车辆行驶过程中，如果遇到紧急情况，如行车制动器失效，可以按下 EPB 开关实现紧急制动，EPB 与 ABS 协同作用，提供额外的制动力，帮助车辆安全停下。

3. 自动驻车

在某些车型上，EPB 与自动驻车功能结合，当车辆在坡道上停止时，EPB 自动施加驻车制动，以防止车辆滑动。

4. 手动释放

在车辆起动前，驾驶员可以按下 EPB 开关释放驻车制动，使车辆能够正常行驶。

5. 自动释放

在装备自动变速器的车辆上，当驾驶员系上安全带，将变速杆置于 D 挡，并且轻踩加速踏板时，EPB 自动释放驻车制动。

6. 自动调整制动间隙

在某些车型上，当制动蹄磨损而导致制动间隙过大时，EPB 会自动调整间隙，以确保制动效果。

7. 自诊断

EPB 可以通过车载自诊断系统进行自诊断，以帮助发现和解决问题。

二、EPB 的组成

EPB 主要由 EPB 开关、EPB 控制模块、电子驻车电机等组成。

1. EPB 开关

EPB 开关的主要作用是向 EPB 控制模块提供驻车开关信号，控制 EPB 启动与解除。EPB 开关通常安装在副仪表板上，如图 3-3-2 所示。

图 3-3-2 EPB 开关的安装位置

2. EPB 控制模块

EPB 控制模块如图 3-3-3 所示，其主要作用是接收 EPB 开关信号和轮速传感器、坡度传感器、制动踏板位置传感器等的信号，并对这些信号进行分析处理，根据分析结果向电子驻车电机发送精确的控制指令。EPB 控制模块安装在行李舱中，如图 3-3-4 所示。

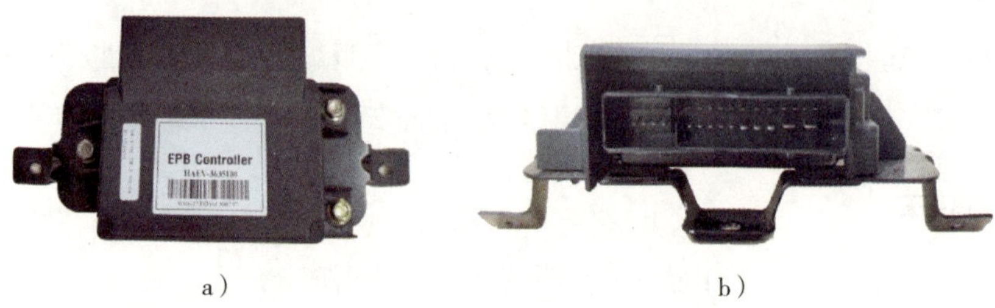

a） b）

图 3-3-3 EPB 控制模块

a）正面 b）侧面

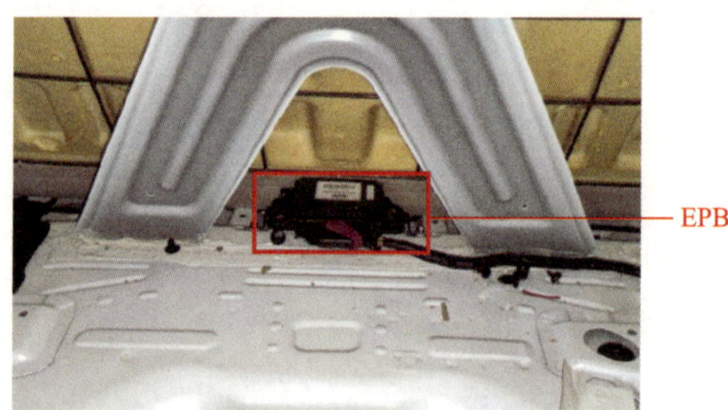

图 3-3-4 EPB 控制模块的安装位置

3. 电子驻车电机

电子驻车电机的主要作用是在 EPB 工作时，接收 EPB 控制模块的控制指令并带动制动钳活塞移动，从而产生制动力。电子驻车电机通常安装在后轮制动钳附近，如图 3-3-5 所示。

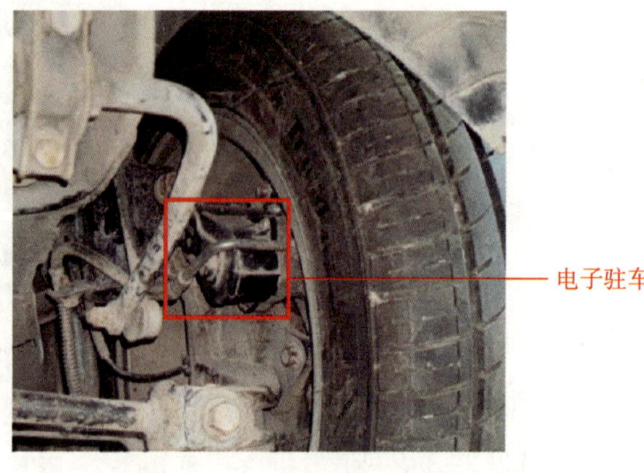

图 3-3-5 电子驻车电机的安装位置

三、EPB 控制模块的电路

以比亚迪 e5 为例，其 EPB 控制模块电路（局部）如图 3-3-6 所示。

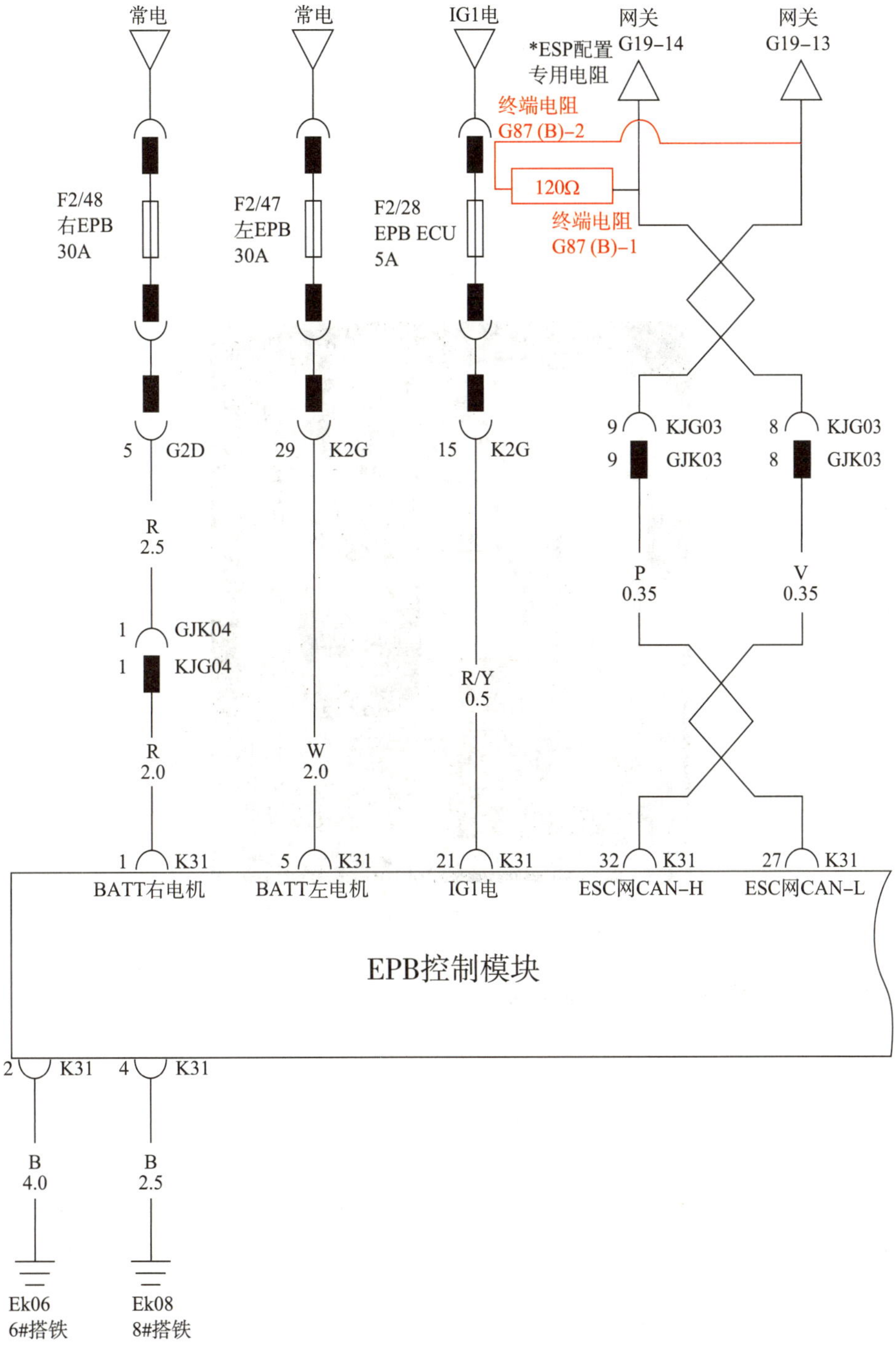

常电 常电 IG1电 网关 网关
*ESP配置专用电阻 G19-14 G19-13
终端电阻 G87 (B)-2
120Ω
终端电阻 G87 (B)-1
F2/48 右EPB 30A
F2/47 左EPB 30A
F2/28 EPB ECU 5A
9 KJG03 8 KJG03
9 GJK03 8 GJK03
5 G2D 29 K2G 15 K2G
R 2.5
P 0.35 V 0.35
1 GJK04
1 KJG04
R/Y 0.5
R 2.0 W 2.0
1 K31 5 K31 21 K31 32 K31 27 K31
BATT右电机 BATT左电机 IG1电 ESC网CAN-H ESC网CAN-L
EPB控制模块
2 K31 4 K31
B 4.0 B 2.5
Ek06 6#搭铁 Ek08 8#搭铁

图 3-3-6 EPB 控制模块电路（局部）

1. EPB 控制模块电源电路

EPB 控制模块由常电（BATT 右电机）、常电（BATT 左电机）、IG1 电供电，常电（BATT 右电机）电路通过熔丝 F2/48 由插接器 K31/1 端子连接 EPB 控制模块，常电（BATT 左电机）电路通过熔丝 F2/47 由插接器 K31/5 端子连接 EPB 控制模块，IG1 电电路通过熔丝 F2/28 由插接器 K31/21 端子连接 EPB 控制模块。搭铁电路分别由插接器 K31/2 端子、插接器 K31/4 端子通过导线连接到 6# 搭铁 Ek06、8# 搭铁 Ek08。

熔丝 F2/48、F2/47、F2/28 在仪表板配电盒内，如图 3-3-7 所示。

图 3-3-7　熔丝 F2/48、F2/47、F2/28 的位置

2. EPB 控制模块 CAN 总线电路

ESC 网支总线 CAN-H、CAN-L 以双绞线的形式分别通过插接器 K31/32 端子、插接器 K31/27 端子连接到 EPB 控制模块。

EPB 控制模块与网关控制模块、ABS 控制模块通过 ESC 网支总线进行连接，网关控制模块、ABS 控制模块内部均设置有 ESC 网终端电阻，标准值均为 120 Ω；EPB 控制模块内部没有终端电阻，网关控制模块、ABS 控制模块内部的终端电阻在整个 ESC 网中处于并联状态，因此，EPB 控制模块外部终端电阻为 60 Ω。

3. EPB 控制模块插接器及其端子功能定义

EPB 控制模块插接器 K31 的外形如图 3-3-8 所示，其部分端子功能定义见表 3-3-1。

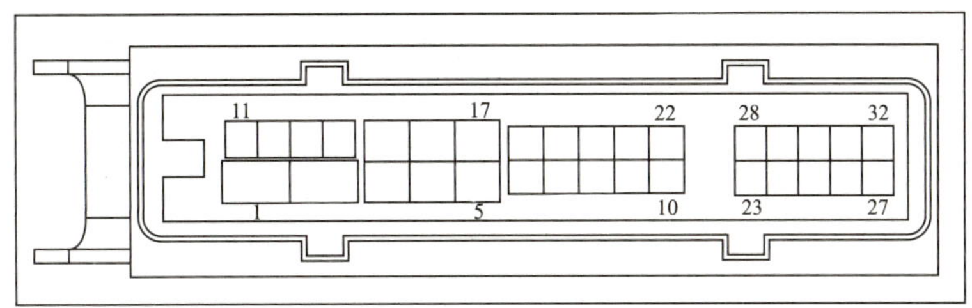

图 3-3-8 EPB 控制模块插接器 K31 的外形

表 3-3-1 EPB 控制模块插接器 K31 的部分端子功能定义

端子号	功能定义	端子号	功能定义
K31/1	常电（BATT 右电机）	K31/21	IG1 电
K31/2	搭铁	K31/27	ESC 网 CAN-L
K31/4	搭铁	K31/32	ESC 网 CAN-H
K31/5	常电（BATT 左电机）		

任务实施

一、器材准备

按表 3-3-2 准备任务实施所需的器材。

表 3-3-2 器材清单

类别	名称
工具	数字式万用表、测试线、探针、棘轮手柄、套筒、螺钉旋具等
设备	实训车辆（以比亚迪 e5 为例）、工具车、零件车、故障诊断仪、示波器等
材料	电工胶布、熔丝等
资料	维修手册、电路图等
其他	安全帽、护目镜、绝缘手套等人员防护用品，翼子板布、座椅套、转向盘套等车辆防护用品，危险警示牌、危险作业隔离带、绝缘垫等现场安全防护设施

二、实施流程

任务实施流程如图 3-3-9 所示。

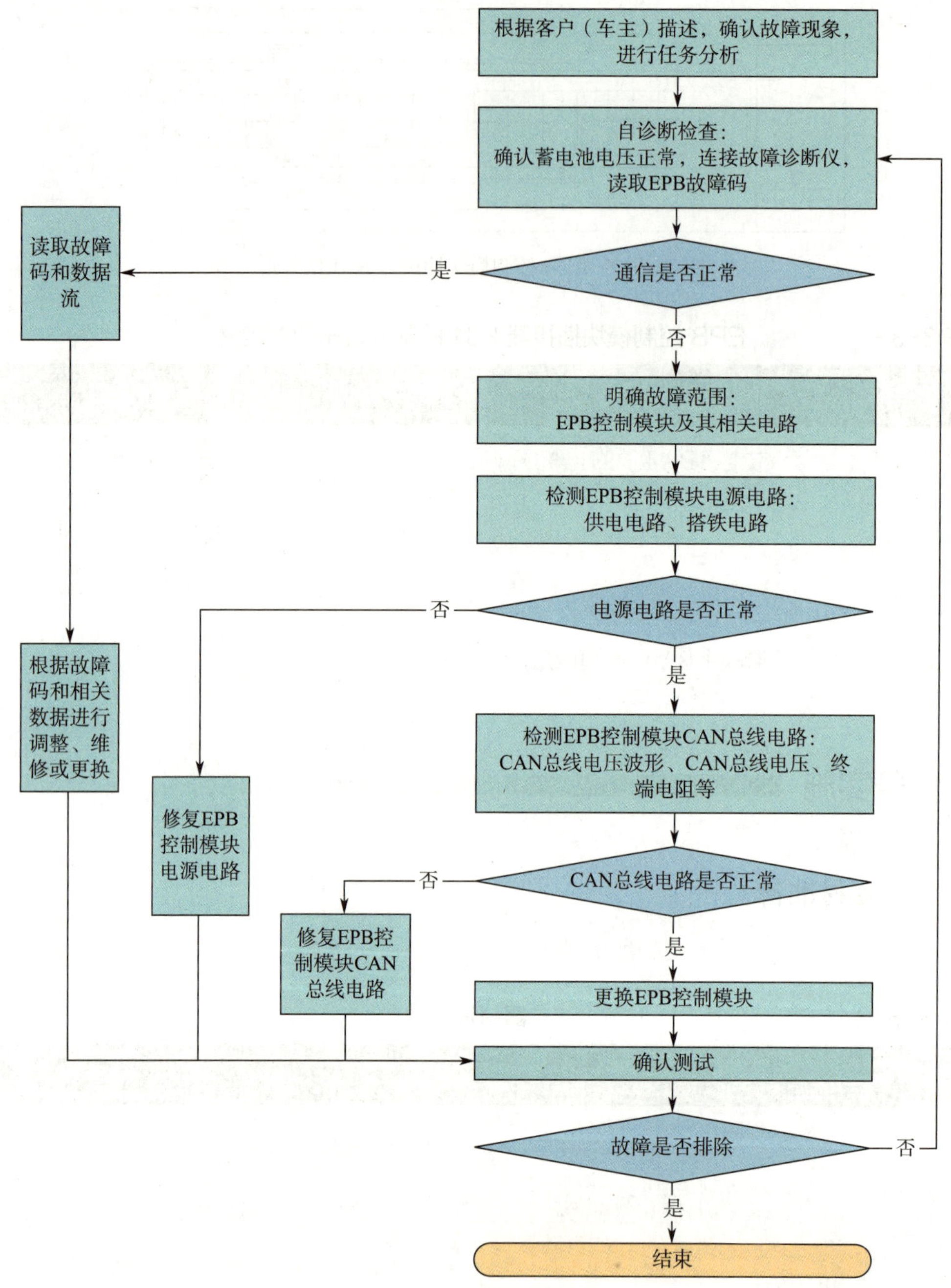

图 3-3-9　任务实施流程

三、检修作业

1. 自诊断检查

确认蓄电池电压正常、故障诊断仪与车辆自诊断系统连接正常后，在故障诊断仪中根据屏幕显示信息提示进入“电子驻车系统”界面，选择“读取故障码”选项，读取EPB的故障码。

如图 3-3-10 所示，若故障诊断仪显示“ECU 无响应，通讯中断”，则说明无法与 EPB 控制模块进行通信，明确故障范围是 EPB 控制模块及其相关电路。

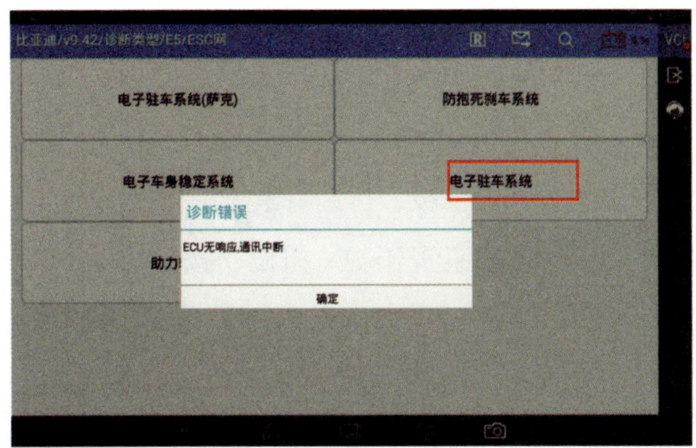

图 3-3-10　EPB 故障码的读取

2. 检测 EPB 控制模块电源电路

（1）检测 EPB 控制模块电源电路熔丝对地电压

如图 3-3-11 所示，将起动按钮置于 ON 挡位，按照本模块任务 1 所述熔丝对地电压的测量方法，测量 EPB 控制模块电源电路熔丝 F2/28 对地电压；将起动按钮置于 OFF 挡位，采用同样的方法测量熔丝 F2/47、F2/48 对地电压；并将所测得的数值与表 3-3-3 中的标准值进行对比，分析、判断 EPB 控制模块供电是否正常。

图 3-3-11　熔丝 F2/28 对地电压的测量

表 3-3-3　　EPB 控制模块电源电路熔丝对地电压的标准值

测量部位	说明	条件	标准值 /V
熔丝 F2/28 - 车身搭铁	熔丝对地电压	起动按钮置于 ON 挡位	11 ~ 14
熔丝 F2/47 - 车身搭铁		起动按钮置于 OFF 挡位	
熔丝 F2/48 - 车身搭铁			

（2）测量 EPB 控制模块插接器电源端子对地电压

为便于测量 EPB 控制模块插接器电源端子对地电压，测量前应先拆卸 EPB 控制模块外围部件，操作步骤如下。

1）将起动按钮置于 OFF 挡位。

2）断开蓄电池负极电缆，等待 5 min。

3）打开行李舱盖，取出行李舱盖板，拆卸行李舱前护板。

如图 3-3-12 所示，将起动按钮置于 ON 挡位，按照本模块任务 1 所述插接器电源端子对地电压的测量方法，测量 EPB 控制模块插接器 K31/21（IG1 电）端子对地电压；将起动按钮置于 OFF 挡位，采用同样的方法测量插接器 K31/1（常电〔BATT 右电机〕)、K31/5（常电〔BATT 左电机〕) 端子对地电压；并将所测得的数值与表 3-3-4 中的标准值进行对比，分析、判断 EPB 控制模块供电是否正常。

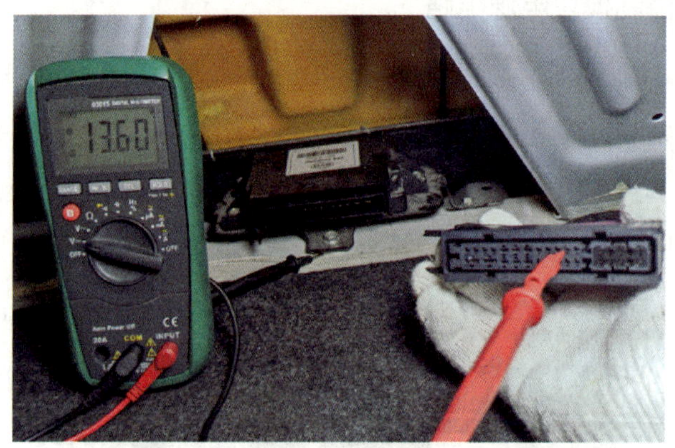

图 3-3-12　插接器 K31/21 端子对地电压的测量

表 3-3-4　　EPB 控制模块插接器电源端子对地电压的标准值

测量部位	说明	条件	标准值 /V
插接器 K31/1 端子 - 车身搭铁	电源端子对地电压	起动按钮置于 OFF 挡位	11～14
插接器 K31/5 端子 - 车身搭铁			
插接器 K31/21 端子 - 车身搭铁		起动按钮置于 ON 挡位	

（3）测量 EPB 控制模块插接器搭铁端子对地电阻

如图 3-3-13 所示，按照本模块任务 1 所述插接器搭铁端子对地电阻的测量方法，测量 EPB 控制模块插接器 K31/4（搭铁）端子对地电阻；采用同样的方法测量插接器

K31/2（搭铁）端子对地电阻；并将所测得的数值与表 3-3-5 中的标准值进行对比，分析、判断 EPB 控制模块搭铁是否正常。

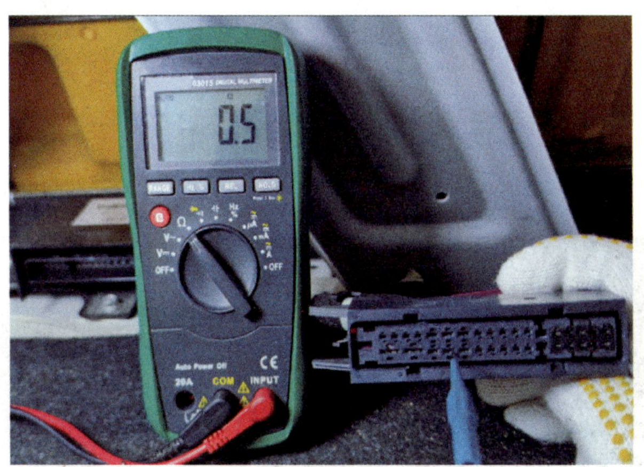

图 3-3-13　插接器 K31/4 端子对地电阻的测量

表 3-3-5　　EPB 控制模块插接器搭铁端子对地电阻的标准值

测量部位	说明	条件	标准值 /Ω
插接器 K31/2 端子 - 车身搭铁	搭铁端子对地电阻	起动按钮置于 OFF 挡位，断开蓄电池负极电缆	<1
插接器 K31/4 端子 - 车身搭铁			

3. 检测 EPB 控制模块 CAN 总线电路

（1）检测 EPB 控制模块 CAN 总线电压波形

1）测量前准备

①将起动按钮置于 OFF 挡位。

②断开蓄电池负极电缆，等待 5 min。

③在插接器 K31/32（ESC 网 CAN-H）端子、插接器 K31/27（ESC 网 CAN-L）端子后端引线处插上探针。

④将示波器通道 CH1、CH2 表笔分别连接插接器 K31/32 端子、插接器 K31/27 端子上的探针。

⑤连接蓄电池负极电缆。

⑥将起动按钮置于 ON 挡位。

2）操作仪器。接通示波器电源开关，调整波形的频率、幅值至合适区域，固定并存储所测量的串行数据。

3）读取测量值。如图 3-3-14 所示，测量 EPB 控制模块 CAN 总线电压波形；将所测得的波形与正常波形进行对比，分析、判断 EPB 控制模块 CAN 总线数据传输线是否正常。如果所测得的波形为异常波形，则参考模块一任务 2 中的异常波形，进一步确定故障类型。

图 3-3-14　EPB 控制模块 CAN 总线电压波形的测量

（2）测量 EPB 控制模块 CAN 总线电压

1）测量前准备

①将起动按钮置于 OFF 挡位。

②断开蓄电池负极电缆，等待 5 min。

③在插接器 K31/32 端子、插接器 K31/27 端子后端引线处插上探针。

④连接蓄电池负极电缆。

⑤将起动按钮置于 ON 挡位。

2）操作仪表。将数字式万用表置于直流电压挡，黑表笔接车身搭铁，红表笔先后接插接器 K31/32 端子、插接器 K31/27 端子上的探针，当显示屏显示数值稳定时，按下"HOLD"键。

3）读取测量值。如图 3-3-15 所示，测量 EPB 控制模块 CAN 总线电压；将所测得的数值与表 3-3-6 中的标准值进行对比，分析、判断 EPB 控制模块 CAN 总线数据传输线是否正常。

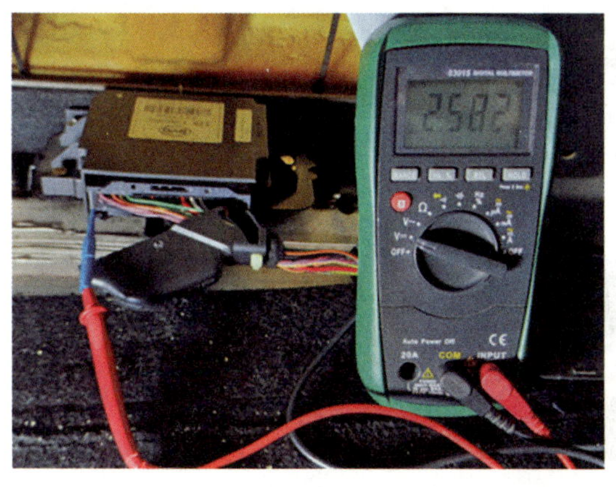

a）

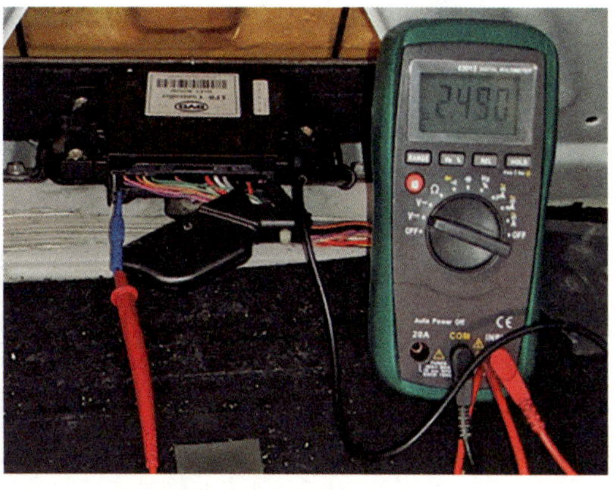

b）

图 3-3-15 EPB 控制模块 CAN 总线电压的测量

a）CAN-H 对地电压 b）CAN-L 对地电压

表 3-3-6 EPB 控制模块 CAN 总线电压的标准值

测量部位	说明	条件	标准值 /V
插接器 K31/32 端子 - 车身搭铁	ESC 网 CAN-H 对地电压	起动按钮置于 ON 挡位	2.5 ~ 3.5
插接器 K31/27 端子 - 车身搭铁	ESC 网 CAN-L 对地电压		1.5 ~ 2.5

（3）测量 EPB 控制模块外部终端电阻

1）测量前准备

①将起动按钮置于 OFF 挡位。

②断开蓄电池负极电缆，等待 5 min。

③断开插接器 K31 与 EPB 控制模块的连接。

④在插接器 K31/32 端子、插接器 K31/27 端子前端针孔处插上探针。

2）操作仪表。将数字式万用表置于电阻挡，红、黑表笔分别接插接器 K31/32 端子、插接器 K31/27 端子上的探针，当显示屏显示数值稳定时，按下“HOLD”键。

3）读取测量值。如图 3-3-16 所示，测量 EPB 控制模块外部终端电阻；将所测得的数值与表 3-3-7 中的标准值进行对比，分析、判断 EPB 控制模块 CAN 总线数据传输线是否正常。

图 3-3-16　EPB 控制模块外部终端电阻的测量

表 3-3-7　　EPB 控制模块外部终端电阻的标准值

测量部位	说明	条件	标准值 / Ω
插接器 K31/32 端子 - 插接器 K31/27 端子	EPB 控制模块外部终端电阻	起动按钮置于 OFF 挡位，断开蓄电池负极电缆	约 60

4. 更换 EPB 控制模块

如果经过以上检测确认 EPB 控制模块电源电路、CAN 总线电路均正常，则可以判定故障部位是 EPB 控制模块本身，可采用替换法进行修复，操作步骤如下。

（1）将起动按钮置于 OFF 挡位。

（2）断开蓄电池负极电缆，等待 5 min。

（3）拆卸 EPB 控制模块外围部件。

（4）断开插接器 K31 与 EPB 控制模块的连接。

（5）使用 10 号套筒拆卸 EPB 控制模块紧固螺栓（7 颗，图 3-3-17 中可看到 4 颗），取出 EPB 控制模块。

图 3-3-17　EPB 控制模块紧固螺栓的位置

（6）按照与拆卸相反的顺序安装新的 EPB 控制模块。

（7）连接插接器 K31 与 EPB 控制模块。

（8）连接蓄电池负极电缆。

（9）使用故障诊断仪消除故障码。

（10）将起动按钮置于 ON 挡位，车辆上电，确认组合仪表显示屏显示正常，电子驻车故障警报灯熄灭，EPB 功能正常。

（11）装复 EPB 控制模块外围部件

1）安装行李舱前护板。

2）安装行李舱盖板。

模块四
新能源汽车舒适网络系统检修

任务 1 | 车身控制模块检修

学习目标

1. 能叙述车身控制系统的功能和组成。
2. 能分析车身控制模块电路。
3. 能对车身控制模块进行自诊断检查。
4. 能检测车身控制模块电源电路和 CAN 总线电路。

●任务描述

某新能源汽车进厂维修，车主反映打开左前车门时，车门开启照明灯点亮，但是组合仪表显示屏未显示车门开启信息，如图 4-1-1 所示。班组长使用故障诊断仪连接车辆自诊断系统、读取车身控制模块故障码时，故障诊断仪显示“ECU 无响应，通讯中断”，由此初步判断为车身控制模块通信故障，现安排你负责检修。作为一名维修人员，你如何检修上述故障？

图 4-1-1 车身控制模块通信故障的信息显示

●任务分析

打开左前车门时，车门开启照明灯点亮，说明门控灯开关工作正常；组合仪表显示屏未显示车门开启信息，说明车身控制系统出现故障，没有将车门开启信息传输给组合仪表；使用故障诊断仪连接车辆自诊断系统、读取车身控制模块故障码时，故障诊断仪显示“ECU 无响应，通讯中断”，说明车身控制模块通信故障。考虑到车身控制模块与 CAN 总线系统的连接关系，检修内容需要覆盖车身控制模块及其相关电路。

相关知识

一、车身控制系统的功能

车身控制系统通过集成化设计，可以简化车辆电气系统，提高系统的整体效率；通过集中管理与控制，可以降低车辆电气系统的故障率，提高系统的可靠性。车身控制系统的功能主要包括集成与控制、协调与管理、故障自诊断等。

1. 集成与控制

车身控制系统集成多种控制功能，接收各种传感器或 CAN 总线系统的输入信号，并对这些信号进行分析处理，以控制车身用电设备相关指示灯电路，通过组合仪表进行工作状态指示。

2. 协调与管理

车上低压用电设备的电源管理均集成在车身控制系统内，其通过前舱配电盒获取电源，然后分接到各个功能端。车身控制系统根据各用电设备的需求，合理分配电源，协调不同设备，确保各用电设备都能正常工作。

3. 故障自诊断

车身控制系统具有故障诊断功能，能够检测并存储车辆电气系统的故障信息，以便维修人员进行故障诊断与排除。

二、车身控制系统的组成

1. 组成

车身控制系统主要由车身控制模块和灯光指示灯电路、车门和行李舱状态指示灯电路、交流充电指示灯电路、座椅安全带指示灯电路等各种控制电路，以及这些控制电路所包含的部件（如远光灯开关、门控灯开关、交流充电口、座椅安全带锁扣等）组成。

车身控制模块（又称车身控制器，BCM，见图 4-1-2）是车身控制系统的核心部件，是对车身控制系统各用电设备进行控制的电子控制单元。

a）　　b）

图 4-1-2　车身控制模块

a）正面　b）背面

2. 车身控制模块的安装位置

以比亚迪 e5 为例，其车身控制模块位于车辆 A 柱内侧，安装在仪表板左下方的仪表板配电盒中，如图 4-1-3 所示。

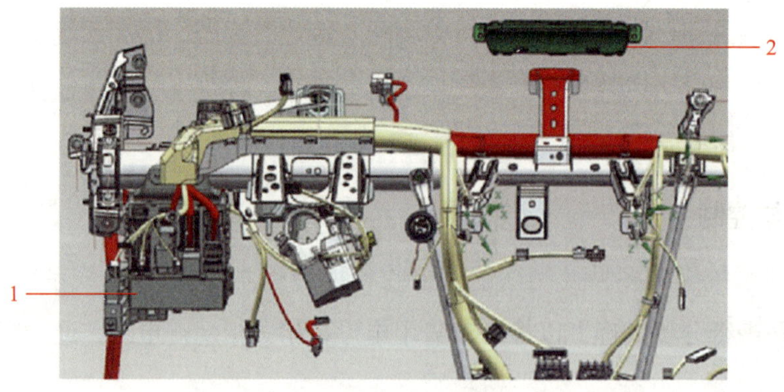

图 4-1-3　车身控制模块的安装位置

1—车身控制模块　2—组合仪表

三、车身控制模块的电路

以比亚迪 e5 为例，其车身控制模块电路（局部）如图 4-1-4 所示。

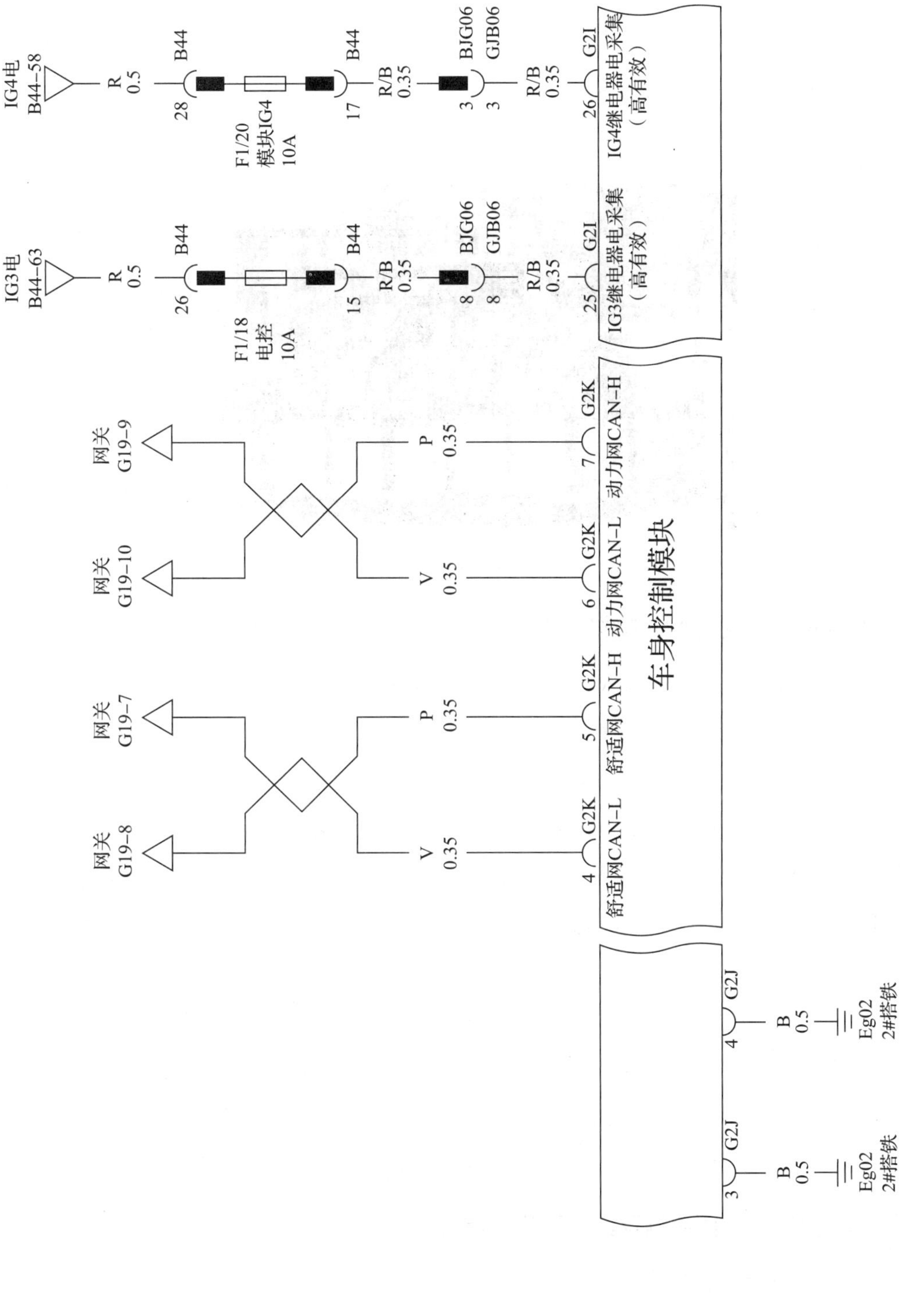

图 4-1-4 车身控制模块电路（局部）

1. 车身控制模块电源电路

车身控制模块由 IG3 电、IG4 电供电，IG3 电电路通过熔丝 F1/18 由插接器 G2I/25 端子连接车身控制模块，IG4 电电路通过熔丝 F1/20 由插接器 G2I/26 端子连接车身控制模块。搭铁电路由插接器 G2J/3 端子、插接器 G2J/4 端子通过导线连接到 2# 搭铁 Eg02。

熔丝 F1/18、F1/20 在前舱配电盒中，如图 4-1-5 所示。

图 4-1-5　熔丝 F1/18、F1/20 的位置

2. 车身控制模块 CAN 总线电路

舒适网主总线 CAN-H、CAN-L 以双绞线的形式分别通过插接器 G2K/5 端子、插接器 G2K/4 端子连接到车身控制模块；动力网支总线 CAN-H、CAN-L 以双绞线的形式分别通过插接器 G2K/7 端子、插接器 G2K/6 端子连接到车身控制模块。

车身控制模块与网关控制模块通过舒适网主总线进行连接，网关控制模块、车身控制模块内部均设置有舒适网终端电阻，标准值均为 120 Ω；网关控制模块、车身控制模块内部的终端电阻在整个舒适网中处于并联状态，因此，车身控制模块舒适网外部终端电阻为 120 Ω。

车身控制模块与网关控制模块、电池管理控制模块通过动力网支总线进行连接，网关控制模块、电池管理控制模块内部均设置有动力网终端电阻，标准值均为 120 Ω；车身控制模块内部没有动力网终端电阻，网关控制模块、电池管理控制模块内部的终端电阻在整个动力网中处于并联状态，因此，车身控制模块动力网外部终端电阻为 60 Ω。

3. 车身控制模块插接器及其端子功能定义

车身控制模块插接器 G2I、G2J、G2K 的外形如图 4-1-6 所示，其部分端子功能定义见表 4-1-1。

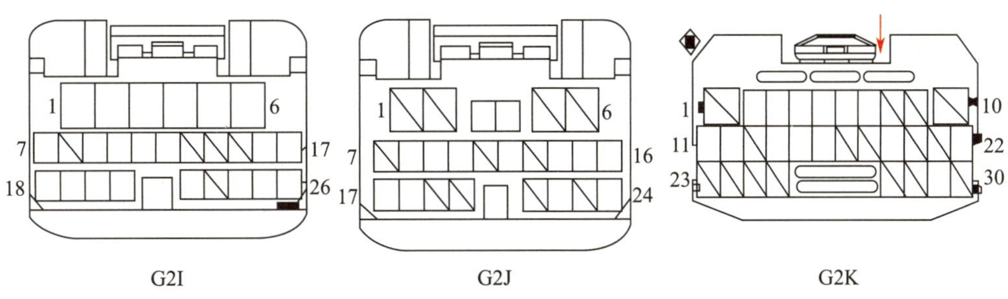

图 4-1-6　车身控制模块插接器 G2I、G2J、G2K 的外形

表 4-1-1　车身控制模块插接器 G2I、G2J、G2K 的部分端子功能定义

端子号	功能定义	端子号	功能定义
G2I/25	IG3 电	G2K/4	舒适网 CAN-L
G2I/26	IG4 电	G2K/5	舒适网 CAN-H
G2J/3	搭铁	G2K/6	动力网 CAN-L
G2J/4	搭铁	G2K/7	动力网 CAN-H

任务实施

一、器材准备

按表 4-1-2 准备任务实施所需的器材。

表 4-1-2　器材清单

类别	名称
工具	数字式万用表、测试线、探针、棘轮手柄、套筒、螺钉旋具、汽车内饰撬板等
设备	实训车辆（以比亚迪 e5 为例）、工具车、零件车、故障诊断仪、示波器等
材料	电工胶布、熔丝等
资料	维修手册、电路图等
其他	安全帽、护目镜、绝缘手套等人员防护用品，翼子板布、座椅套、转向盘套等车辆防护用品，危险警示牌、危险作业隔离带、绝缘垫等现场安全防护设施

二、实施流程

任务实施流程如图 4-1-7 所示。

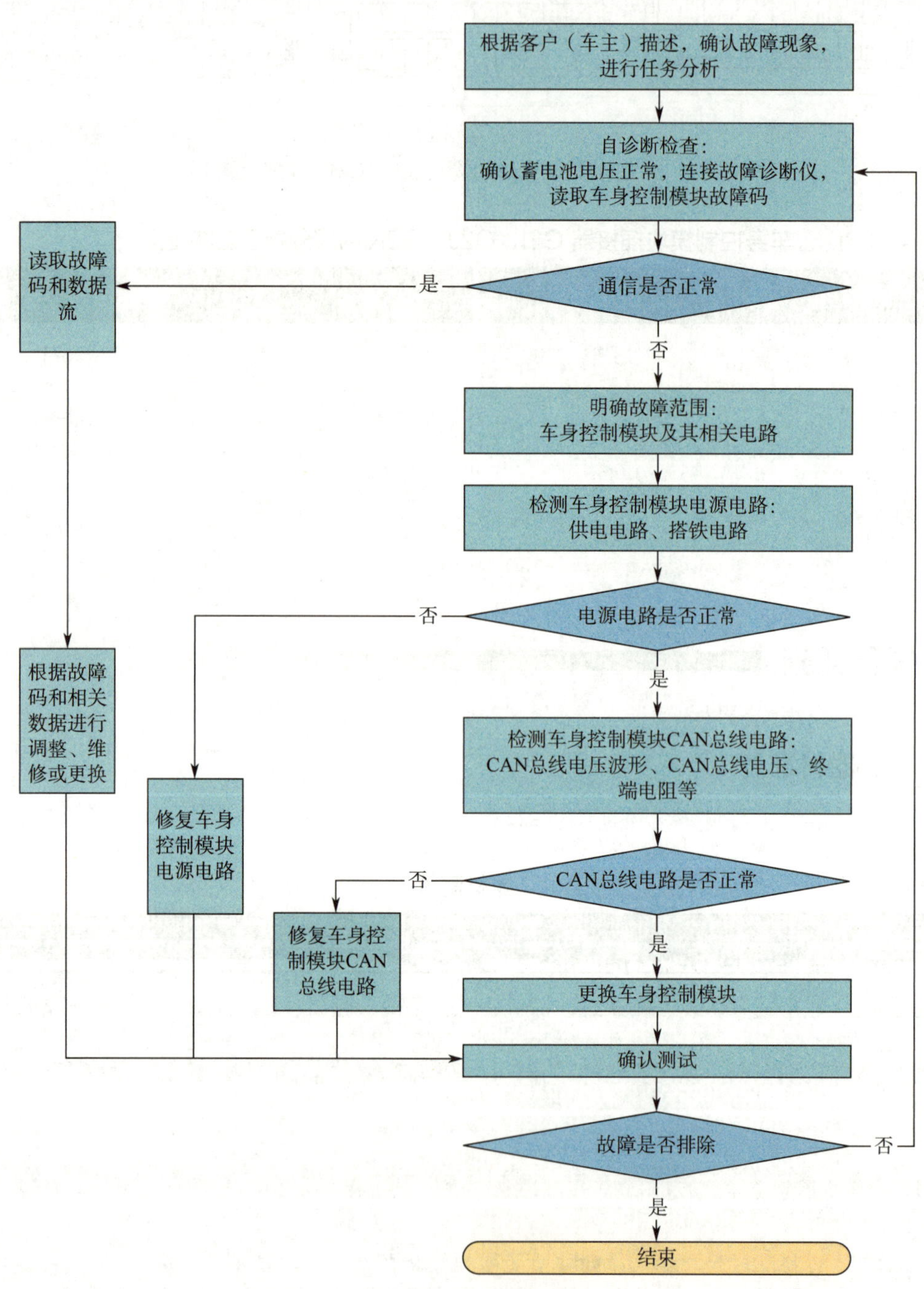
根据客户（车主）描述，确认故障现象，进行任务分析
自诊断检查：确认蓄电池电压正常，连接故障诊断仪，读取车身控制模块故障码
通信是否正常
是
读取故障码和数据流
否
明确故障范围：车身控制模块及其相关电路
检测车身控制模块电源电路：供电电路、搭铁电路
电源电路是否正常
否
是
根据故障码和相关数据进行调整、维修或更换
修复车身控制模块电源电路
检测车身控制模块CAN总线电路：CAN总线电压波形、CAN总线电压、终端电阻等
CAN总线电路是否正常
否
修复车身控制模块CAN总线电路
是
更换车身控制模块
确认测试
故障是否排除
否
是
结束
图 4-1-7　任务实施流程

三、检修作业

1. 自诊断检查

确认蓄电池电压正常、故障诊断仪与车辆自诊断系统连接正常后，在故障诊断仪中根据屏幕显示信息提示进入“车身控制器”界面，选择“读取故障码”选项，读取车身控制模块的故障码。

如图 4-1-8 所示，若故障诊断仪显示“ECU 无响应，通讯中断”，则说明无法与车身控制模块进行通信，明确故障范围是车身控制模块及其相关电路。

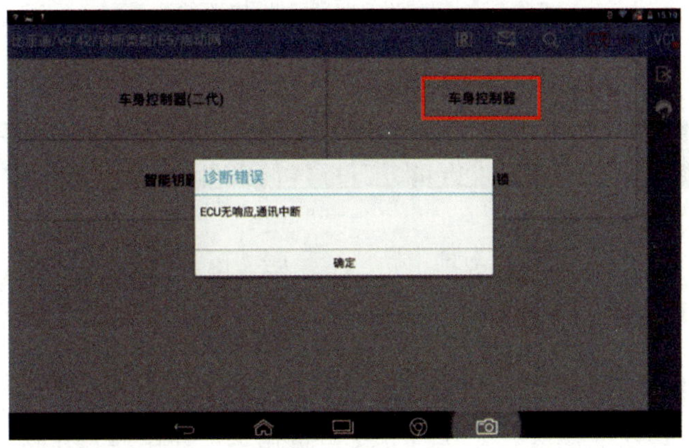

图 4-1-8 车身控制模块故障码的读取

2. 检测车身控制模块电源电路

（1）测量车身控制模块电源电路熔丝对地电压

测量车身控制模块电源电路熔丝 F1/18、F1/20 对地电压的方法基本相同。以测量熔丝 F1/18 对地电压为例，测量方法如下。

1）测量前准备

①将起动按钮置于 ON 挡位。

②将数字式万用表的黑表笔插入“COM”插孔，红表笔插入“V Ω”插孔；将挡位功能选择开关旋至电阻挡，观察显示屏显示是否正常、电量是否充足。

2）操作仪表。将数字式万用表置于直流电压挡，黑表笔接车身搭铁，红表笔先后接车身控制模块电源电路熔丝 F1/18 的两端测试点，当显示屏显示数值稳定时，按下“HOLD”键。

3）读取测量值。如图 4-1-9 所示，测量熔丝 F1/18 对地电压；采用同样的方法测量熔丝 F1/20 对地电压；将所测得的数值与表 4-1-3 中的标准值进行对比，分析、判断车身控制模块供电是否正常。

图 4-1-9 熔丝 F1/18 对地电压的测量

表 4-1-3 车身控制模块电源电路熔丝对地电压的标准值

测量部位	说明	条件	标准值 /V
熔丝 F1/18 - 车身搭铁	熔丝对地电压	起动按钮置于 ON 挡位	11 ~ 14
熔丝 F1/20 - 车身搭铁			

（2）测量车身控制模块插接器电源端子对地电压

测量车身控制模块插接器 G2I/25（IG3 电）端子、插接器 G2I/26（IG4 电）端子对地电压的方法基本相同。以测量插接器 G2I/25 端子对地电压为例，测量方法如下。

1）拆卸车身控制模块外围部件。为便于测量车身控制模块插接器电源端子对地电压，测量前应先拆卸车身控制模块外围部件，操作步骤如下。

①使用螺钉旋具拆卸仪表板左下护板的紧固螺钉（2 颗）。

②缓慢拔出隔音板前端自带单边卡脚。

③沿水平方向向外缓慢抽出隔音板，直至后端斜插脚完全从安装处脱出，即可拆卸隔音板。

④手持仪表板左下护板缓慢向外拔，直至自带单边卡脚和卡扣全部拔出，即可拆卸仪表板左下护板，如图 4-1-10 所示。

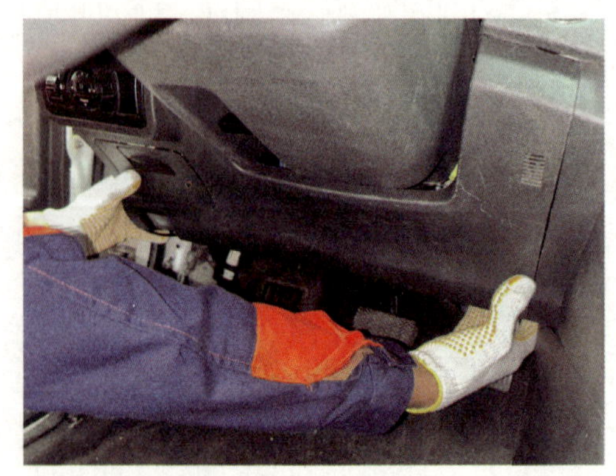

图 4-1-10 仪表板左下护板的拆卸

2）测量前准备

①将起动按钮置于 OFF 挡位。

②断开蓄电池负极电缆，等待 5 min。

③断开插接器 G2I、G2J、G2K 与车身控制模块的连接。

④在插接器 G2I/25 端子前端针孔处插上探针。

⑤连接蓄电池负极电缆。

⑥将起动按钮置于 ON 挡位。

3）操作仪表。将数字式万用表置于直流电压挡，黑表笔接车身搭铁，红表笔接插接器 G2I/25 端子上的探针，当显示屏显示数值稳定时，按下“HOLD”键。

4）读取测量值。如图 4-1-11 所示，测量插接器 G2I/25 端子对地电压；采用同样的方法测量插接器 G2I/26 端子对地电压；将所测得的数值与表 4-1-4 中的标准值进行对比，分析、判断车身控制模块供电是否正常。

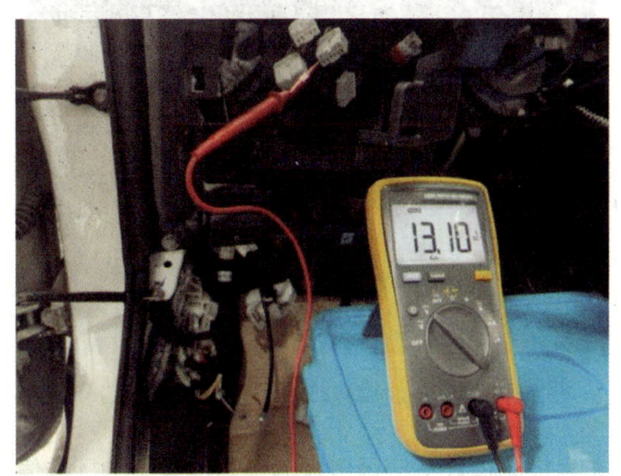

图 4-1-11　插接器 G2I/25 端子对地电压的测量

表 4-1-4　车身控制模块插接器电源端子对地电压的标准值

测量部位	说明	条件	标准值 /V
插接器 G2I/25 端子－车身搭铁	电源端子对地电压	起动按钮置于 ON 挡位	11～14
插接器 G2I/26 端子－车身搭铁			

（3）测量车身控制模块插接器搭铁端子对地电阻

测量车身控制模块插接器 G2J/3（搭铁）端子、插接器 G2J/4（搭铁）端子对地电阻的方法基本相同。以测量插接器 G2J/3 端子对地电阻为例，测量方法如下。

1）测量前准备

①将起动按钮置于 OFF 挡位。

②断开蓄电池负极电缆，等待 5 min。

③断开插接器 G2I、G2J、G2K 与车身控制模块的连接。

④在插接器 G2J/3 端子前端针孔处插上探针。

2）操作仪表。将数字式万用表置于电阻挡，黑表笔接车身搭铁，红表笔接插接器 G2J/3 端子上的探针，当显示屏显示数值稳定时，按下“HOLD”键。

3）读取测量值。如图 4-1-12 所示，测量插接器 G2J/3 端子对地电阻；采用同样的方法测量插接器 G2J/4 端子对地电阻；将所测得的数值与表 4-1-5 中的标准值进行对比，分析、判断车身控制模块搭铁是否正常。

图 4-1-12　插接器 G2J/3 端子对地电阻的测量

表 4-1-5　　　车身控制模块插接器搭铁端子对地电阻的标准值

测量部位	说明	条件	标准值 /Ω
插接器 G2J/3 端子－车身搭铁	搭铁端子对地电阻	起动按钮置于 OFF 挡位，断开蓄电池负极电缆	<1
插接器 G2J/4 端子－车身搭铁			

3. 检测车身控制模块 CAN 总线电路

（1）检测车身控制模块 CAN 总线电压波形

测量车身控制模块舒适网、动力网 CAN 总线电压波形的方法基本相同。以测量车身控制模块舒适网 CAN 总线电压波形为例，测量方法如下。

1）测量前准备

①将起动按钮置于 OFF 挡位。

②断开蓄电池负极电缆，等待 5 min。

③在插接器 G2K/5（舒适网 CAN-H）端子、插接器 G2K/4（舒适网 CAN-L）端子后端引线处插上探针。

④将示波器通道 CH1、CH2 表笔分别连接插接器 G2K/5 端子、插接器 G2K/4 端子上的探针。

⑤连接蓄电池负极电缆。

⑥将起动按钮置于 ON 挡位。

2）操作仪器。接通示波器电源开关，调整波形的频率、幅值至合适区域，固定并存储所测量的串行数据。

3）读取测量值。如图 4-1-13 所示，检测车身控制模块舒适网 CAN 总线电压波形；采用同样的方法检测车身控制模块动力网 CAN 总线电压波形；将所测得的波形与正常波形进行对比，分析、判断车身控制模块 CAN 总线数据传输线是否正常。如果所测得的波形为异常波形，则参考模块一任务 2 中的异常波形，进一步确定故障类型。

图 4-1-13　车身控制模块舒适网 CAN 总线电压波形的测量

（2）测量车身控制模块 CAN 总线电压

测量车身控制模块舒适网、动力网 CAN 总线电压的方法基本相同。以测量车身控制模块舒适网 CAN 总线电压为例，测量方法如下。

1）测量前准备

①将起动按钮置于 OFF 挡位。

②断开蓄电池负极电缆，等待 5 min。

③在插接器 G2K/5 端子、插接器 G2K/4 端子后端引线处插上探针。

④连接蓄电池负极电缆。

⑤将起动按钮置于 ON 挡位。

2）操作仪表。将数字式万用表置于直流电压挡，黑表笔接车身搭铁，红表笔先后接插接器 G2K/5 端子、插接器 G2K/4 端子上的探针，当显示屏显示数值稳定时，按下“HOLD”键。

3）读取测量值。如图 4-1-14 所示，测量车身控制模块舒适网 CAN 总线电压；采用同样的方法测量车身控制模块动力网 CAN 总线电压；将所测得的数值与表 4-1-6 中的标准值进行对比，分析、判断车身控制模块 CAN 总线数据传输线是否正常。

a）

b）

图 4-1-14　车身控制模块舒适网 CAN 总线电压的测量

a）CAN-H 对地电压　b）CAN-L 对地电压

表 4-1-6　车身控制模块 CAN 总线电压的标准值

<table>
<tr><th>测量部位</th><th>说明</th><th>条件</th><th>标准值 /V</th></tr>
<tr><td>插接器 G2K/5 端子 - 车身搭铁</td><td>舒适网 CAN-H 对地电压</td><td rowspan="4">起动按钮置于 ON 挡位</td><td>2.5 ~ 3.5</td></tr>
<tr><td>插接器 G2K/4 端子 - 车身搭铁</td><td>舒适网 CAN-L 对地电压</td><td>1.5 ~ 2.5</td></tr>
<tr><td>插接器 G2K/7 端子 - 车身搭铁</td><td>动力网 CAN-H 对地电压</td><td>2.5 ~ 3.5</td></tr>
<tr><td>插接器 G2K/6 端子 - 车身搭铁</td><td>动力网 CAN-L 对地电压</td><td>1.5 ~ 2.5</td></tr>
</table>

（3）测量车身控制模块外部终端电阻

测量车身控制模块舒适网、动力网外部终端电阻的方法基本相同。以测量车身控制模块动力网外部终端电阻为例，测量方法如下。

1）测量前准备

①将起动按钮置于 OFF 挡位。

②断开蓄电池负极电缆，等待 5 min。

③断开插接器 G2I、G2J、G2K 与车身控制模块的连接。

④在插接器 G2K/7（动力网 CAN-H）端子、插接器 G2K/6（动力网 CAN-L）端子前端针孔处插上探针。

2）操作仪表。将数字式万用表置于电阻挡，红、黑表笔分别接插接器 G2K/7 端子、插接器 G2K/6 端子上的探针，当显示屏显示数值稳定时，按下“HOLD”键。

3）读取测量值。如图 4-1-15 所示，测量车身控制模块动力网外部终端电阻；采用同样的方法测量车身控制模块舒适网外部终端电阻；将所测得的数值与表 4-1-7 中的标准值进行对比，分析、判断车身控制模块 CAN 总线数据传输线是否正常。

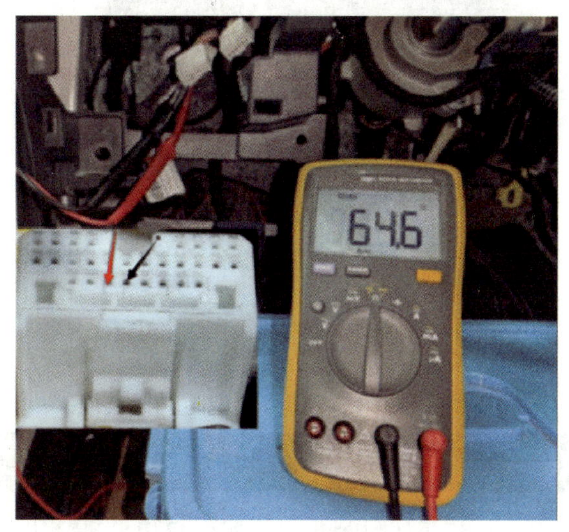

图 4-1-15　车身控制模块动力网外部终端电阻的测量

表 4-1-7　车身控制模块外部终端电阻的标准值

测量部位	说明	条件	标准值 / Ω
插接器 G2K/5 端子 - 插接器 G2K/4 端子	车身控制模块舒适网外部终端电阻	起动按钮置于 OFF 挡位，断开蓄电池负极电缆	约 120
插接器 G2K/7 端子 - 插接器 G2K/6 端子	车身控制模块动力网外部终端电阻		约 60

（4）测量车身控制模块内部终端电阻

1）测量前准备

①将起动按钮置于 OFF 挡位。

②断开蓄电池负极电缆，等待 5 min。

③断开插接器 G2I、G2J、G2K 与车身控制模块的连接。

④拆卸车身控制模块紧固螺栓，取出车身控制模块。

2）操作仪表。将数字式万用表置于电阻挡，红、黑表笔分别接车身控制模块侧插接器 G2K/5 端子、插接器 G2K/4 端子，当显示屏显示数值稳定时，按下“HOLD”键。

3）读取测量值。如图 4-1-16 所示，测量车身控制模块内部终端电阻；将所测得的数值与表 4-1-8 中的标准值进行对比，分析、判断车身控制模块是否正常。

图 4-1-16　车身控制模块内部终端电阻的测量

表 4-1-8　车身控制模块内部终端电阻的标准值

测量部位	说明	条件	标准值 /Ω
插接器 G2K/5 端子 - 插接器 G2K/4 端子	车身控制模块内部终端电阻	起动按钮置于 OFF 挡位，断开蓄电池负极电缆	约 120

4. 更换车身控制模块

如果经过以上检测确认车身控制模块电源电路、CAN 总线电路均正常，则可以判定故障部位是车身控制模块本身，可采用替换法进行修复，操作步骤如下。

（1）将起动按钮置于 OFF 挡位。

（2）断开蓄电池负极电缆，等待 5 min。

（3）拆卸车身控制模块外围部件。

（4）断开插接器 G2I、G2J、G2K 与车身控制模块的连接。

（5）使用 10 号套筒拆卸车身控制模块紧固螺栓，取出车身控制模块。

（6）按照与拆卸相反的顺序安装新的车身控制模块。

（7）连接插接器 G2I、G2J、G2K 与车身控制模块。

（8）连接蓄电池负极电缆。

（9）使用故障诊断仪消除故障码。

（10）将起动按钮置于 ON 挡位，车辆上电，确认打开左前车门时，组合仪表显示屏正常显示车门开启信息，车身控制系统功能正常。

（11）装复车身控制模块外围部件

1）将仪表板左下护板上沿自带单边卡脚置入相应卡槽，各卡扣对准相应卡扣孔，小心拍入，并检查外观间隙是否合格。

2）将隔音板后端斜插脚缓慢装入安装孔。

3）向上轻抬隔音板前端，对准前端自带单边卡脚与安装孔位置，轻拍至卡脚卡入。

4）使用螺钉旋具拧紧仪表板左下护板的紧固螺钉。

任务 2 | 组合开关控制模块检修

学习目标

1. 能叙述组合开关总成的功能和组成。
2. 能分析组合开关控制模块电路。
3. 能对组合开关控制模块进行自诊断检查。
4. 能检测组合开关控制模块电源电路和 CAN 总线电路。

任务描述

某新能源汽车进厂维修，车主反映将组合开关中的灯光开关置于前照灯位置，往前拨灯光开关，前照灯（俗称大灯）远光灯正常发光但组合仪表显示屏未显示远光灯指示灯，如图 4-2-1 所示。班组长使用故障诊断仪连接车辆自诊断系统、读取组合开关控制模块故障码时，故障诊断仪显示“ECU 无响应，通讯中断”，由此初步判断为组合开关控制模块通信故障，现安排你负责检修。作为一名维修人员，你如何检修上述故障?

图 4-2-1　组合开关控制模块通信故障的信息显示

任务分析

将组合开关中的灯光开关置于前照灯位置，往前拨灯光开关，前照灯远光灯正常发光，说明组合开关工作正常；组合仪表显示屏未显示远光灯指示灯，说明组合开关总成通信故障；使用故障诊断仪连接车辆自诊断系统、读取组合开关控制模块故障码时，故障诊断仪显示“ECU 无响应，通讯中断”，说明组合开关控制模块通信故障，无法将前照灯开启信息传输给组合仪表。考虑到组合开关控制模块与 CAN 总线系统的连接关系，检修内容需要覆盖组合开关控制模块及其相关电路。

相关知识

一、组合开关总成的功能

组合开关总成是一个多功能控制装置，其功能主要包括照明和信号灯光控制、刮水器和洗涤器控制等，以提高驾驶的便利性和安全性。

1. 照明和信号灯光控制

将组合开关中的灯光开关置于不同位置时，可以打开不同的照明灯光或信号灯光，同时组合仪表显示屏上的相应指示灯亮起，以显示当前的灯光状态。

前、后拨动（以转向盘平面为基准）组合开关中的灯光开关，即接通转向灯开关，相应转向灯和组合仪表显示屏上的相应指示灯将同步闪烁。即使松开灯光开关，转向信号灯光也会保持闪烁直到转向结束。

2. 刮水器和洗涤器控制

前、后拨动（以转向盘平面为基准）组合开关中的刮水器控制开关，即将刮水器控

制开关置于不同挡位，可以控制刮水器的工作状态，如刮刷速度和间歇模式等。

向上拨动组合开关中的刮水器控制开关，即接通洗涤器控制开关，可以开启洗涤器，向前风窗玻璃喷出洗涤液，刮水器以低速挡工作，刮净前风窗玻璃表面的污物。

二、组合开关总成的组成

1. 组成

组合开关总成通常包括操作部分、连接部分、电气部分和外壳等。

以比亚迪 e5 为例，组合开关总成主要由中间支架、灯光开关、刮水器控制开关等部分组成，如图 4-2-2 所示。

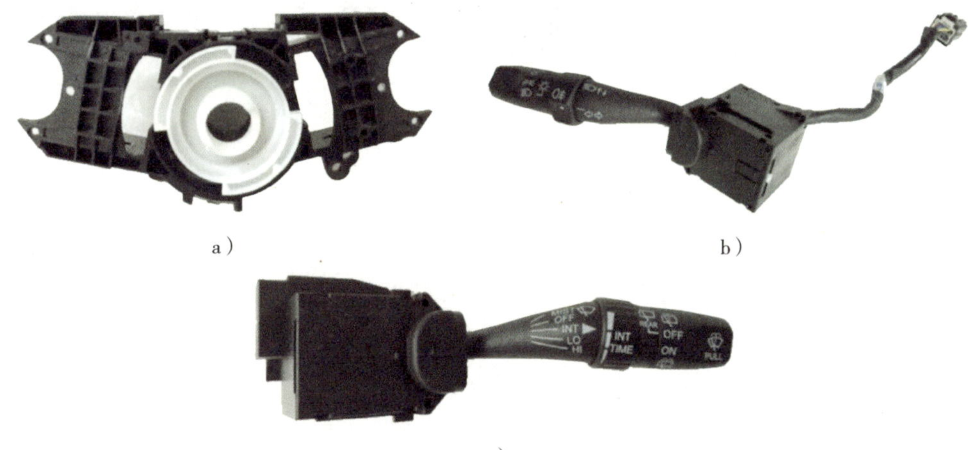

图 4-2-2　组合开关总成的组成

a）中间支架　b）灯光开关　c）刮水器控制开关

2. 组合开光控制模块的安装位置

以比亚迪 e5 为例，其组合开关控制模块位于转向盘下方，集成在组合开关总成刮水器控制开关内，如图 4-2-3 所示。

图 4-2-3　组合开关控制模块的安装位置

三、组合开关控制模块的电路

以比亚迪 e5 为例，其组合开关控制模块电路（局部）如图 4-2-4 所示。

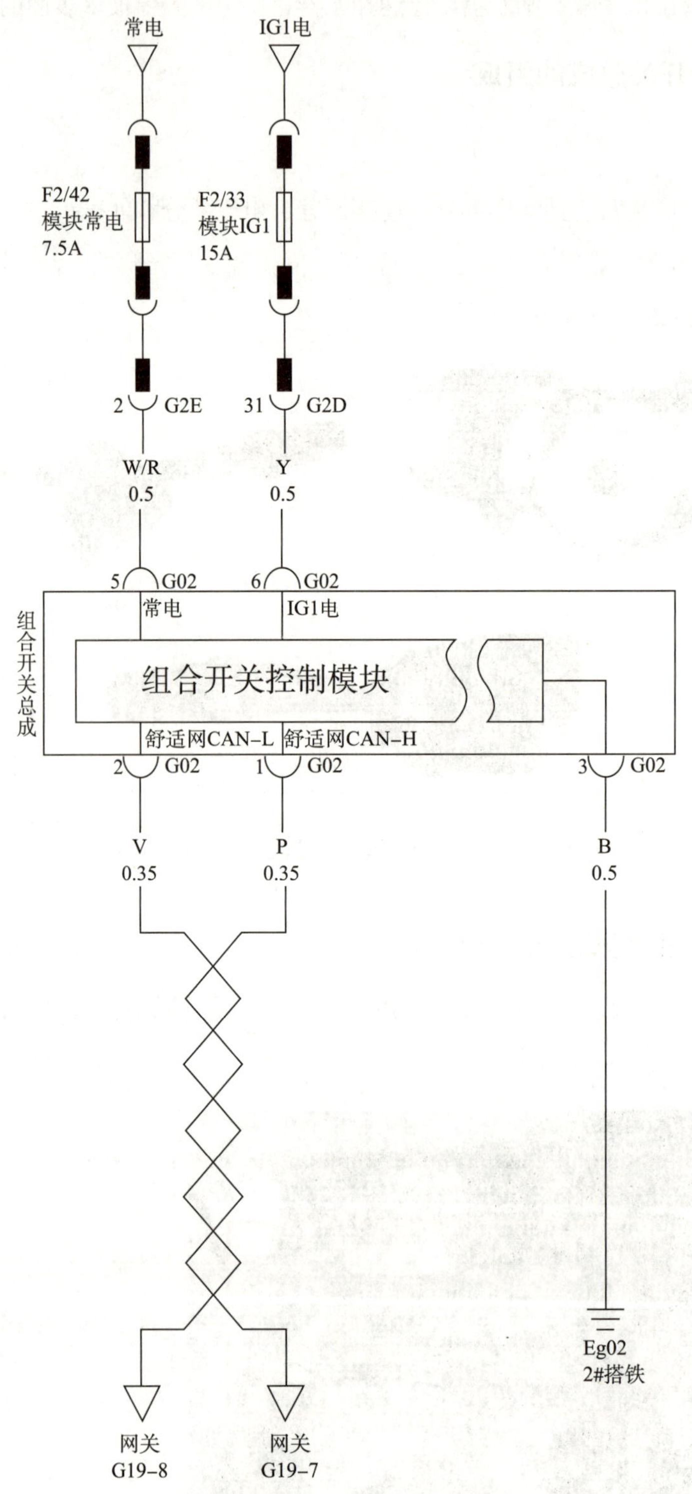

图 4-2-4 组合开关控制模块电路（局部）

1. 组合开关控制模块电源电路

组合开关控制模块由常电、IG1 电供电，常电电路通过熔丝 F2/42 由插接器 G02/5 端子连接组合开关控制模块，IG1 电电路通过熔丝 F2/33 由插接器 G02/6 端子连接组合开关控制模块。搭铁电路由插接器 G02/3 端子通过导线连接到 2# 搭铁 Eg02。

熔丝 F2/42、F2/33 在仪表板配电盒内，如图 4-2-5 所示。

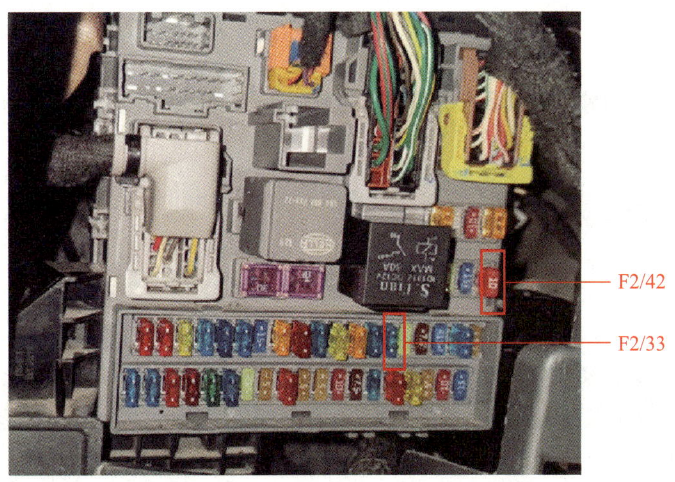

图 4-2-5 熔丝 F2/42、F2/33 的位置

2. 组合开关控制模块 CAN 总线电路

舒适网支总线 CAN-H、CAN-L 以双绞线的形式分别通过插接器 G02/1 端子、插接器 G02/2 端子连接到组合开关控制模块。

组合开关控制模块与网关控制模块、车身控制模块通过舒适网支总线进行连接，网关控制模块、车身控制模块内部均设置有舒适网终端电阻，标准值均为 120 Ω；组合开关控制模块内部没有终端电阻，网关控制模块、车身控制模块内部的终端电阻在整个舒适网中处于并联状态，因此，组合开关控制模块外部终端电阻为 60 Ω。

3. 组合开关控制模块插接器及其端子功能定义

组合开关控制模块插接器 G02 的外形如图 4-2-6 所示，其部分端子功能定义见表 4-2-1。

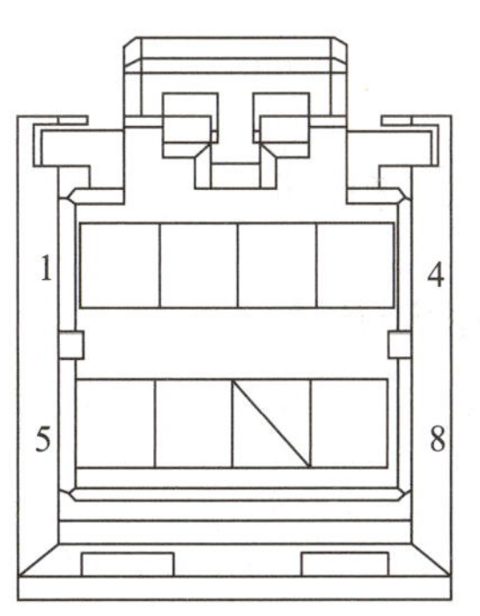

图 4-2-6 组合开关控制模块插接器 G02 的外形

表 4-2-1　　组合开关控制模块插接器 G02 的部分端子功能定义

端子号	功能定义	端子号	功能定义
G02/1	舒适网 CAN-H	G02/5	常电
G02/2	舒适网 CAN-L	G02/6	IG1 电
G02/3	搭铁		

任务实施

一、器材准备

按表 4-2-2 准备任务实施所需的器材。

表 4-2-2　　器材清单

类别	名称
工具	数字式万用表、测试线、探针、棘轮手柄、套筒、螺钉旋具、汽车内饰撬板、专用工具（二爪顶拔器）等
设备	实训车辆（以比亚迪 e5 为例）、工具车、零件车、故障诊断仪、示波器等
材料	电工胶布、熔丝等
资料	维修手册、电路图等
其他	安全帽、护目镜、绝缘手套等人员防护用品，翼子板布、座椅套、转向盘套等车辆防护用品，危险警示牌、危险作业隔离带、绝缘垫等现场安全防护设施

二、实施流程

任务实施流程如图 4-2-7 所示。

三、检修作业

1. 自诊断检查

确认蓄电池电压正常、故障诊断仪与车辆自诊断系统连接正常后，在故障诊断仪中根据屏幕显示信息提示进入“组合开关”界面，选择“读取故障码”选项，读取组合开关控制模块的故障码。

如图 4-2-8 所示，若故障诊断仪显示“ECU 无响应，通讯中断”，则说明无法与组合开关控制模块进行通信，明确故障范围是组合开关控制模块及其相关电路。

根据客户（车主）描述，确认故障现象，进行任务分析
自诊断检查：
确认蓄电池电压正常，连接故障诊断仪，读取组合开关控制模块故障码
通信是否正常
是
读取故障码和数据流
否
明确故障范围：
组合开关控制模块及其相关电路
检测组合开关控制模块电源电路：
供电电路、搭铁电路
电源电路是否正常
否
修复组合开关控制模块电源电路
是
检测组合开关控制模块CAN总线电路：
CAN总线电压波形、CAN总线电压、终端电阻等
CAN总线电路是否正常
否
修复组合开关控制模块CAN总线电路
是
更换组合开关总成
根据故障码和相关数据进行调整、维修或更换
确认测试
故障是否排除
否
是
结束

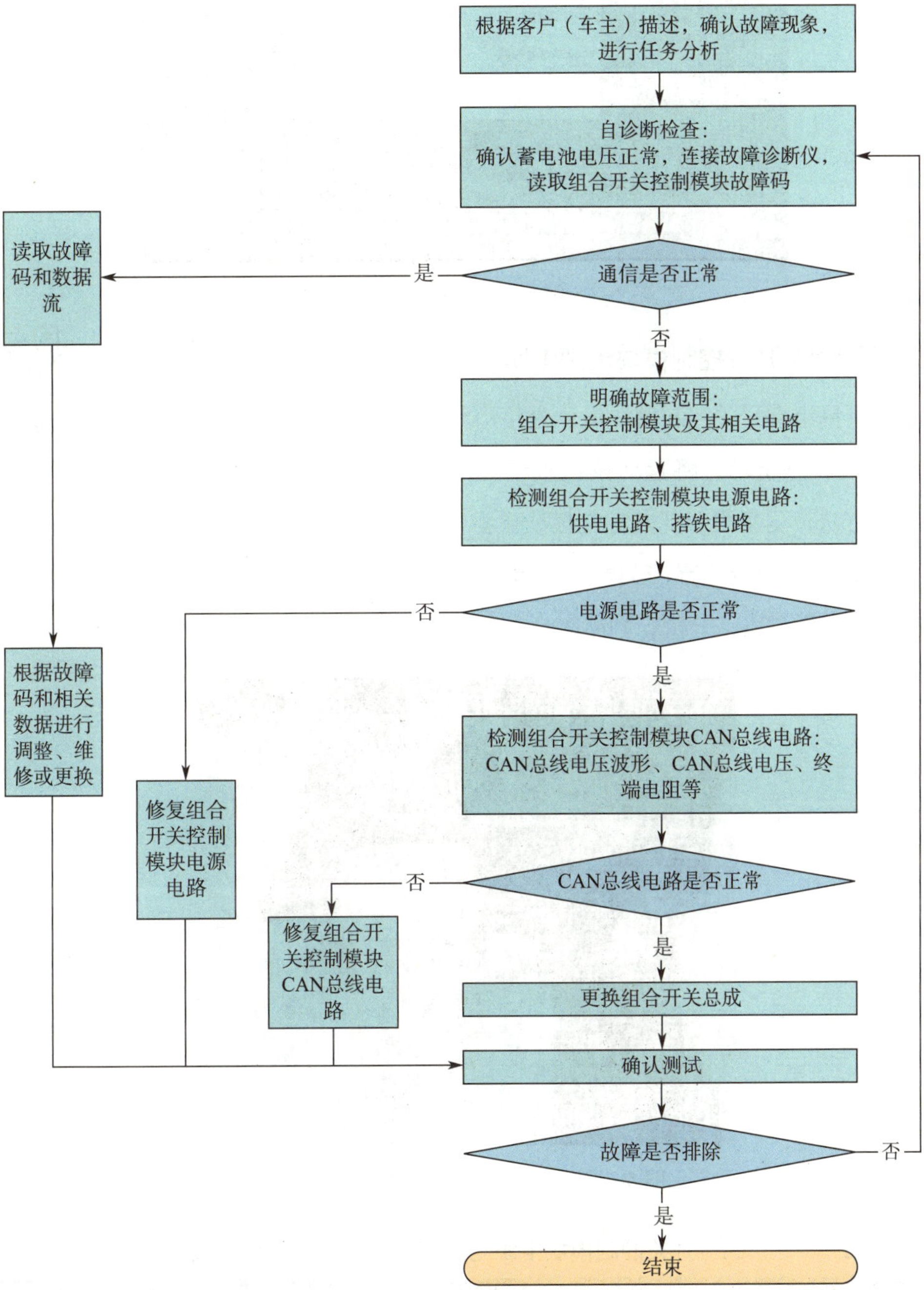

图 4-2-7 任务实施流程

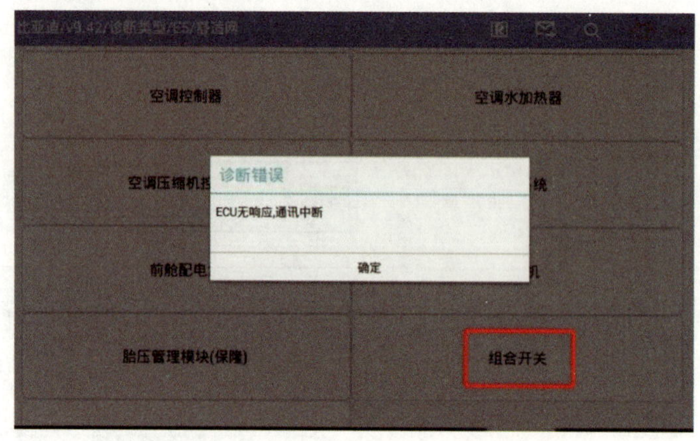

图 4-2-8　组合开关控制模块故障码的读取

2. 检测组合开关控制模块电源电路

（1）测量组合开关控制模块电源电路熔丝对地电压

如图 4-2-9 所示，将起动按钮置于 ON 挡位，按照本模块任务 1 所述熔丝对地电压的测量方法，测量组合开关控制模块电源电路熔丝 F2/33 对地电压；将起动按钮置于 OFF 挡位，采用同样的方法测量熔丝 F2/42 对地电压；并将所测得的数值与表 4-2-3 中的标准值进行对比，分析、判断组合开关控制模块供电是否正常。

图 4-2-9　熔丝 F2/33 对地电压的测量

表 4-2-3　　组合开关控制模块电源电路熔丝对地电压的标准值

测量部位	说明	条件	标准值 /V
熔丝 F2/33 - 车身搭铁	熔丝对地电压	起动按钮置于 ON 挡位	11 ~ 14
熔丝 F2/42 - 车身搭铁		起动按钮置于 OFF 挡位	

（2）测量组合开关控制模块插接器电源端子对地电压

为便于测量组合开关控制模块插接器电源端子对地电压，测量前应先拆卸组合开关控制模块外围部件（组合开关护罩），操作步骤如下。

1）将组合开关护罩调至下极限位置。

2）使用撬棒撬开组合开关上、下护罩端面结合处，双手分别抓住组合开关上、下护罩端面开口处，向上用力拉出上护罩，如图 4-2-10 所示。

3）使用螺钉旋具拆卸组合开关下护罩紧固螺钉（见图 4-2-11），取出下护罩。

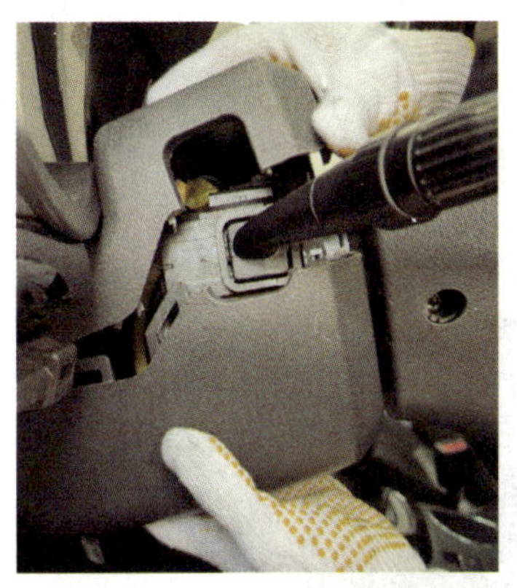

图 4-2-10　上护罩的拆卸

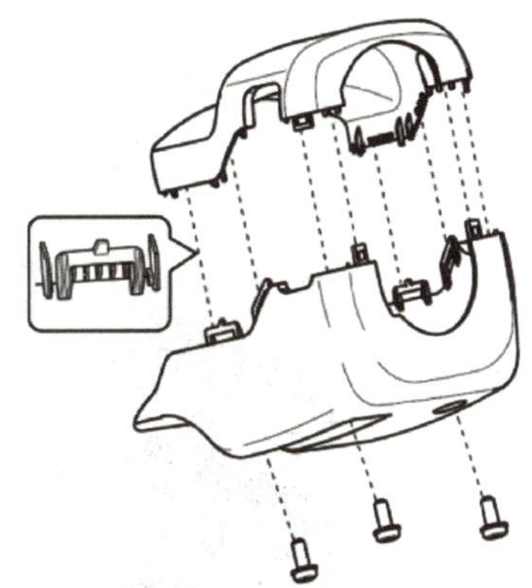

图 4-2-11　组合开关下护罩紧固螺钉的位置

如图 4-2-12 所示，将起动按钮置于 OFF 挡位，按照本模块任务 1 所述插接器电源端子对地电压的测量方法，测量组合开关控制模块插接器 G02/5（常电）端子对地电压；将起动按钮置于 ON 挡位，采用同样的方法测量插接器 G02/6（IG1 电）端子对地电压；并将所测得的数值与表 4-2-4 中的标准值进行对比，分析、判断组合开关控制模块供电是否正常。

图 4-2-12　插接器 G02/5 端子对地电压的测量

表 4-2-4　　组合开关控制模块插接器电源端子对地电压的标准值

测量部位	说明	条件	标准值 /V
插接器 G02/5 端子 - 车身搭铁	电源端子对地电压	起动按钮置于 OFF 挡位	11～14
插接器 G02/6 端子 - 车身搭铁		起动按钮置于 ON 挡位	

（3）测量组合开关控制模块插接器搭铁端子对地电阻

如图 4-2-13 所示，按照本模块任务 1 所述插接器搭铁端子对地电阻的测量方法，测量组合开关控制模块插接器 G02/3（搭铁）端子对地电阻；并将所测得的数值与表 4-2-5 中的标准值进行对比，分析、判断组合开关控制模块搭铁是否正常。

图 4-2-13　插接器 G02/3 端子对地电阻的测量

表 4-2-5　　组合开关控制模块插接器搭铁端子对地电阻的标准值

测量部位	说明	条件	标准值 /Ω
插接器 G02/3 端子 - 车身搭铁	搭铁端子对地电阻	起动按钮置于 OFF 挡位，断开蓄电池负极电缆	<1

3. 检测组合开关控制模块 CAN 总线电路

（1）检测组合开关控制模块 CAN 总线电压波形

1）测量前准备

①将起动按钮置于 OFF 挡位。

②断开蓄电池负极电缆，等待 5 min。

③在插接器 G02/1（舒适网 CAN-H）端子、插接器 G02/2（舒适网 CAN-L）端子后端引线处插上探针。

④将示波器通道 CH1、CH2 表笔分别连接插接器 G02/1 端子、插接器 G02/2 端子上的探针。

⑤连接蓄电池负极电缆。

⑥将起动按钮置于 ON 挡位。

2）操作仪器。接通示波器电源开关，调整波形的频率、幅值至合适区域，固定并存储所测量的串行数据。

3）读取测量值。如图 4-2-14 所示，测量组合开关控制模块 CAN 总线电压波形；将所测得的波形与正常波形进行对比，分析、判断组合开关控制模块 CAN 总线数据传输线是否正常。如果所测得的波形为异常波形，则参考模块一任务 2 中的异常波形，进一步确定故障类型。

图 4-2-14　组合开关控制模块 CAN 总线电压波形的测量

（2）测量组合开关控制模块 CAN 总线电压

1）测量前准备

①将起动按钮置于 OFF 挡位。

②断开蓄电池负极电缆，等待 5 min。

③在插接器 G02/1 端子、插接器 G02/2 端子后端引线处插上探针。

④连接蓄电池负极电缆。

⑤将起动按钮置于 ON 挡位。

2）操作仪表。将数字式万用表置于直流电压挡，黑表笔接车身搭铁，红表笔先后接插接器 G02/1 端子、插接器 G02/2 端子上的探针，当显示屏显示数值稳定时，按下“HOLD”键。

3）读取测量值。如图 4-2-15 所示，测量组合开关控制模块 CAN 总线电压；将所测得的数值与表 4-2-6 中的标准值进行对比，分析、判断组合开关控制模块 CAN 总线数据传输线是否正常。

a）

b）

图 4-2-15　组合开关控制模块 CAN 总线电压的测量

a）CAN-H 对地电压　b）CAN-L 对地电压

表 4-2-6　组合开关控制模块 CAN 总线电压的标准值

测量部位	说明	条件	标准值 /V
插接器 G02/1 端子 - 车身搭铁	舒适网 CAN-H 对地电压	起动按钮置于 ON 挡位	2.5 ~ 3.5
插接器 G02/2 端子 - 车身搭铁	舒适网 CAN-L 对地电压		1.5 ~ 2.5

（3）测量组合开关控制模块外部终端电阻

1）测量前准备

①将起动按钮置于 OFF 挡位。

②断开蓄电池负极电缆，等待 5 min。

③断开插接器 G02 与组合开关控制模块的连接。

④在插接器 G02/1 端子、插接器 G02/2 端子前端针孔处插上探针。

2）操作仪表。将数字式万用表置于电阻挡，红、黑表笔分别接插接器 G02/1 端子、插接器 G02/2 端子上的探针，当显示屏显示数值稳定时，按下“HOLD”键。

3）读取测量值。如图 4-2-16 所示，测量组合开关控制模块外部终端电阻；将所测得的数值与表 4-2-7 中的标准值进行对比，分析、判断组合开关控制模块 CAN 总线数据传输线是否正常。

图 4-2-16　组合开关控制模块外部终端电阻的测量

表 4-2-7　　组合开关控制模块外部终端电阻的标准值

测量部位	说明	条件	标准值 /Ω
插接器 G02/1 端子 - 插接器 G02/2 端子	组合开关控制模块外部终端电阻	起动按钮置于 OFF 挡位，断开蓄电池负极电缆	约 60

4. 更换组合开关总成

如果经过以上检测确认组合开关控制模块电源电路、CAN 总线电路均正常，则可以判定故障部位是组合开关控制模块本身，可采用替换法进行修复。考虑到组合开关控制模块集成在组合开关总成内，因此，这里需要更换组合开关总成，操作步骤如下。

（1）将起动按钮置于 OFF 挡位。

（2）断开蓄电池负极电缆，等待 5 min。

（3）拆卸组合开关控制模块外围部件。

（4）断开插接器 G02 与组合开关控制模块的连接。

（5）拆卸驾驶员安全气囊组件

1）使用螺钉旋具拧松紧固螺钉（2 颗），但不取出螺钉。

2）断开电喇叭插接器。

3）断开安全气囊插接器并小心取下安全气囊组件，如图 4-2-17 所示。

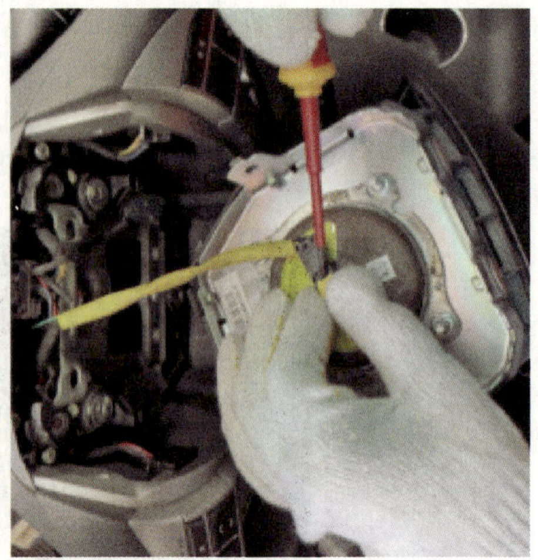

图 4-2-17　安全气囊组件的拆卸

（6）拆卸转向盘

1）拆卸转向盘紧固螺栓，如图 4-2-18 所示。

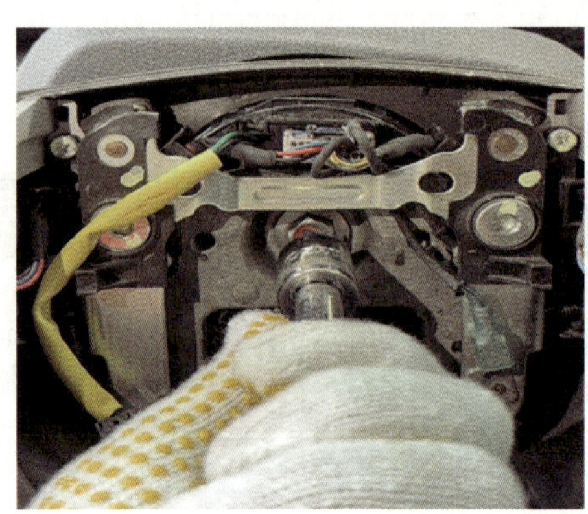

图 4-2-18　转向盘紧固螺栓的拆卸

2）使用专用工具（二爪顶拔器）将转向盘与转向柱分离，如图 4-2-19 所示。

图 4-2-19　转向盘与转向柱的分离

（7）拆卸安全气囊时钟弹簧，拆卸组合开关总成。

（8）按照与拆卸相反的顺序安装新的组合开关总成。

（9）装复安全气囊时钟弹簧、转向盘和驾驶员安全气囊组件。

（10）连接插接器 G02 与组合开关控制模块。

（11）连接蓄电池负极电缆。

（12）使用故障诊断仪消除故障码。

（13）将起动按钮置于 ON 挡位，车辆上电，将组合开关中的灯光开关置于前照灯位置，往前拨灯光开关，组合仪表显示屏正常显示远光灯指示灯。

（14）装复组合开关控制模块外围部件

1）安装组合开关下护罩，确保下护罩两侧面与组合开关本体合上，拧紧下护罩紧固螺钉。

2）安装组合开关上护罩，确保上、下护罩各卡脚一一对应，轻拍至装配牢靠。

3）检查确认外观间隙合格。

任务 3 | 安全气囊控制模块检修

学习目标

1. 能叙述安全气囊系统的功能和组成。
2. 能分析安全气囊控制模块电路。
3. 能对安全气囊控制模块进行自诊断检查。
4. 能检测安全气囊控制模块电源电路和 CAN 总线电路。

●任务描述

某新能源汽车进厂维修，车主反映组合仪表显示屏显示“请检查 SRS 系统”提示，安全气囊警报灯点亮，如图 4-3-1 所示。班组长使用故障诊断仪连接车辆自诊断系统、读取安全气囊控制模块故障码时，故障诊断仪显示“ECU 无响应，通讯中断”，由此初步判断为安全气囊控制模块通信故障，现安排你负责检修。作为一名维修人员，你如何检修上述故障？

图 4-3-1　安全气囊控制模块通信故障的信息显示

●任务分析

组合仪表显示屏显示“请检查 SRS 系统”提示，安全气囊警报灯点亮，说明安全气囊系统出现故障；使用故障诊断仪连接车辆自诊断系统、读取安全气囊控制模块故障码时，故障诊断仪显示“ECU 无响应，通讯中断”，说明安全气囊控制模块通信故障。考虑到安全气囊控制模块与 CAN 总线系统的连接关系，检修内容需要覆盖安全气囊控制模块及其相关电路。

相关知识

一、安全气囊系统的功能

汽车在行驶过程中与其他物体发生的碰撞称为一次碰撞；一次碰撞后，由于惯性，驾乘人员与车内部件发生的碰撞称为二次碰撞。安全气囊系统（SRS）的主要功能是在一次碰撞后、二次碰撞前，迅速打开一个充满气体的气囊，使驾乘人员因惯性移动扑在气囊上，以吸收碰撞能量，减轻伤害程度。

二、安全气囊系统的组成

1. 组成

安全气囊系统主要由碰撞传感器、安全气囊控制模块（SRS ECU）、安全气囊组件和安全带预紧器等组成。

以比亚迪 e5 为例，其安全气囊系统框图如图 4-3-2 所示。

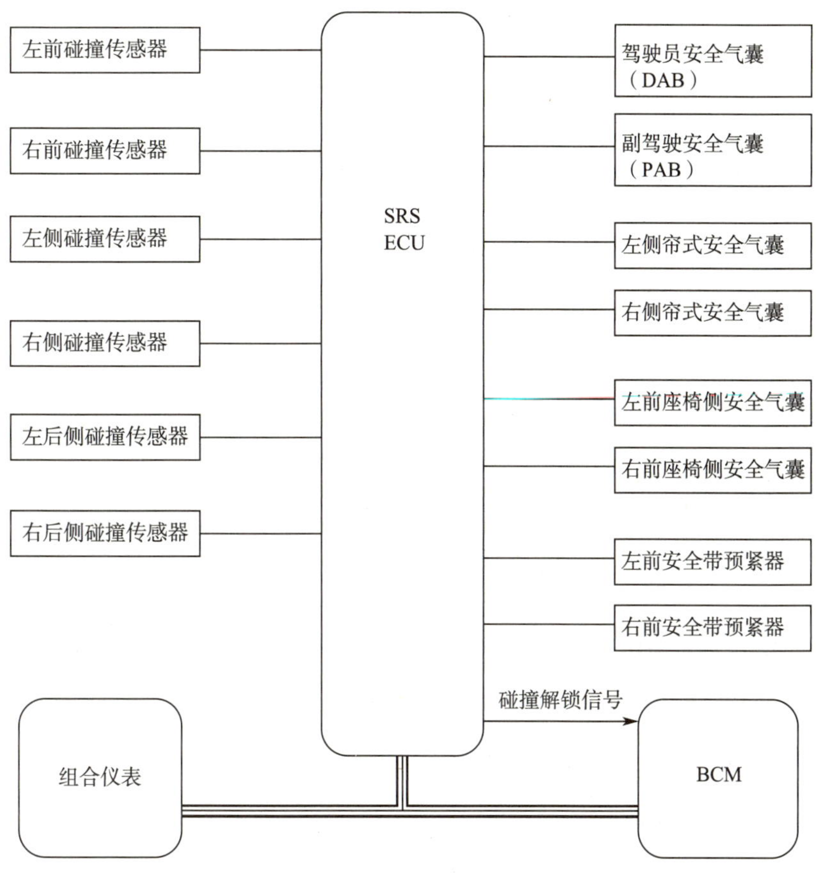

图 4-3-2　安全气囊系统框图

安全气囊控制模块是安全气囊系统的核心部件，用于控制和监测安全气囊系统，如图 4-3-3 所示。

图 4-3-3　安全气囊控制模块

2. 安装位置

以比亚迪 e5 为例，其安全气囊系统主要组成部件的安装位置如图 4-3-4 所示，安全气囊控制模块位于汽车中轴线上，安装在副仪表板的变速杆前方，驾驶员安全气囊（DAB）安装在转向盘内，副驾驶安全气囊（PAB）安装在仪表板右侧饰板内。

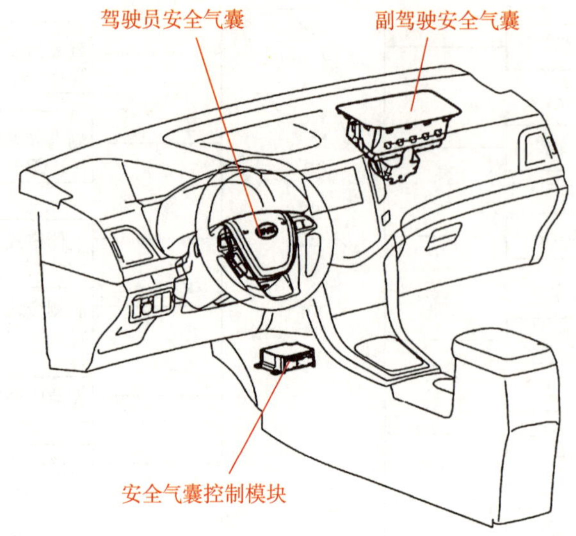

图 4-3-4　安全气囊系统主要组成部件的安装位置

三、安全气囊控制模块的电路

以比亚迪 e5 为例，其安全气囊控制模块电路（局部）如图 4-3-5 所示。

1. 安全气囊控制模块电源电路

安全气囊控制模块由 IG1 电供电，IG1 电电路通过熔丝 F2/29 由插接器 G10/1 端子连接安全气囊控制模块。搭铁电路由插接器 G10/11 端子、插接器 G10/12 端子通过导线连接到 4# 搭铁 Eg04。

熔丝 F2/29 在仪表板配电盒中，如图 4-3-6 所示。

2. 安全气囊控制模块 CAN 总线电路

舒适网支总线 CAN-H、CAN-L 以双绞线的形式分别通过插接器 G10/9 端子、插接器 G10/8 端子连接到安全气囊控制模块。

安全气囊控制模块与网关控制模块、车身控制模块通过舒适网支总线进行连接，网关控制模块、车身控制模块内部均设置有舒适网终端电阻，标准值均为 120 Ω；安全气囊控制模块内部没有终端电阻，网关控制模块、车身控制模块内部的终端电阻在整个舒适网中处于并联状态，因此，安全气囊控制模块外部终端电阻为 60 Ω。

3. 安全气囊控制模块插接器及其端子功能定义

安全气囊控制模块插接器 G10 的外形如图 4-3-7 所示，其部分端子功能定义见表 4-3-1。

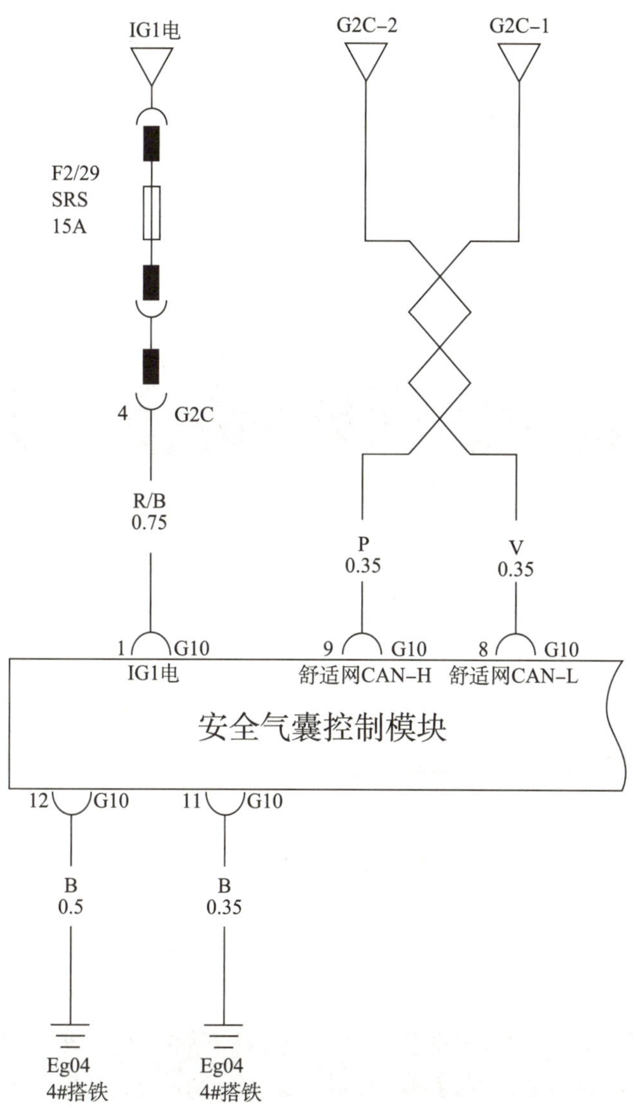

图 4-3-5 安全气囊控制模块电路（局部）

图 4-3-6 熔丝 F2/29 的位置

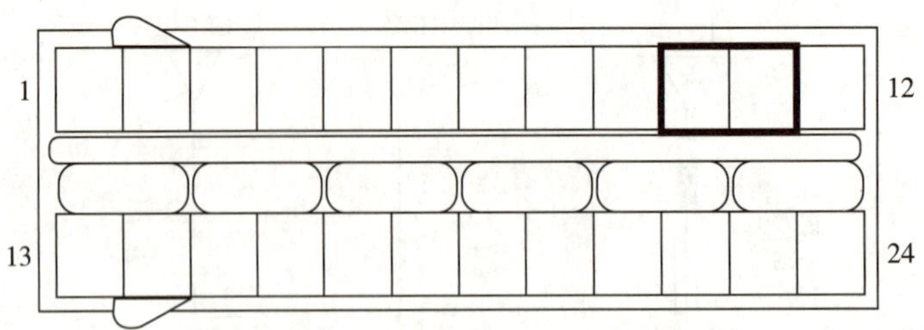

图 4-3-7　安全气囊控制模块插接器 G10 的外形

表 4-3-1　安全气囊控制模块插接器 G10 的部分端子功能定义

端子号	功能定义	端子号	功能定义
G10/1	IG1 电	G10/11	搭铁
G10/8	舒适网 CAN-L	G10/12	搭铁
G10/9	舒适网 CAN-H		

任务实施

一、器材准备

按表 4-3-2 准备任务实施所需的器材。

表 4-3-2　器材清单

类别	名称
工具	数字式万用表、测试线、探针、棘轮手柄、套筒、螺钉旋具、汽车内饰撬板等
设备	实训车辆（以比亚迪 e5 为例）、工具车、零件车、故障诊断仪、示波器等
材料	电工胶布、熔丝等
资料	维修手册、电路图等
其他	安全帽、护目镜、绝缘手套等人员防护用品，翼子板布、座椅套、转向盘套等车辆防护用品，危险警示牌、危险作业隔离带、绝缘垫等现场安全防护设施

二、实施流程

任务实施流程如图 4-3-8 所示。

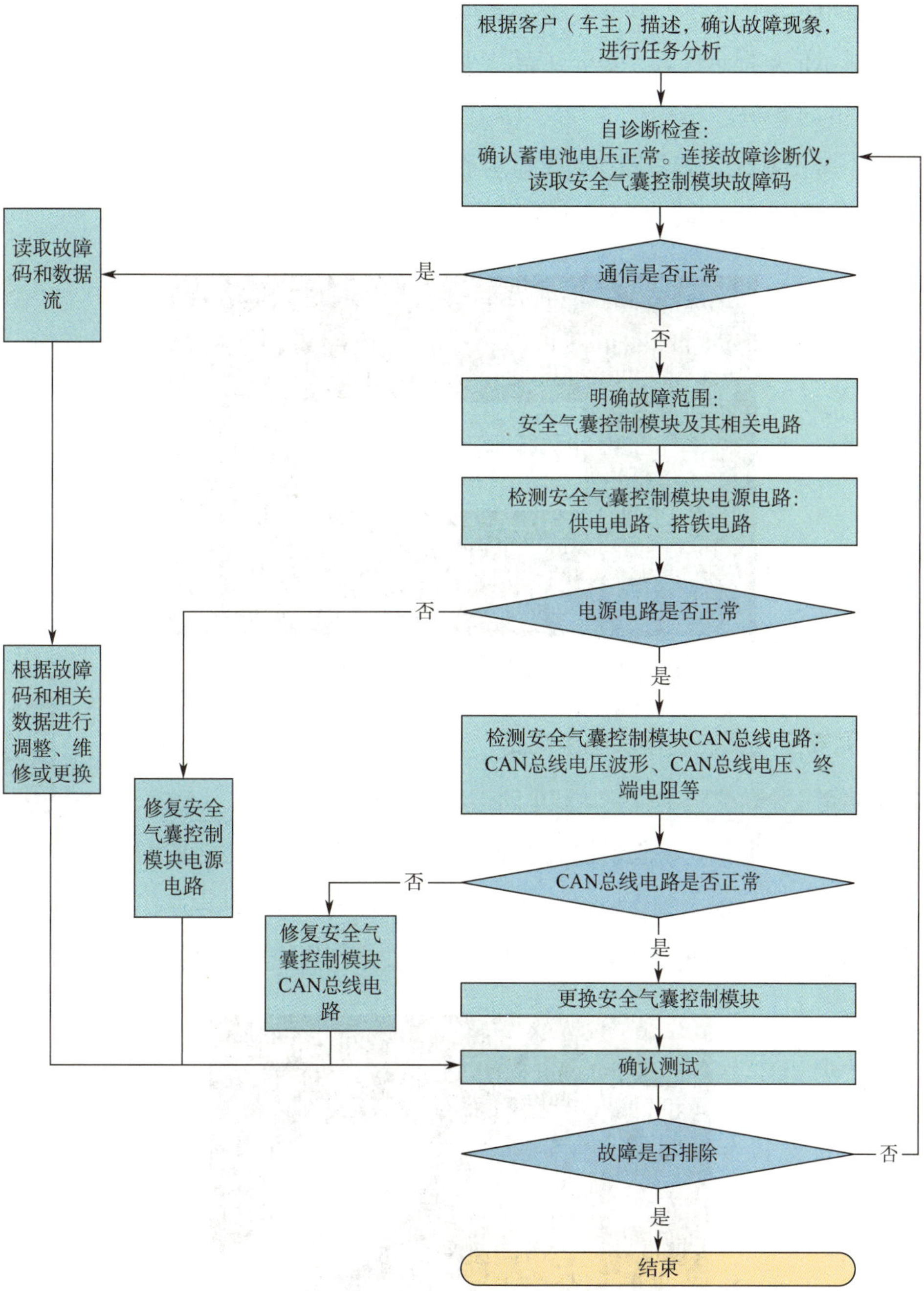

根据客户（车主）描述，确认故障现象，进行任务分析

↓

自诊断检查：
确认蓄电池电压正常。连接故障诊断仪，读取安全气囊控制模块故障码

↓

通信是否正常

- 是 → 读取故障码和数据流 → 根据故障码和相关数据进行调整、维修或更换 → 确认测试
- 否 ↓

明确故障范围：
安全气囊控制模块及其相关电路

↓

检测安全气囊控制模块电源电路：
供电电路、搭铁电路

↓

电源电路是否正常

- 否 → 修复安全气囊控制模块电源电路 → 确认测试
- 是 ↓

检测安全气囊控制模块CAN总线电路：
CAN总线电压波形、CAN总线电压、终端电阻等

↓

CAN总线电路是否正常

- 否 → 修复安全气囊控制模块CAN总线电路 → 确认测试
- 是 ↓

更换安全气囊控制模块

↓

确认测试

↓

故障是否排除

- 否 → 自诊断检查
- 是 ↓

结束

图 4-3-8　任务实施流程

三、检修作业

1. 自诊断检查

确认蓄电池电压正常、故障诊断仪与车辆自诊断系统连接正常后，在故障诊断仪中根据屏幕显示信息提示进入“安全气囊”界面，选择“读取故障码”选项，读取安全气囊控制模块的故障码。

如图 4-3-9 所示，若故障诊断仪显示“ECU 无响应，通讯中断”，则说明无法与安全气囊控制模块进行通信，明确故障范围是安全气囊控制模块及其相关电路。

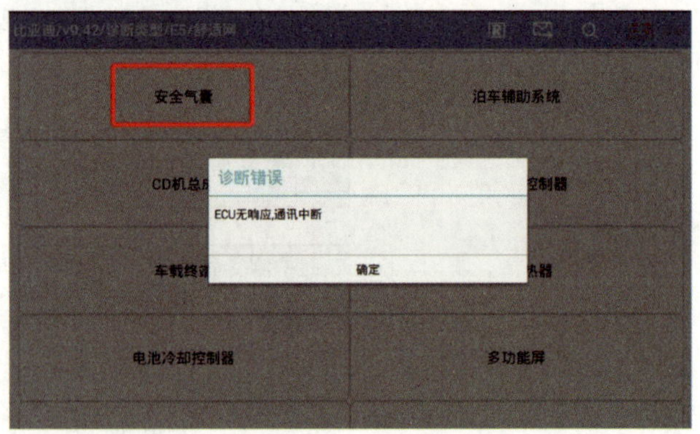

图 4-3-9　安全气囊控制模块故障码的读取

2. 检测安全气囊控制模块电源电路

（1）测量安全气囊控制模块电源电路熔丝对地电压

如图 4-3-10 所示，将起动按钮置于 ON 挡位，按照本模块任务 1 所述熔丝对地电压的测量方法，测量安全气囊控制模块电源电路熔丝 F2/29 对地电压；并将所测得的数值与表 4-3-3 中的标准值进行对比，分析、判断安全气囊控制模块供电是否正常。

图 4-3-10　熔丝 F2/29 对地电压的测量

表 4-3-3　　安全气囊控制模块电源电路熔丝对地电压的标准值

测量部位	说明	条件	标准值 /V
熔丝 F2/29 - 车身搭铁	熔丝对地电压	起动按钮置于 ON 挡位	11 ~ 14

（2）测量安全气囊控制模块插接器电源端子对地电压

为便于测量安全气囊控制模块插接器电源端子对地电压，测量前应先拆卸安全气囊控制模块外围部件，操作步骤如下。

1）将起动按钮置于 OFF 挡位。

2）断开蓄电池负极电缆，等待 10 min。

3）拆卸副仪表板左下、右下护板固定螺栓，拆卸副仪表板左下、右下护板，如图 4-3-11 所示。

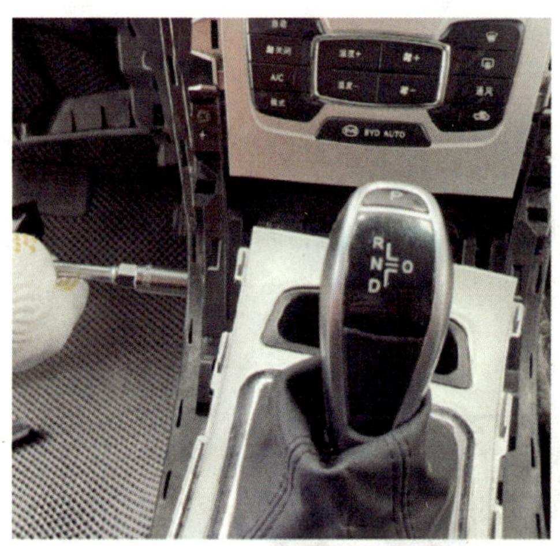

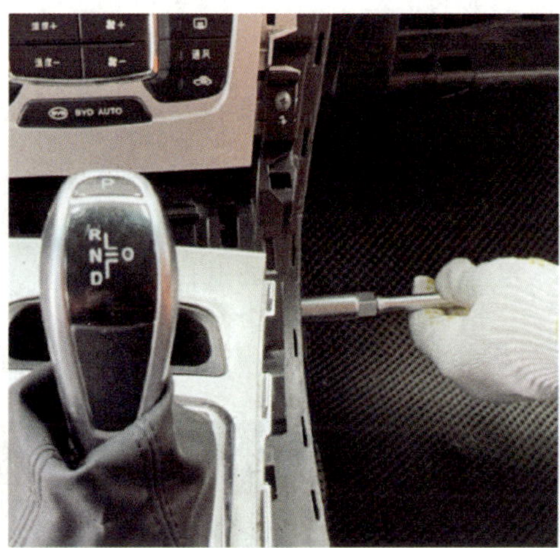

图 4-3-11　副仪表板左下、右下护板的拆卸

4）拆卸安全气囊控制模块支架与管梁连接的固定螺母。

5）拆卸空调中出风口。

6）拆卸乘客侧安全带未系报警预留盖板。

7）拆卸变速杆盖板。

8）拆卸中央置物盒。

9）拆卸多媒体主机。

如图 4-3-12 所示，将起动按钮置 ON 挡位，按照本模块任务 1 所述插接器电源端子对地电压的测量方法，测量安全气囊控制模块插接器 G10/1 端子对地电压；并将所测得的数值与表 4-3-4 中的标准值进行对比，分析、判断安全气囊控制模块供电是否正常。

图 4-3-12　插接器 G10/1 端子对地电压的测量

表 4-3-4　　安全气囊控制模块插接器电源端子对地电压的标准值

测量部位	说明	条件	标准值 /V
插接器 G10/1 端子－车身搭铁	电源端子对地电压	起动按钮置于 ON 挡位	11～14

（3）测量安全气囊控制模块插接器搭铁端子对地电阻

如图 4-3-13 所示，按照本模块任务 1 所述插接器搭铁端子对地电阻的测量方法，测量安全气囊控制模块插接器 G10/11（搭铁）端子对地电阻；采用同样的方法测量插接器 G10/12（搭铁）端子对地电阻；并将所测得的数值与表 4-3-5 中的标准值进行对比，分析、判断安全气囊控制模块搭铁是否正常。

图 4-3-13　插接器 G10/11 端子对地电阻的测量

表 4-3-5　　安全气囊控制模块插接器搭铁端子对地电阻的标准值

<table>
<tr><th>测量部位</th><th>说明</th><th>条件</th><th>标准值 /Ω</th></tr>
<tr><td>插接器 G10/11 端子－车身搭铁</td><td rowspan="2">搭铁端子对地电阻</td><td rowspan="2">起动按钮置于 OFF 挡位，断开蓄电池负极电缆</td><td rowspan="2"><1</td></tr>
<tr><td>插接器 G10/12 端子－车身搭铁</td></tr>
</table>

3. 检测安全气囊控制模块 CAN 总线电路

（1）检测安全气囊控制模块 CAN 总线电压波形

以比亚迪 e5 为例，其安全气囊控制模块插接器是闭合保护型的，采用一般方法无法背插，必须借助汽车生产厂家专业工具。这种情况必须联系汽车生产厂家技术部门进行处理。

（2）测量安全气囊控制模块 CAN 总线电压（外部）

1）测量前准备

①将起动按钮置于 OFF 挡位。

②断开蓄电池负极电缆，等待 10 min。

③断开插接器 G10 与安全气囊控制模块的连接。

④在插接器 G10/9（舒适网 CAN-H）端子、插接器 G10/8（舒适网 CAN-L）端子前端针孔处插上探针。

⑤连接蓄电池负极电缆。

⑥将起动按钮置于 ON 挡位。

2）操作仪表。将数字式万用表置于直流电压挡，黑表笔接车身搭铁，红表笔先后接插接器 G10/9 端子、插接器 G10/8 端子上的探针，当显示屏显示数值稳定时，按下“HOLD”键。

3）读取测量值。如图 4-3-14 所示，测量安全气囊控制模块 CAN 总线电压；将所测得的数值与表 4-3-6 中的标准值进行对比，分析、判断安全气囊控制模块 CAN 总线数据传输线是否正常。

a）

b）

图 4-3-14 安全气囊控制模块 CAN 总线电压的测量

a）CAN-H 对地电压 b）CAN-L 对地电压

表 4-3-6　　安全气囊控制模块 CAN 总线电压的标准值

测量部位	说明	条件	标准值 /V
插接器 G10/9 端子 - 车身搭铁	舒适网 CAN-H 对地电压	起动按钮置于 ON 挡位	2.5 ~ 3.5
插接器 G10/8 端子 - 车身搭铁	舒适网 CAN-L 对地电压		1.5 ~ 2.5

（3）测量安全气囊控制模块外部终端电阻

1）测量前准备

①将起动按钮置于 OFF 挡位。

②断开蓄电池负极电缆，等待 10 min。

③断开插接器 G10 与安全气囊控制模块的连接。

④在插接器 G10/9 端子、插接器 G10/8 端子前端针孔处插上探针。

2）操作仪表。将数字式万用表置于电阻挡，红、黑表笔分别接插接器 G10/9 端子、插接器 G10/8 端子上的探针，当显示屏显示数值稳定时，按下“HOLD”键。

3）读取测量值。如图 4-3-15 所示，测量安全气囊控制模块外部终端电阻；将所测得的数值与表 4-3-7 中的标准值进行对比，分析、判断安全气囊控制模块 CAN 总线数据传输线是否正常。

图 4-3-15　安全气囊控制模块外部终端电阻的测量

表 4-3-7　　安全气囊控制模块外部终端电阻的标准值

测量部位	说明	条件	标准值 /Ω
插接器 G10/9 端子 - 插接器 G10/8 端子	安全气囊控制模块外部终端电阻	起动按钮置于 OFF 挡位，断开蓄电池负极电缆	约 60

4. 更换安全气囊控制模块

如果经过以上检测确认安全气囊控制模块电源电路、CAN 总线电路均正常，则可以判定故障部位是安全气囊控制模块本身，可采用替换法进行修复，操作步骤如下。

（1）将起动按钮置于 OFF 挡位。

（2）断开蓄电池负极电缆，等待 10 min。

（3）拆卸安全气囊控制模块外围部件。

（4）断开插接器 G10 与安全气囊控制模块的连接。

（5）使用螺钉旋具拆卸安全气囊控制模块紧固螺钉（见图 4-3-16），取出安全气囊控制模块。

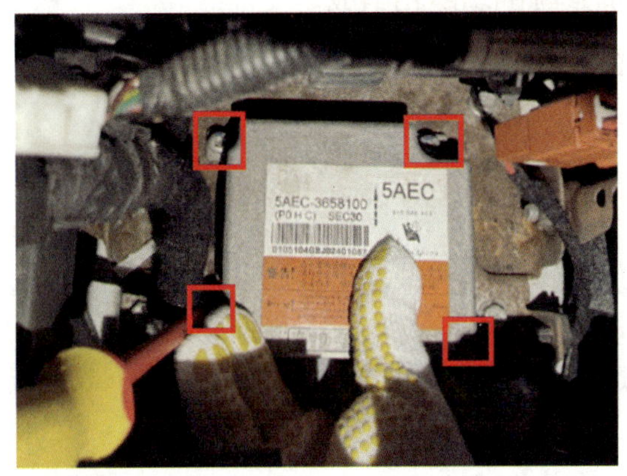

图 4-3-16　安全气囊控制模块紧固螺钉的位置

（6）按照与拆卸相反的顺序安装新的安全气囊控制模块。

提示：安全气囊控制模块紧固螺钉拧紧力矩为 20 N·m。

（7）连接插接器 G10 与安全气囊控制模块。

（8）连接蓄电池负极电缆。

（9）使用故障诊断仪消除故障码。

（10）将起动按钮置于 ON 挡位，车辆上电，确认组合仪表显示屏显示正常，安全气囊警报灯熄灭。

（11）装复安全气囊控制模块外围部件

1）安装多媒体主机。

2）安装中央置物盒。

3）安装变速杆盖板。

4）安装乘客侧安全带未系报警预留盖板。

5）安装空调中出风口。

6）安装安全气囊控制模块支架与管梁连接的固定螺母。

7）安装副仪表板左下、右下护板。

任务 4 | 电动车窗控制模块检修

学习目标

1. 能叙述电动车窗系统的功能和组成。
2. 能分析电动车窗控制模块电路。
3. 能对电动车窗控制模块进行自诊断检查。
4. 能检测电动车窗控制模块电源电路和 CAN 总线电路。

●任务描述

某新能源汽车进厂维修，车主反映踩下制动踏板、将起动按钮置于 ON 挡位后，OK 指示灯未点亮（车辆无法上电），电动车窗控制总开关不能控制左前车门玻璃升降，组合仪表显示屏无法显示动力电池剩余电量，主故障灯、动力系统故障警报灯、ABS 故障指示灯点亮，如图 4-4-1 所示。班组长使用故障诊断仪连接车辆自诊断系统、读取电动车窗控制模块故障码时，故障诊断仪显示“ECU 无响应，通讯中断”，由此初步判断为电动车窗控制模块通信故障，现安排你负责检修。作为一名维修人员，你如何检修上述故障？

图 4-4-1　电动车窗控制模块通信故障的信息显示

任务分析

OK 指示灯未点亮，组合仪表显示屏无法显示动力电池剩余电量，多个系统故障指示灯同时点亮，说明多个 CAN 总线系统出现通信故障；电动车窗控制总开关不能控制左前车门玻璃升降，说明电动车窗系统出现故障；使用故障诊断仪连接车辆自诊断系统、读取电动车窗控制模块故障码时，故障诊断仪显示“ECU 无响应，通讯中断”，说明电动车窗控制模块通信故障，导致玻璃升降器电机不能工作。考虑到电动车窗控制模块与 CAN 总线系统的连接关系，检修内容需要覆盖电动车窗控制模块及其相关电路。

相关知识

一、电动车窗系统的功能

电动车窗系统的功能主要包括自动控制车门玻璃、防夹、延时、失效保护、电机过热保护等。

1. 自动控制车门玻璃

电动车窗系统通过控制开关和控制模块改变玻璃升降器电机的电流方向，实现车门玻璃的升降。在驾驶员位置，可以通过左前车门内饰板上的电动车窗控制总开关来操作各车门玻璃升降，其他位置可以通过对应车门内饰板上的电动车窗控制分开关来操作车门玻璃升降。

2. 防夹

防夹功能是电动车窗系统的重要安全配置，以防止电动车窗在关闭过程中夹伤乘员或损坏物品。防夹功能通常通过安装防夹装置来实现，防夹装置能够感知电动车窗在关闭时遇到的阻力。当车门玻璃遇到轻微阻力如夹到手指或物体时，防夹装置立即停止车门玻璃的上升或改变车门玻璃的升降行程。

3. 延时

前车门关闭，起动按钮从 ON 挡位切换至 OFF 挡位后的 10 min 内，电动车窗控制开关仍然可以工作，控制车门玻璃升降。一旦打开任意一个车门，延时功能失效。

4. 失效保护

失效保护是一种故障检测和安全机制，用于电动车窗系统出现故障时保护乘员和车辆。失效保护包括以下两个方面：

（1）位置信息失效保护

电动车窗系统通过传感器等检测车门玻璃的位置、速度和方向。如果传感器出现故障或检测到的位置信息与实际不符，电动车窗系统进入失效模式，停止车门玻璃的自动操作，以防止意外发生。

（2）电机驱动控制失效保护

在自动操作时，为了防止电机长时间连续运转导致过热或损坏，电动车窗系统对电机及其电路进行失效保护。如果电机出现异常，电动车窗系统立即停止其运转，以保护电机及其电路的安全。

5. 电机过热保护

电机过热保护功能的目的是防止电机在长时间运转过程中因过热而损坏，通常通过以下两种方式实现：

（1）硬件热保护

在电机的内部集成热敏电阻，当电机温度达到设定值时，热敏电阻触发保护机制，停止电机的运转，以防止电机过热。

（2）软件热保护

防夹装置内部集成热保护算法，当检测到电机温度达到设定值时，进入软件热保护状态，停止电动车窗的运转，以保护电机。

二、电动车窗系统的组成

1. 组成

电动车窗系统主要由电动车窗控制开关（又称玻璃升降器开关）、电动车窗控制模块和玻璃升降器总成（包括玻璃升降器电机和玻璃升降器）等组成。

以比亚迪 e5 为例，其电动车窗系统框图如图 4-4-2 所示。

电动车窗控制模块是电动车窗系统的核心部件，集成在左前玻璃升降器开关组（即电动车窗控制总开关）内，如图 4-4-3 所示。

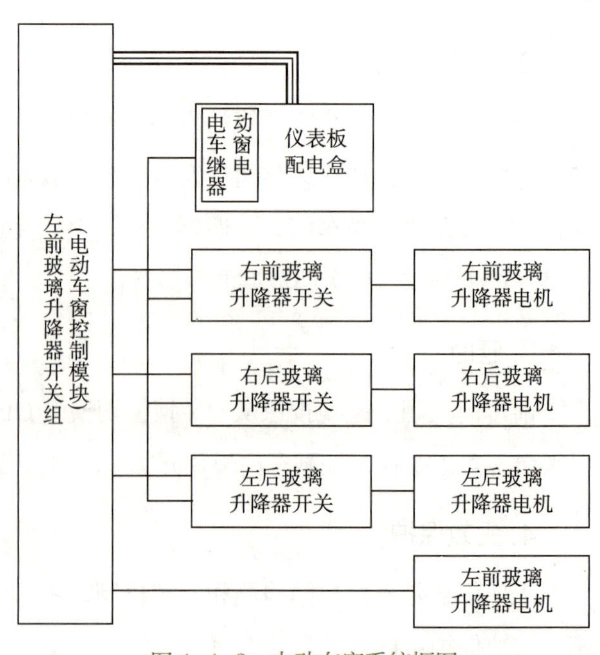

图 4-4-2　电动车窗系统框图

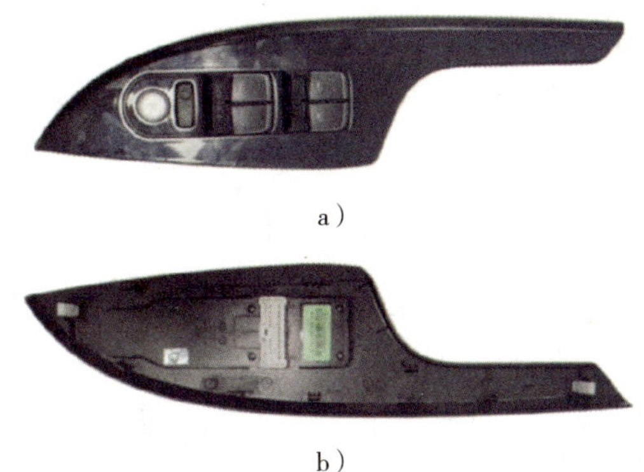

a）

b）

图 4-4-3　左前玻璃升降器开关组

a）正面　b）背面

2. 安装位置

以比亚迪 e5 为例，其电动车窗控制开关的位置如图 4-4-4 所示，玻璃升降器总成的位置如图 4-4-5 所示。

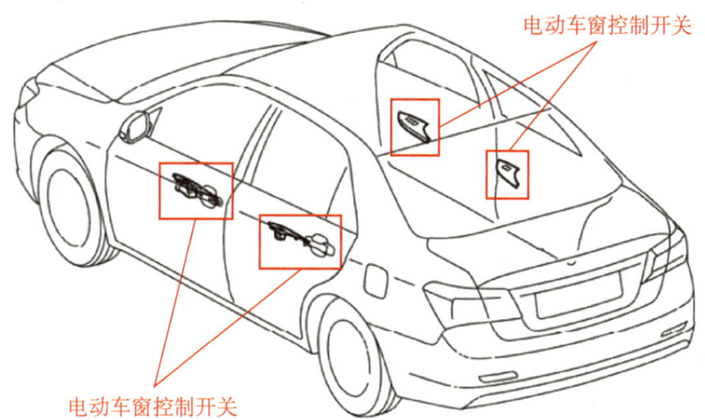

图 4-4-4　电动车窗控制开关的位置

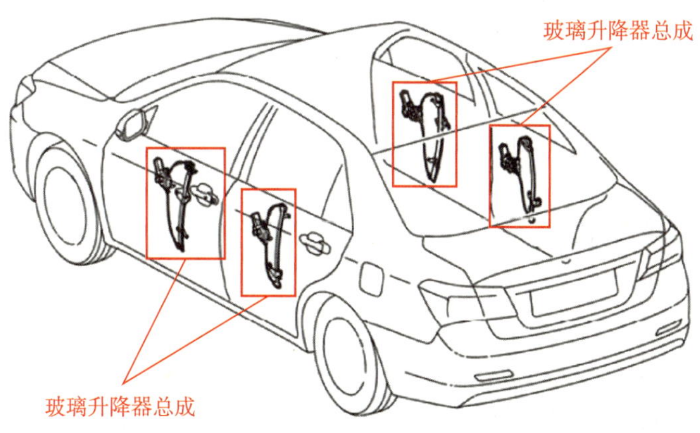

图 4-4-5　玻璃升降器总成的位置

三、电动车窗控制模块的电路

以比亚迪 e5 为例，其电动车窗控制模块电路（局部）如图 4-4-6 所示。

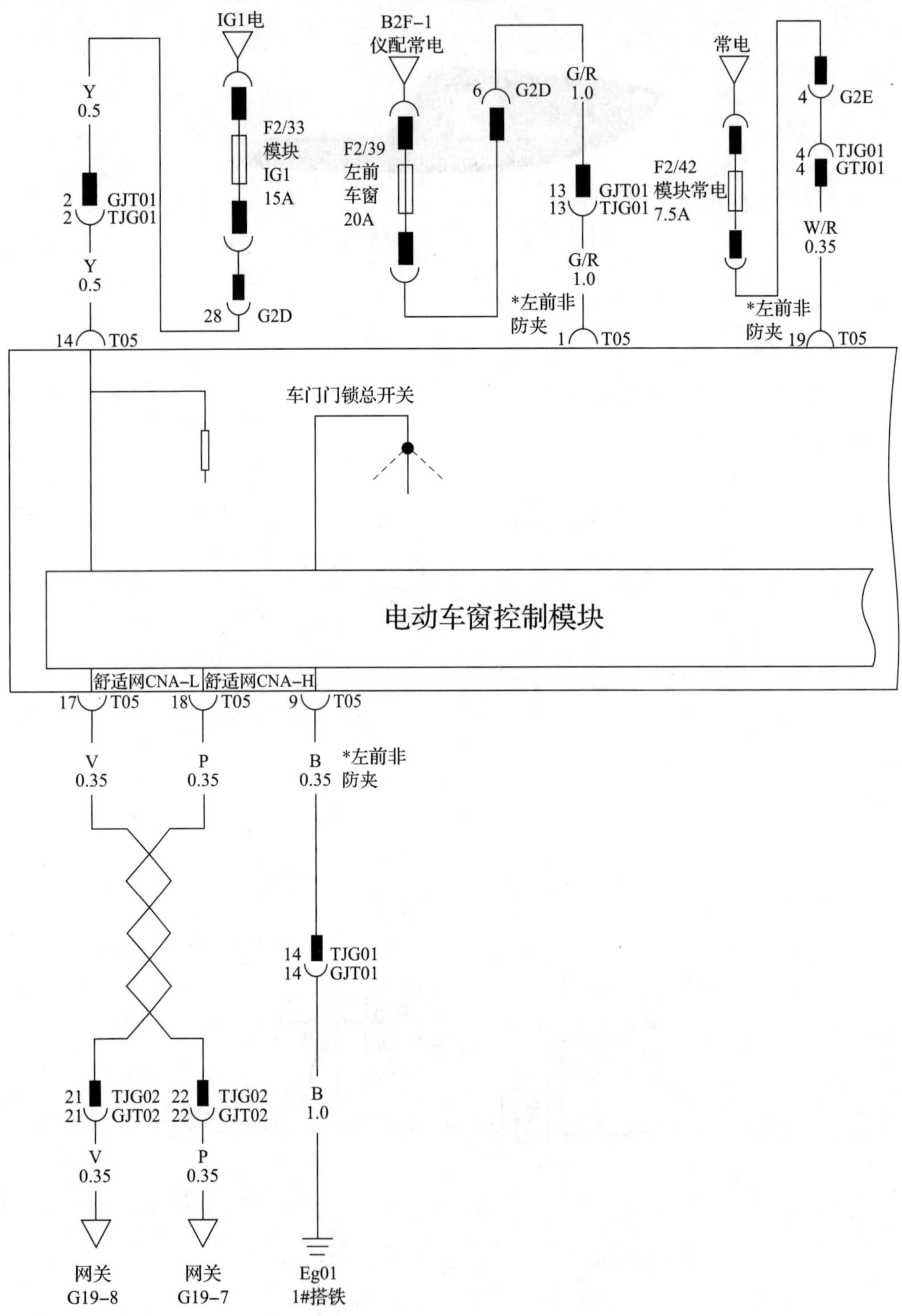

图 4-4-6　电动车窗控制模块电路（局部）

1. 电动车窗控制模块电源电路

电动车窗控制模块由常电、仪配常电、IG1 电供电，常电电路通过熔丝 F2/42 由插接器 T05/19 端子连接电动车窗控制模块，仪配常电电路通过熔丝 F2/39 由插接器 T05/1 端子连接电动车窗控制模块，IG1 电电路通过熔丝 F2/33 由插接器 T05/14 端子连接电动车窗控制模块。搭铁电路由插接器 T05/9 端子通过导线连接到 1# 搭铁 Eg01。

熔丝 F2/42、F2/39、F2/33 在仪表板配电盒内，如图 4-4-7 所示。

图 4-4-7 熔丝 F2/42、F2/39、F2/33 的位置

2. 电动车窗控制模块 CAN 总线电路

舒适网支总线 CAN-H、CAN-L 以双绞线的形式分别通过插接器 T05/18 端子、插接器 T05/17 端子连接到电动车窗控制模块。

电动车窗控制模块与网关控制模块、车身控制模块通过舒适网支总线进行连接，网关控制模块、车身控制模块内部均设置有舒适网终端电阻，标准值均为 120 Ω；电动车窗控制模块内部没有终端电阻，网关控制模块、车身控制模块内部的终端电阻在整个舒适网中处于并联状态，因此，电动车窗控制模块外部终端电阻为 60 Ω。

3. 电动车窗控制模块插接器及其端子功能定义

电动车窗控制模块插接器 T05 的外形如图 4-4-8 所示，其部分端子功能定义见表 4-4-1。

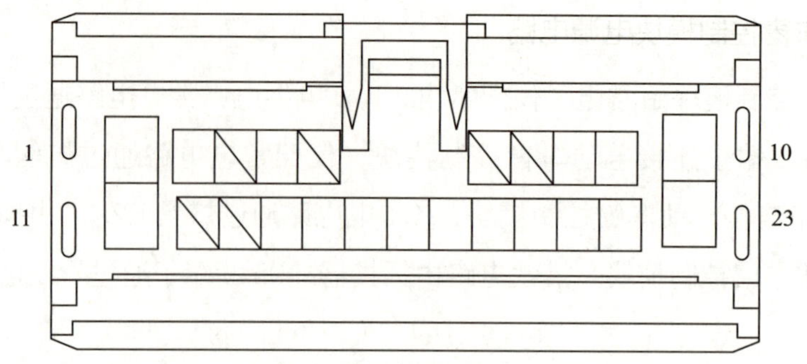

图 4-4-8　电动车窗控制模块插接器 T05 的外形

表 4-4-1　　电动车窗控制模块插接器 T05 的部分端子功能定义

端子号	功能定义	端子号	功能定义
T05/1	仪配常电	T05/17	舒适网 CAN-L
T05/9	搭铁	T05/18	舒适网 CAN-H
T05/14	IG1 电	T05/19	常电

任务实施

一、器材准备

按表 4-4-2 准备任务实施所需的器材。

表 4-4-2　　器材清单

类别	名称
工具	数字式万用表、测试线、探针、棘轮手柄、套筒、螺钉旋具、汽车内饰撬板等
设备	实训车辆（以比亚迪 e5 为例）、工具车、零件车、故障诊断仪、示波器等
材料	电工胶布、熔丝等
资料	维修手册、电路图等
其他	安全帽、护目镜、绝缘手套等人员防护用品，翼子板布、座椅套、转向盘套等车辆防护用品，危险警示牌、危险作业隔离带、绝缘垫等现场安全防护设施

二、实施流程

任务实施流程如图 4-4-9 所示。

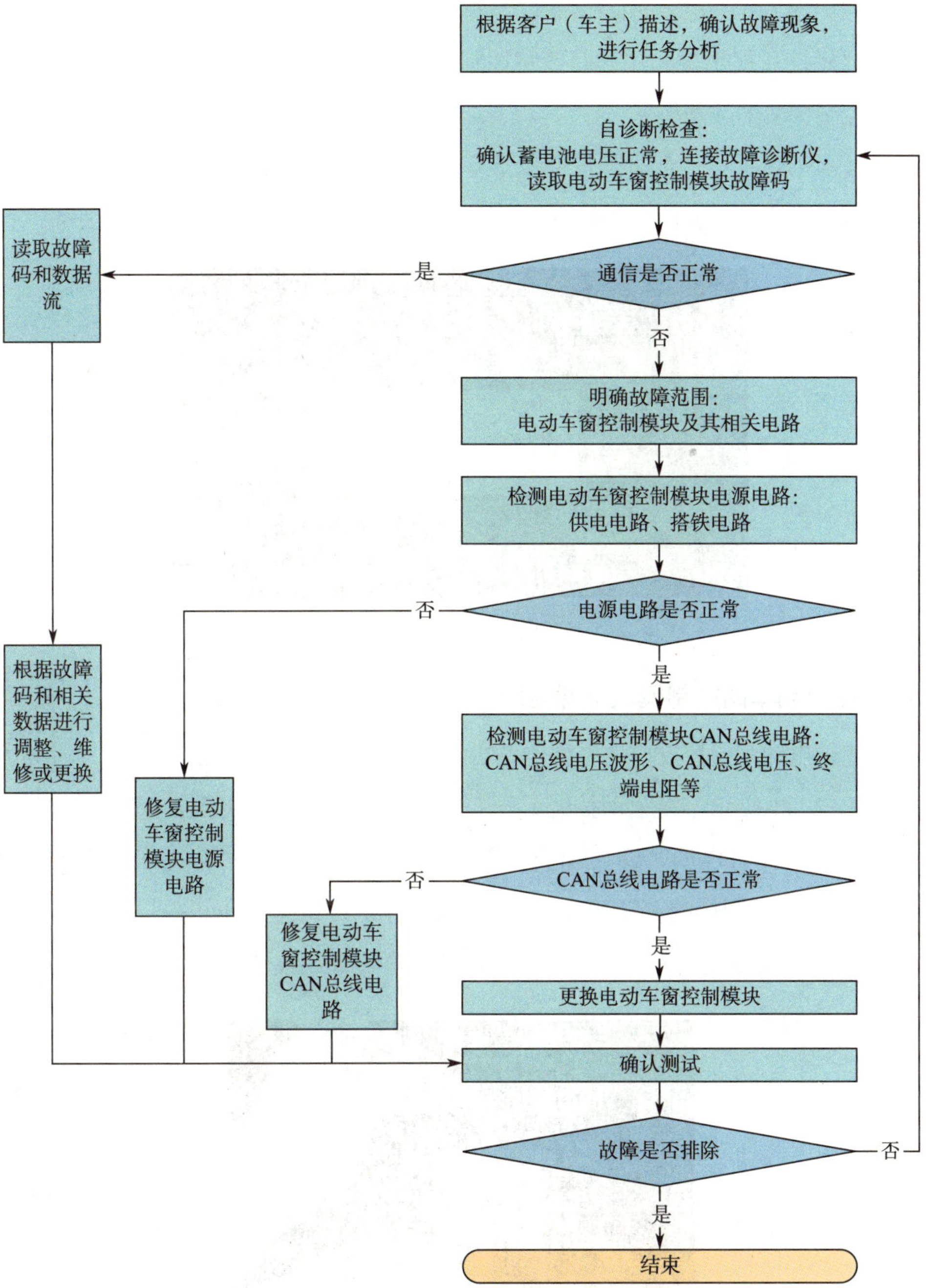

```mermaid
flowchart TD
    A[根据客户（车主）描述，确认故障现象，进行任务分析] --> B[自诊断检查：确认蓄电池电压正常，连接故障诊断仪，读取电动车窗控制模块故障码]
    B --> C{通信是否正常}
    C -- 是 --> D[读取故障码和数据流]
    D --> E[根据故障码和相关数据进行调整、维修或更换]
    C -- 否 --> F[明确故障范围：电动车窗控制模块及其相关电路]
    F --> G[检测电动车窗控制模块电源电路：供电电路、搭铁电路]
    G --> H{电源电路是否正常}
    H -- 否 --> I[修复电动车窗控制模块电源电路]
    H -- 是 --> J[检测电动车窗控制模块CAN总线电路：CAN总线电压波形、CAN总线电压、终端电阻等]
    J --> K{CAN总线电路是否正常}
    K -- 否 --> L[修复电动车窗控制模块CAN总线电路]
    K -- 是 --> M[更换电动车窗控制模块]
    M --> N[确认测试]
    E --> N
    I --> N
    L --> N
    N --> O{故障是否排除}
    O -- 否 --> B
    O -- 是 --> P([结束])
```

图 4-4-9 任务实施流程

三、检修作业

1. 自诊断检查

确认蓄电池电压正常、故障诊断仪与车辆自诊断系统连接正常后，在故障诊断仪中根据屏幕显示信息提示进入“车门多路控制器”界面，选择“读取故障码”选项，读取电动车窗控制模块的故障码。

如图 4-4-10 所示，若故障诊断仪显示“ECU 无响应，通讯中断”，则说明无法与电动车窗控制模块进行通信，明确故障范围是电动车窗控制模块及其相关电路。

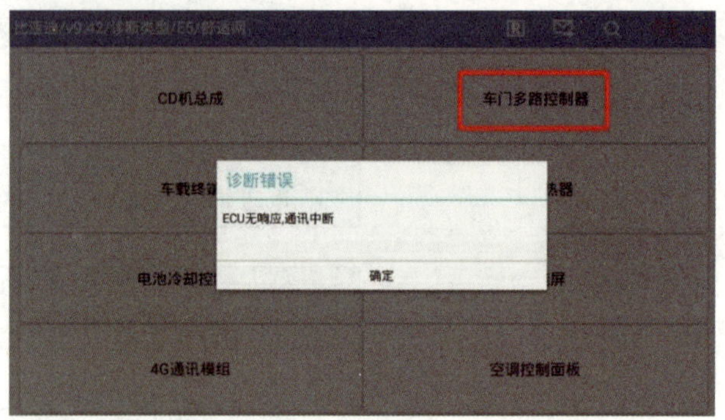

图 4-4-10　电动车窗控制模块故障码的读取

2. 检测电动车窗控制模块电源电路

（1）测量电动车窗控制模块电源电路熔丝对地电压

如图 4-4-11 所示，将起动按钮置于 ON 挡位，按照本模块任务 1 所述熔丝对地电压的测量方法，测量电动车窗控制模块电源电路熔丝 F2/33 对地电压；将起动按钮置于 OFF 挡位，采用同样的方法测量熔丝 F2/42、F2/39 对地电压；并将所测得的数值与表 4-4-3 中的标准值进行对比，分析、判断电动车窗控制模块供电是否正常。

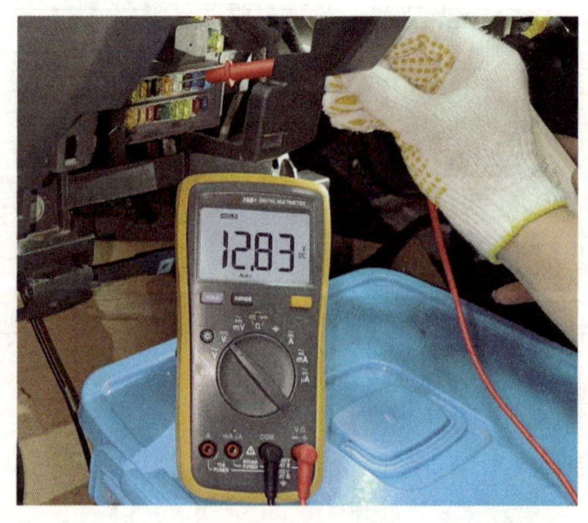

图 4-4-11　熔丝 F2/33 对地电压的测量

表 4-4-3　　电动车窗控制模块电源电路熔丝对地电压的标准值

测量部位	说明	条件	标准值 /V
熔丝 F2/33 - 车身搭铁	熔丝对地电压	起动按钮置于 ON 挡位	11 ~ 14
熔丝 F2/42 - 车身搭铁		起动按钮置于 OFF 挡位	
熔丝 F2/39 - 车身搭铁			

（2）测量电动车窗控制模块插接器电源端子对地电压

为便于测量电动车窗控制模块插接器电源端子对地电压，测量前应先拆卸电动车窗控制模块外围部件，操作步骤如下。

1）将起动按钮置于 OFF 挡位。

2）断开蓄电池负极电缆，等待 5 min。

3）使用一字旋具从后端向上撬起并拆出左前玻璃升降器开关组。

4）断开左前玻璃升降器开关组的插接器。

5）取下左前玻璃升降器开关组。

如图 4-4-12 所示，将起到按钮置于 ON 挡位，按照本模块任务 1 所述插接器电源端子对地电压的测量方法，测量电动车窗控制模块插接器 T05/14（IG1 电）端子对地电压；将起动按钮置于 OFF 挡位，采用同样的方法测量插接器 T05/19（常电）端子、插接器 T05/1（仪配常电）端子对地电压；并将所测得的数值与表 4-4-4 中的标准值进行对比，分析、判断电动车窗控制模块供电是否正常。

图 4-4-12　插接器 T05/14 端子对地电压的测量

表 4-4-4　　电动车窗控制模块插接器电源端子对地电压的标准值

测量部位	说明	条件	标准值 /V
插接器 T05/14 端子 - 车身搭铁	电源端子对地电压	起动按钮置于 ON 挡位	11 ~ 14
插接器 T05/19 端子 - 车身搭铁		起动按钮置于 OFF 挡位	
插接器 T05/1 端子 - 车身搭铁			

（3）测量电动车窗控制模块插接器搭铁端子对地电阻

如图 4-4-13 所示，按照本模块任务 1 所述插接器搭铁端子对地电阻的测量方法，测量电动车窗控制模块插接器 T05/9（搭铁）端子对地电阻；并将所测得的数值与表 4-4-5 中的标准值进行对比，分析、判断电动车窗控制模块搭铁是否正常。

图 4-4-13　插接器 T05/9 端子对地电阻的测量

表 4-4-5　　电动车窗控制模块插接器搭铁端子对地电阻的标准值

测量部位	说明	条件	标准值 /Ω
插接器 T05/9 端子 - 车身搭铁	搭铁端子对地电阻	起动按钮置于 OFF 挡位，断开蓄电池负极电缆	<1

3. 检测电动车窗控制模块 CAN 总线电路

（1）检测电动车窗控制模块 CAN 总线电压波形

1）测量前准备

①将起动按钮置于 OFF 挡位。

②断开蓄电池负极电缆，等待 5 min。

③在插接器 T05/18（舒适网 CAN-H）端子、插接器 T05/17（舒适网 CAN-L）端子后端引线处插上探针。

④将示波器通道 CH1、CH2 表笔分别连接插接器 T05/18 端子、插接器 T05/17 端子上的探针。

⑤连接蓄电池负极电缆。

⑥将起动按钮置于 ON 挡位。

2）操作仪器。接通示波器电源开关，调整波形的频率、幅值至合适区域，固定并存储所测量的串行数据。

3）读取测量值。如图 4-4-14 所示，测量电动车窗控制模块 CAN 总线电压波形；将所测得的波形与正常波形进行对比，分析、判断电动车窗控制模块 CAN 总线数据传输线是否正常。如果所测得的波形为异常波形，则参考模块一任务 2 中的异常波形，进一步确定故障类型。

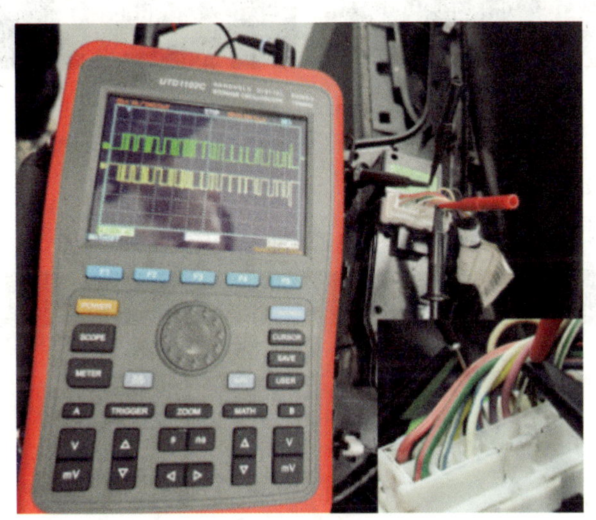

图 4-4-14　电动车窗控制模块 CAN 总线电压波形的测量

（2）测量电动车窗控制模块 CAN 总线电压

1）测量前准备

①将起动按钮置于 OFF 挡位。

②断开蓄电池负极电缆，等待 5 min。

③在插接器 T05/18 端子、插接器 T05/17 端子后端引线处插上探针。

④连接蓄电池负极电缆。

⑤将起动按钮置于 ON 挡位。

2）操作仪表。将数字式万用表置于直流电压挡，黑表笔接车身搭铁，红表笔先后接插接器 T05/18 端子、插接器 T05/17 端子上的探针，当显示屏显示数值稳定时，按下“HOLD”键。

3）读取测量值。如图 4-4-15 所示，测量电动车窗控制模块 CAN 总线电压；将所测得的数值与表 4-4-6 中的标准值进行对比，分析、判断电动车窗控制模块 CAN 总线数据传输线是否正常。

a）

b）

图 4-4-15　电动车窗控制模块 CAN 总线电压的测量

a）CAN-H 对地电压　b）CAN-L 对地电压

表 4-4-6　　电动车窗控制模块 CAN 总线电压的标准值

测量部位	说明	条件	标准值 /V
插接器 T05/18 端子 - 车身搭铁	舒适网 CAN-H 对地电压	起动按钮置于 ON 挡位	2.5 ~ 3.5
插接器 T05/17 端子 - 车身搭铁	舒适网 CAN-L 对地电压		1.5 ~ 2.5

（3）测量电动车窗控制模块外部终端电阻

1）测量前准备

①将起动按钮置于 OFF 挡位。

②断开蓄电池负极电缆，等待 5 min。

③断开插接器 T05 与电动车窗控制模块的连接。

④在插接器 T05/18 端子、插接器 T05/17 端子前端针孔处插上探针。

2）操作仪表。将数字式万用表置于电阻挡，红、黑表笔分别接插接器 T05/18 端子、插接器 T05/17 端子上的探针，当显示屏显示数值稳定时，按下“HOLD”键。

3）读取测量值。如图 4-4-16 所示，测量电动车窗控制模块外部终端电阻；将所测得的数值与表 4-4-7 中的标准值进行对比，分析、判断电动车窗控制模块 CAN 总线数据传输线是否正常。

图 4-4-16　电动车窗控制模块外部终端电阻的测量

表 4-4-7　　电动车窗控制模块外部终端电阻的标准值

测量部位	说明	条件	标准值 /Ω
插接器 T05/18 端子 - 插接器 T05/17 端子	电动车窗控制模块外部终端电阻	起动按钮置于 OFF 挡位，断开蓄电池负极电缆	约 60

4. 更换电动车窗控制模块

如果经过以上检测确认电动车窗控制模块电源电路、CAN 总线电路均正常，则可以判定故障部位是电动车窗控制模块本身，可采用替换法进行修复，操作步骤如下。

（1）将起动按钮置于 OFF 挡位。

（2）断开蓄电池负极电缆，等待 5 min。

（3）拆卸电动车窗控制模块外围部件。

（4）断开插接器 T05 与电动车窗控制模块的连接。

（5）使用 10 号套筒拆卸电动车窗控制模块紧固螺栓，取出电动车窗控制模块。

（6）按照与拆卸相反的顺序安装新的电动车窗控制模块。

（7）连接插接器 T05 与电动车窗控制模块。

（8）连接蓄电池负极电缆。

（9）使用故障诊断仪消除故障码。

（10）将起动按钮置于 ON 挡位，车辆上电，确认组合仪表显示屏中的故障指示灯熄灭，左前玻璃升降器开关组可以控制左前车门玻璃升降，电动车窗功能正常。

（11）装复电动车窗控制模块外围部件。将左前玻璃升降器开关组安装到位。

任务 5 | 多媒体控制模块检修

学习目标

1. 能叙述多媒体系统的功能和组成。
2. 能分析多媒体控制模块电路。
3. 能对多媒体控制模块进行自诊断检查。
4. 能检测多媒体控制模块电源电路和 CAN 总线电路。

任务描述

某新能源汽车进厂维修，车主反映踩下制动踏板、将起动按钮置于 ON 挡位后，OK 指示灯点亮，但多媒体主机一直处于黑屏状态，无法进入多媒体系统，如图 4-5-1 所示。班组长使用故障诊断仪连接车辆自诊断系统、读取多媒体系统版本信息时，故障诊断仪显示“ECU 无响应，通讯中断”，由此初步判断为多媒体控制模块通信故障，现安排你负责检修。作为一名维修人员，你如何检修上述故障？

图 4-5-1　多媒体主机黑屏故障

任务分析

踩下制动踏板、将起动按钮置于 ON 挡位后，OK 指示灯点亮，说明 ACC 电和高压供电正常；多媒体主机一直处于黑屏状态，无法进入多媒体系统，说明多媒体系统出现故障；使用故障诊断仪连接车辆自诊断系统、读取多媒体系统版本信息时，故障诊断仪显示“ECU 无响应，通讯中断”，说明多媒体控制模块通信故障，无法检测到多媒体系统信息。考虑到多媒体控制模块与 CAN 总线系统的连接关系，且多媒体控制模块集成在多媒体主机内，检修内容需要覆盖多媒体主机及多媒体控制模块相关电路。

相关知识

一、多媒体系统的功能

汽车多媒体系统是集成多种功能的综合性车载电子系统，最初是由音响设备发展而来的，经过不断的演变，目前已成为集娱乐、通信与导航、辅助驾驶、信息反馈与控制等多种功能于一体的综合系统。

1. 娱乐

娱乐功能是多媒体系统最基础的功能，如音频和视频文件的播放。用户可以通过多媒体系统播放音乐、收听广播、观看视频等，为驾驶和乘车过程提供丰富的娱乐体验。

2. 通信与导航

多媒体系统通常都具备蓝牙连接、电话拨打与接听等功能，以便驾驶员在行车过程中也能与外界保持联系。导航功能也是多媒体系统的重要组成部分，可以帮助驾驶员规划路线、避开拥堵、找到目的地等。

3. 辅助驾驶

随着汽车技术的不断发展，多媒体系统逐渐具备更多的辅助驾驶功能，如定速巡航设置、车况信息显示、路况信息查询等，可以帮助驾驶员更好地掌控车辆和行驶环境。

4. 信息反馈与控制

多媒体系统可以通过多功能显示屏对车辆的多方面设置进行控制，如空调控制、座椅加热 / 通风、车门玻璃升降等。此外，有的多媒体系统还可以与车辆的其他系统进行交互，实现更高级别的信息反馈与控制功能。

二、多媒体系统的组成

1. 组成

多媒体系统主要由多媒体主机、多功能转向盘、扬声器、天线和天线放大器等组成，多媒体控制模块集成在多媒体主机内部。

以比亚迪 e5 为例，其多媒体系统框图如图 4-5-2 所示。

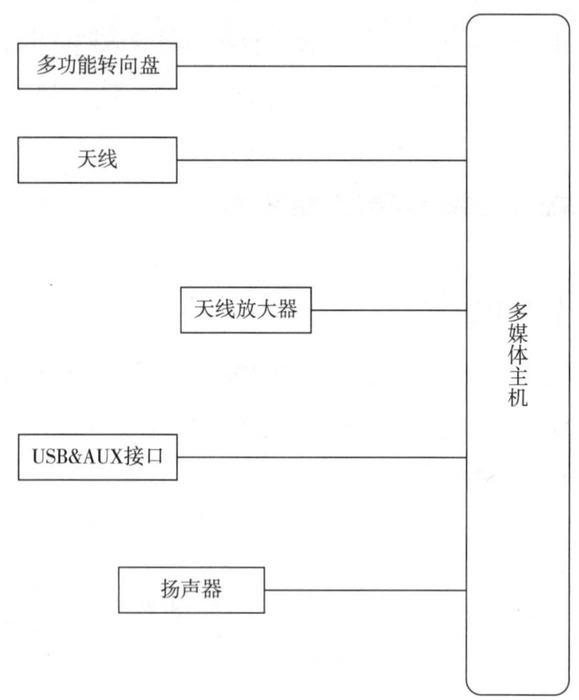

图 4-5-2　多媒体系统框图

多媒体主机如图 4-5-3 所示。

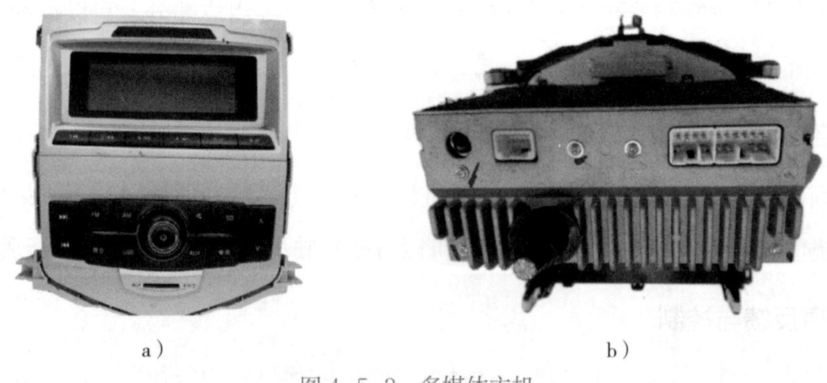

a）　　b）

图 4-5-3　多媒体主机

a）正面　b）侧面

2. 安装位置

以比亚迪 e5 为例，其多媒体系统主要组成部件的安装位置如图 4-5-4 所示。

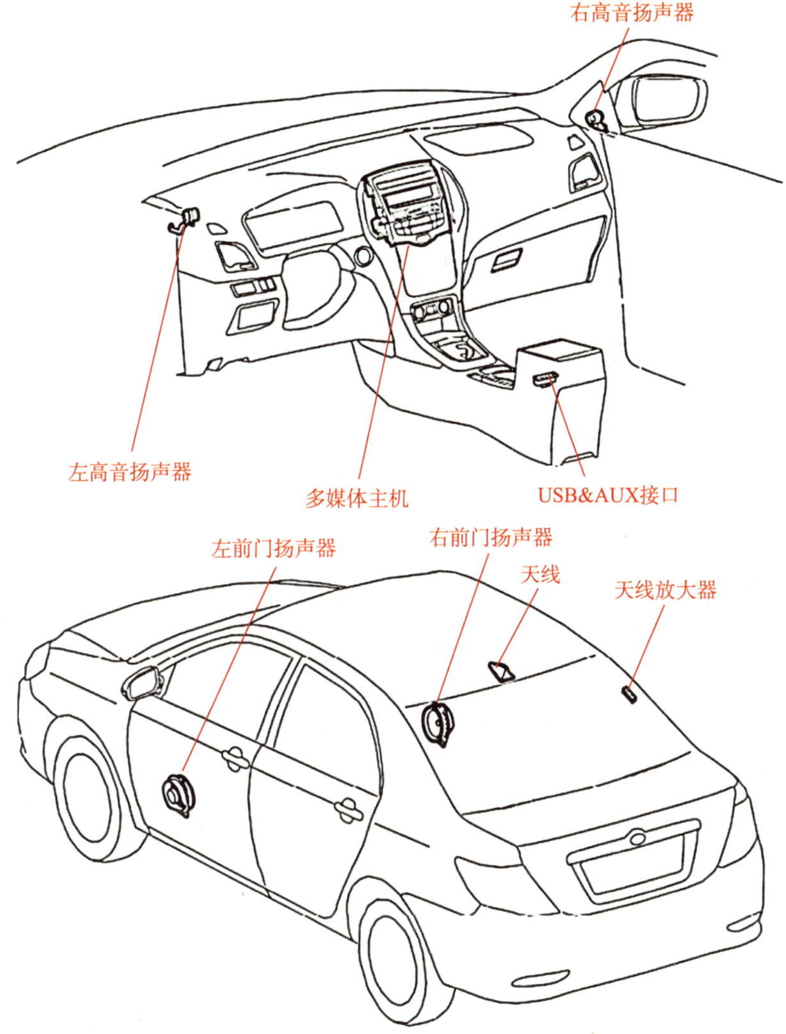

图 4-5-4　多媒体系统主要组成部件的安装位置

三、多媒体控制模块的电路

以比亚迪 e5 为例，其多媒体控制模块电路（局部）如图 4-5-5 所示。

1. 多媒体控制模块电源电路

多媒体控制模块由常电、ACC 电供电，常电电路通过熔丝 F2/36 由插接器 G07(A)/4 端子连接多媒体控制模块，ACC 电电路通过熔丝 F2/18 由插接器 G07(A)/3 端子连接多媒体控制模块。搭铁电路由插接器 G07(A)/7 端子通过导线连接到 3# 搭铁 Eg03。

熔丝 F2/36、F2/18 在仪表板配电盒中，如图 4-5-6 所示。

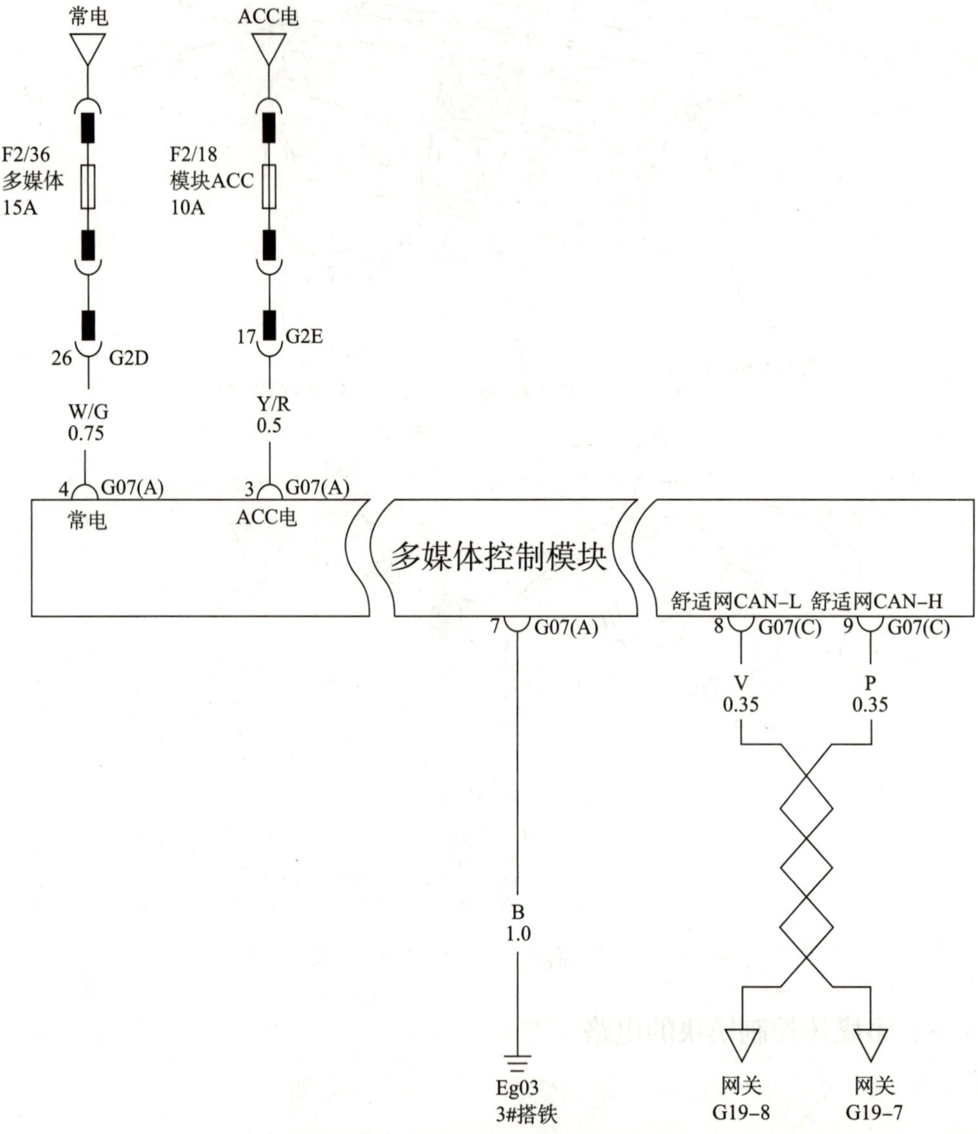

图 4-5-5　多媒体控制模块电路（局部）

图 4-5-6　熔丝 F2/36、F2/18 的位置

2. 多媒体控制模块 CAN 总线电路

舒适网支总线 CAN-H、CAN-L 以双绞线的形式分别通过插接器 G07(C)/9 端子、插接器 G07(C)/8 端子连接到多媒体控制模块。

多媒体控制模块与网关控制模块、车身控制模块通过舒适网支总线进行连接，网关控制模块、车身控制模块内部均设置有舒适网终端电阻，标准值均为 120 Ω；多媒体控制模块内部没有终端电阻，网关控制模块、车身控制模块内部的终端电阻在整个舒适网中处于并联状态，因此，多媒体控制模块外部终端电阻为 60 Ω。

3. 多媒体控制模块插接器及其端子功能定义

多媒体控制模块插接器 G07(A)、G07(C) 的外形如图 4-5-7 所示，其部分端子功能定义见表 4-5-1。

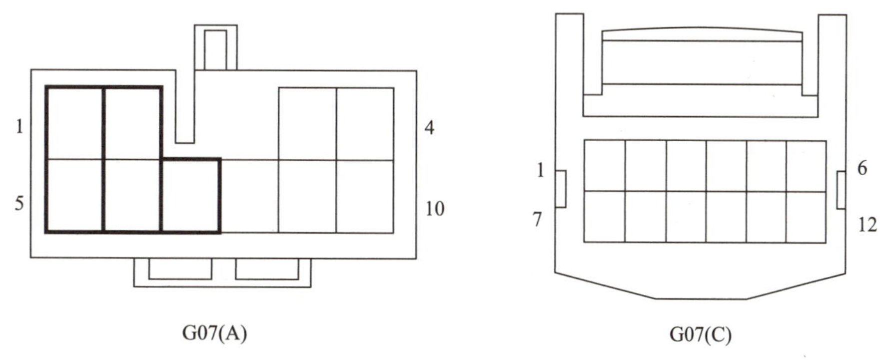

图 4-5-7　多媒体控制模块插接器 G07(A)、G07(C) 的外形

表 4-5-1　多媒体控制模块插接器 G07(A)、G07(C) 的部分端子功能定义

端子号	功能定义	端子号	功能定义
G07(A)/3	ACC 电	G07(C)/8	舒适网 CAN-L
G07(A)/4	常电	G07(C)/9	舒适网 CAN-H
G07(A)/7	搭铁		

任务实施

一、器材准备

按表 4-5-2 准备任务实施所需的器材。

表 4-5-2　器材清单

类别	名称
工具	数字式万用表、测试线、探针、棘轮手柄、套筒、螺钉旋具、汽车内饰撬板等
设备	实训车辆（以比亚迪 e5 为例）、工具车、零件车、故障诊断仪、示波器等
材料	电工胶布、熔丝等
资料	维修手册、电路图等
其他	安全帽、护目镜、绝缘手套等人员防护用品，翼子板布、座椅套、转向盘套等车辆防护用品，危险警示牌、危险作业隔离带、绝缘垫等现场安全防护设施

二、实施流程

任务实施流程如图 4-5-8 所示。

三、检修作业

1. 自诊断检查

确认蓄电池电压正常、故障诊断仪与车辆自诊断系统连接正常后，在故障诊断仪中根据屏幕显示信息提示进入“多媒体系统”界面，正常情况下，可以选择“版本信息”选项，读取多媒体系统版本信息。提示：“多媒体系统”界面没有“读取故障码”和“读取数据流”选项，只有“版本信息”可以查询。

如图 4-5-9 所示，若故障诊断仪显示“ECU 无响应，通讯中断”，则说明无法与多媒体控制模块进行通信，明确故障范围是多媒体控制模块及其相关电路。

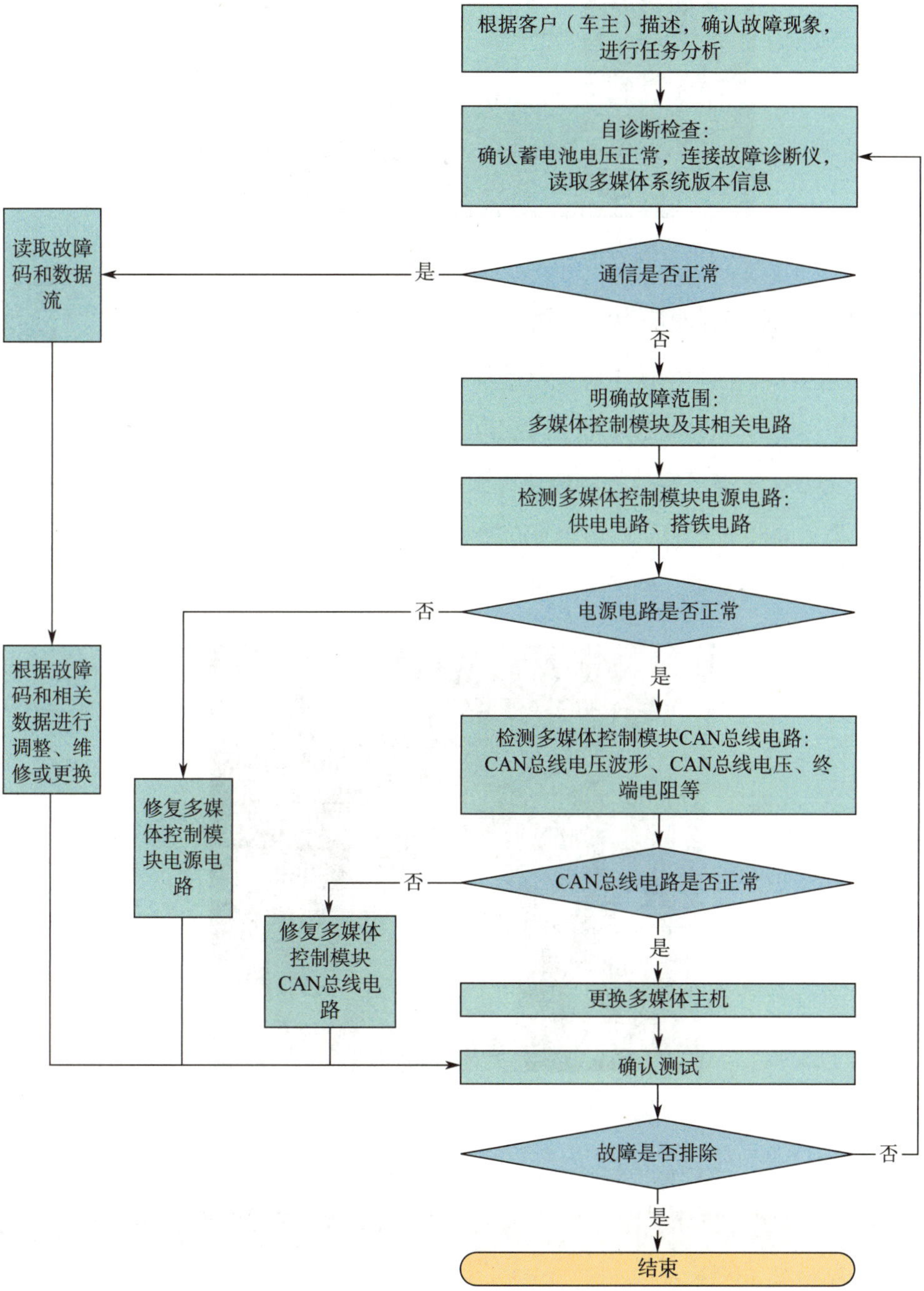

根据客户（车主）描述，确认故障现象，进行任务分析

自诊断检查：
确认蓄电池电压正常，连接故障诊断仪，
读取多媒体系统版本信息

通信是否正常

是 → 读取故障码和数据流 → 根据故障码和相关数据进行调整、维修或更换 → 确认测试

否 ↓

明确故障范围：
多媒体控制模块及其相关电路

检测多媒体控制模块电源电路：
供电电路、搭铁电路

电源电路是否正常

否 → 修复多媒体控制模块电源电路 → 确认测试

是 ↓

检测多媒体控制模块CAN总线电路：
CAN总线电压波形、CAN总线电压、终端电阻等

CAN总线电路是否正常

否 → 修复多媒体控制模块CAN总线电路 → 确认测试

是 ↓

更换多媒体主机

确认测试

故障是否排除

否 → 返回自诊断检查

是 ↓

结束

图 4-5-8 任务实施流程

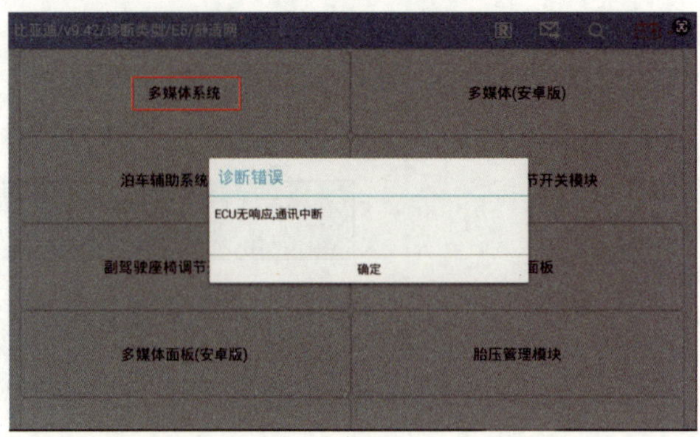

图 4-5-9　多媒体系统版本信息的读取

2. 检测多媒体控制模块电源电路

（1）测量多媒体控制模块电源电路熔丝对地电压

如图 4-5-10 所示，将起动按钮置于 OFF 挡位，按照本模块任务 1 所述熔丝对地电压的测量方法，测量多媒体控制模块电源电路熔丝 F2/36 对地电压；将起动按钮置于 ON 挡位，采用同样的方法测量熔丝 F2/18 对地电压；并将所测得的数值与表 4-5-3 中的标准值进行对比，分析、判断多媒体控制模块供电是否正常。

图 4-5-10　熔丝 F2/36 对地电压的测量

表 4-5-3　　多媒体控制模块电源电路熔丝对地电压的标准值

测量部位	说明	条件	标准值 /V
熔丝 F2/36－车身搭铁	熔丝对地电压	起动按钮置于 OFF 挡位	11～14
熔丝 F2/18－车身搭铁		起动按钮置于 ON 挡位	

（2）测量多媒体控制模块插接器电源端子对地电压

由于多媒体控制模块集成在多媒体主机内，为便于测量多媒体控制模块插接器电源

端子对地电压，测量前应先拆卸多媒体主机外围部件，操作步骤如下。

1）将起动按钮置于 OFF 挡位。

2）断开蓄电池负极电缆，等待 5 min。

3）拆卸组合开关护罩、组合仪表饰板。

4）拆卸副仪表板装饰条。

5）拆卸仪表板中盖板总成。

6）拆卸空调控制面板。

7）使用 10 号套筒拆卸多媒体主机紧固螺栓，取出多媒体主机，多媒体主机及其插接器如图 4-5-11 所示。

图 4-5-11　多媒体主机及其插接器

如图 4-5-12 所示，将起动按钮置于 OFF 挡位，按照本模块任务 1 所述插接器电源端子对地电压的测量方法，测量多媒体控制模块插接器 G07(A)/4（常电）端子对地电压；将起动按钮置于 ON 挡位，采用同样的方法测量插接器 G07(A)/3（ACC 电）端子对地电压；并将所测得的数值与表 4-5-4 中的标准值进行对比，分析、判断多媒体控制模块供电是否正常。

图 4-5-12　插接器 G07(A)/4 端子对地电压的测量

表 4-5-4　　多媒体控制模块插接器电源端子对地电压的标准值

测量部位	说明	条件	标准值 /V
插接器 G07(A)/4 端子 - 车身搭铁	电源端子对地电压	起动按钮置于 OFF 挡位	11 ~ 14
插接器 G07(A)/3 端子 - 车身搭铁	电源端子对地电压	起动按钮置于 ON 挡位	11 ~ 14

（3）测量多媒体控制模块插接器搭铁端子对地电阻

如图 4-5-13 所示，按照本模块任务 1 所述插接器搭铁端子对地电阻的测量方法，测量多媒体控制模块插接器 G07(A)/7（搭铁）端子对地电阻；并将所测得的数值与表 4-5-5 中的标准值进行对比，分析、判断多媒体控制模块搭铁是否正常。

图 4-5-13　插接器 G07(A)/7 端子对地电阻的测量

表 4-5-5　　多媒体控制模块插接器搭铁端子对地电阻的标准值

测量部位	说明	条件	标准值 /Ω
插接器 G07(A)/7 端子 - 车身搭铁	搭铁端子对地电阻	起动按钮置于 OFF 挡位，断开蓄电池负极电缆	<1

3. 检测多媒体控制模块 CAN 总线电路

（1）检测多媒体控制模块 CAN 总线电压波形

1）测量前准备

①将起动按钮置于 OFF 挡位。

②断开蓄电池负极电缆，等待 5 min。

③在插接器 G07(C)/9（舒适网 CAN-H）端子、插接器 G07(C)/8（舒适网 CAN-L）端子后端引线处插上探针。

④将示波器通道 CH1、CH2 表笔分别连接插接器 G07(C)/9 端子、插接器 G07(C)/8 端子上的探针。

⑤连接蓄电池负极电缆。

⑥将起动按钮置于 ON 挡位。

2）操作仪器。接通示波器电源开关，调整波形的频率、幅值至合适区域，固定并存储所测量的串行数据。

3）读取测量值。如图 4-5-14 所示，测量多媒体控制模块 CAN 总线电压波形；将所测得的波形与正常波形进行对比，分析、判断多媒体控制模块 CAN 总线数据传输线是否正常。如果所测得的波形为异常波形，则参考模块一任务 2 中的异常波形，进一步确定故障类型。

图 4-5-14　多媒体控制模块 CAN 总线电压波形的测量

（2）测量多媒体控制模块 CAN 总线电压

1）测量前准备

①将起动按钮置于 OFF 挡位。

②断开蓄电池负极电缆，等待 5 min。

③在插接器 G07(C)/9 端子、插接器 G07(C)/8 端子后端引线处插上探针。

④连接蓄电池负极电缆。

⑤将起动按钮置于 ON 挡位。

2）操作仪表。将数字式万用表置于直流电压挡，黑表笔接车身搭铁，红表笔先后接插接器 G07(C)/9 端子、插接器 G07(C)/8 端子上的探针，当显示屏显示数值稳定时，按下“HOLD”键。

3）读取测量值。如图 4-5-15 所示，测量多媒体控制模块 CAN 总线电压；将所测得的数值与表 4-5-6 中的标准值进行对比，分析、判断多媒体控制模块 CAN 总线数据传输线是否正常。

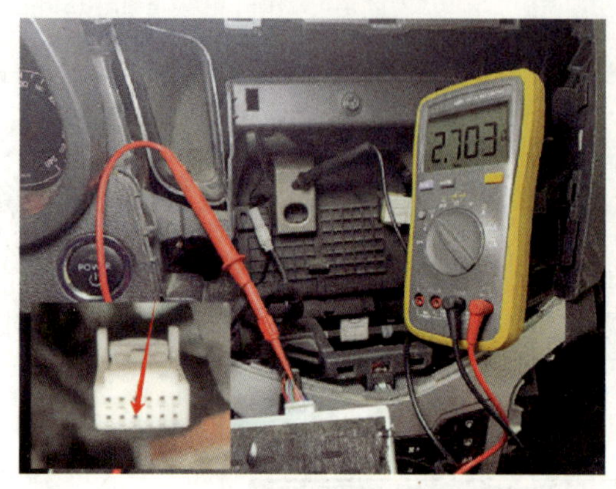

a）

b）

图 4-5-15　多媒体控制模块 CAN 总线电压的测量

a）CAN-H 对地电压　b）CAN-L 对地电压

表 4-5-6　多媒体控制模块 CAN 总线电压的标准值

测量部位	说明	条件	标准值 /V
插接器 G07(C)/9 端子 - 车身搭铁	舒适网 CAN-H 对地电压	起动按钮置于 ON 挡位	2.5 ~ 3.5
插接器 G07(C)/8 端子 - 车身搭铁	舒适网 CAN-L 对地电压		1.5 ~ 2.5

（3）测量多媒体控制模块外部终端电阻

1）测量前准备

①将起动按钮置于 OFF 挡位。

②断开蓄电池负极电缆，等待 5 min。

③断开插接器 G07(C) 与多媒体控制模块的连接。

④在插接器 G07(C)/9 端子、插接器 G07(C)/8 端子前端针孔处插上探针。

2）操作仪表。将数字式万用表置于电阻挡，红、黑表笔分别接插接器 G07(C)/9 端子、插接器 G07(C)/8 端子上的探针，当显示屏显示数值稳定时，按下“HOLD”键。

3）读取测量值。如图 4-5-16 所示，测量多媒体控制模块外部终端电阻；将所测得的数值与表 4-5-7 中的标准值进行对比，分析、判断多媒体控制模块 CAN 总线数据传输线是否正常。

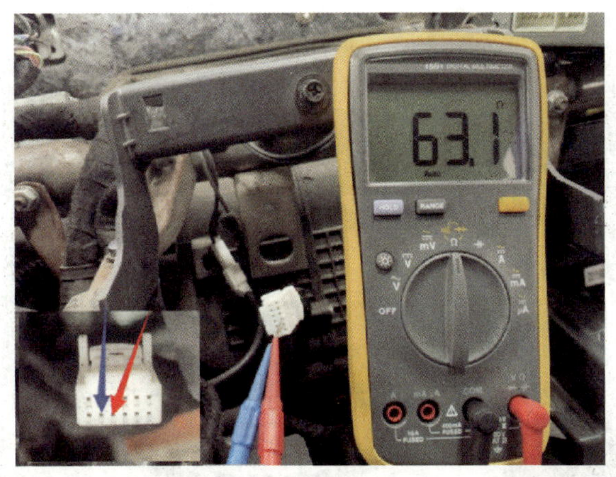

图 4-5-16　多媒体控制模块外部终端电阻的测量

表 4-5-7　　多媒体控制模块外部终端电阻的标准值

测量部位	说明	条件	标准值 / Ω
插接器 G07(C)/9 端子 - 插接器 G07(C)/8 端子	多媒体控制模块 外部终端电阻	起动按钮置于 OFF 挡位， 断开蓄电池负极电缆	约 60

4. 更换多媒体主机

如果经过以上检测确认多媒体模块电源电路、CAN 总线电路均正常，则可以判定故障部位是多媒体控制模块本身，可采用替换法进行修复。考虑到多媒体控制模块集成在多媒体主机内，这里需要更换多媒体主机，操作步骤如下。

（1）将起动按钮置于 OFF 挡位。

（2）断开蓄电池负极电缆，等待 5 min。

（3）拆卸多媒体主机外围部件。

（4）断开多媒体主机的所有插接器。

（5）选择新的多媒体主机，连接多媒体主机的所有插接器。

（6）连接蓄电池负极电缆。

（7）使用故障诊断仪连接车辆自诊断系统。

（8）将起动按钮置于 ON 挡位，车辆上电，确认故障诊断仪与多媒体系统通信恢复正常，多媒体系统功能正常。

（9）将多媒体主机卡入仪表板，使用 10 号套筒拧紧多媒体主机紧固螺栓，如图 4-5-17 所示。

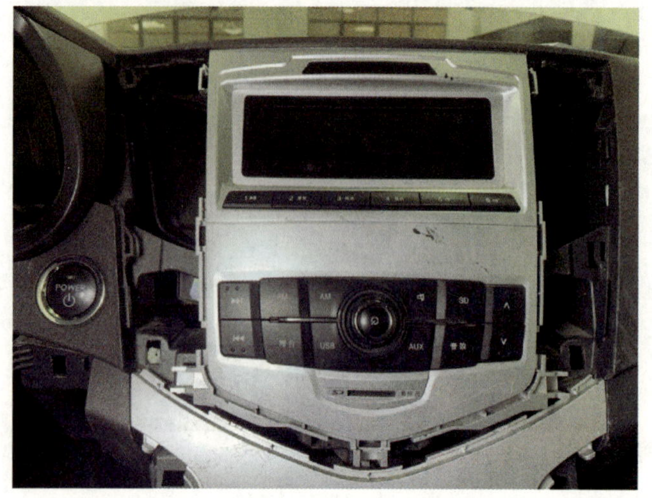

图 4-5-17　多媒体主机的紧固

（10）装复多媒体主机外围部件

1）安装空调控制面板、仪表板中盖板总成、副仪表板装饰条。

2）安装组合仪表饰板、组合开关护罩。

任务 6　智能钥匙控制模块检修

学习目标

1. 能叙述智能进入和起动系统的功能和组成。
2. 能分析智能钥匙控制模块电路。
3. 能对智能钥匙控制模块进行自诊断检查。
4. 能检测智能钥匙控制模块电源电路和 CAN 总线电路。

任务描述

某新能源汽车进厂维修，车主反映按下智能钥匙遥控开锁按钮无法解锁车门，使用机械钥匙解锁左前车门，持智能钥匙进入车内，踩下制动踏板，智能钥匙故障警报灯、防盗指示灯点亮，组合仪表显示屏显示“未检测到钥匙”，如图 4-6-1

所示。班组长使用故障诊断仪连接车辆自诊断系统、读取智能钥匙控制模块故障码时，故障诊断仪显示“ECU 无响应，通讯中断”，由此初步判断为智能钥匙控制模块通信故障，现安排你负责检修。作为一名维修人员，你如何检修上述故障？

图 4-6-1　智能钥匙控制模块通信故障的信息显示

●任务分析

按下智能钥匙遥控开锁按钮无法解锁车门，使用机械钥匙解锁左前车门，持智能钥匙进入车内，踩下制动踏板，智能钥匙故障警报灯、防盗指示灯点亮，组合仪表显示屏显示“未检测到钥匙”，说明智能进入和起动系统出现故障；使用故障诊断仪连接车辆自诊断系统、读取智能钥匙控制模块故障码时，故障诊断仪显示“ECU 无响应，通讯中断”，说明智能钥匙控制模块通信故障。考虑到智能钥匙控制模块与 CAN 总线系统的连接关系，检修内容需要覆盖智能钥匙控制模块及其相关电路。

相关知识

一、智能进入和起动系统的功能

智能进入和起动系统除了支持传统的机械钥匙进入、遥控钥匙进入功能，还支持无钥匙进入功能。

1. 机械钥匙进入

使用机械钥匙解锁驾驶员侧车门。

2. 遥控钥匙进入

使用遥控钥匙执行远距离车门解锁、行李舱解锁等操作。

3. 无钥匙进入

驾驶员无须对智能钥匙作任何操作即可执行车门解锁、转向轴锁解锁等动作。

与遥控钥匙进入时的单向通信原理不同，无钥匙进入应用的是双向通信原理，通过射频（RF）信号来验证钥匙的身份信息，以提高安全性。

二、智能进入和起动系统的组成

1. 组成

智能进入和起动系统主要由智能钥匙（I-KEY）、探测天线、高频接收模块、起动按钮、微动开关、智能钥匙控制模块（I-KEY ECU）等组成。

以比亚迪 e5 为例，其智能进入和起动系统框图如图 4-6-2 所示。其智能进入功能的工作过程如下。

（1）按下智能钥匙遥控开锁按钮或左前车门微动开关。

（2）I-KEY ECU 接收到上述动作信号后，驱动检测天线发送低频触发信号，检测是否有智能钥匙进入检测范围（约 1.5 m）。

（3）进入检测范围的智能钥匙接收到低频触发信号后，低频无线标签（TAG）被激活，读取智能钥匙 TAG 内保存的数据并与触发信号进行比较，如果匹配，则整个钥匙电路被唤醒。

（4）唤醒后的钥匙电路在分析接收到的信号基础上，对信号进行加密，并转换成高频信号发送给高频接收模块。

（5）高频接收模块将加密信号发送给 I-KEY ECU。

（6）I-KEY ECU 分析接收到的信号并进行比较验证。如果验证通过，I-KEY ECU 就会通过起动子网 CAN 总线通知 BCM，BCM 解锁所有车门。

智能钥匙控制模块如图 4-6-3 所示。

2. 安装位置

以比亚迪 e5 为例，智能钥匙控制模块安装在仪表板手套箱内侧，高频接收模块安装在后排座椅左后侧即 C 柱内侧位置，探测天线分布在车内前部、中部和后部，起动按钮位于组合仪表右下方，如图 4-6-4 所示。

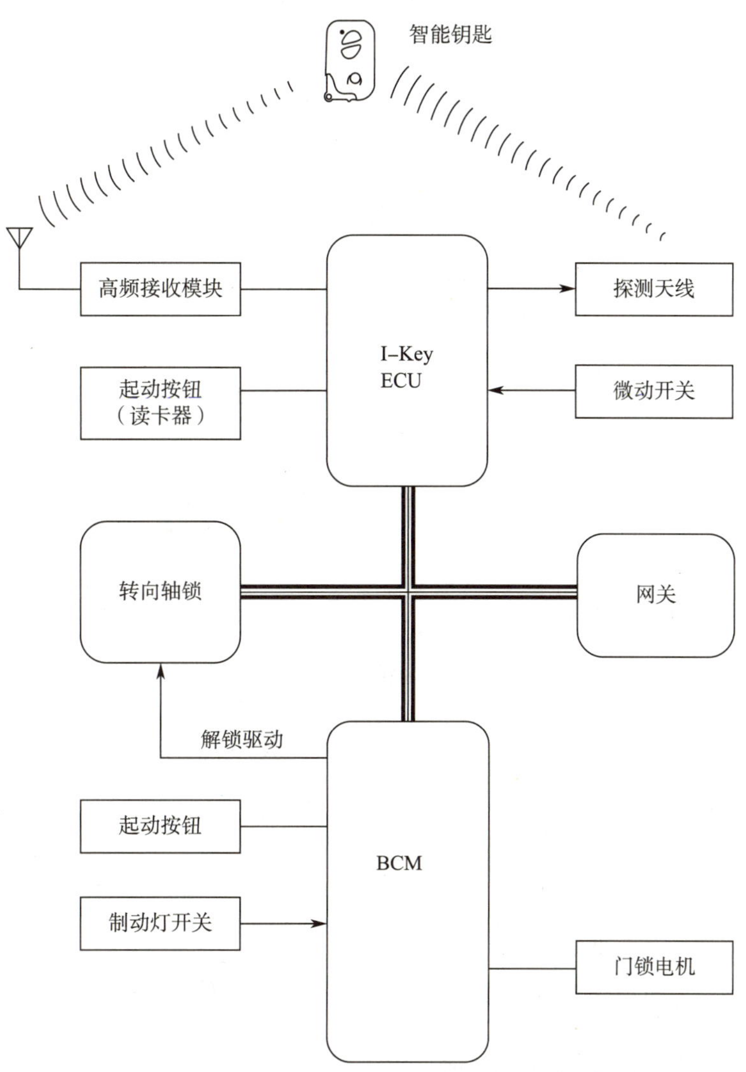

图 4-6-2 智能进入和起动系统框图

图 4-6-3 智能钥匙控制模块

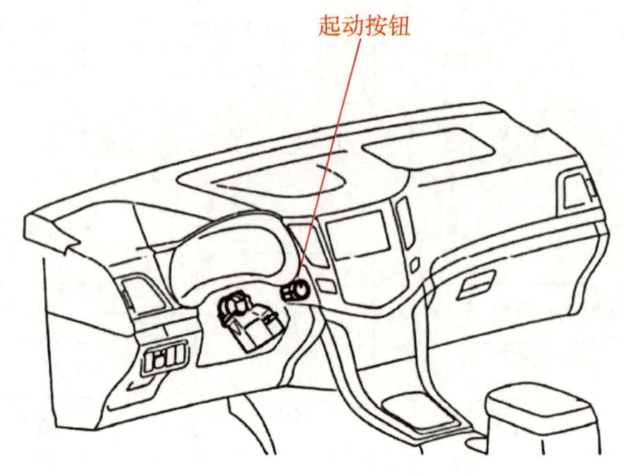

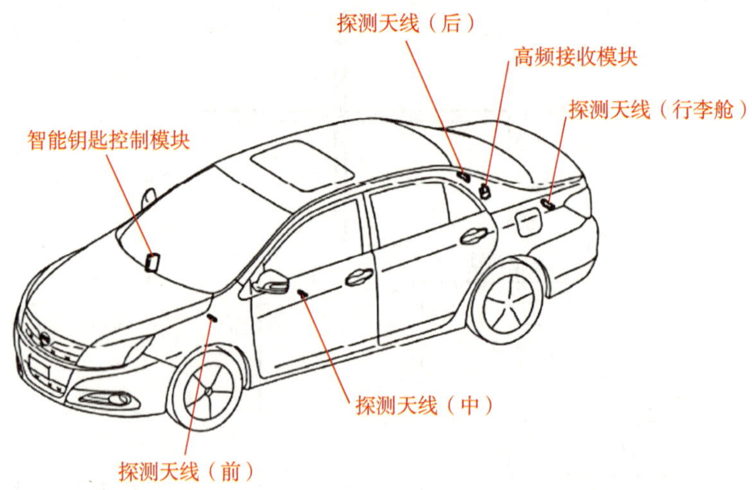

图 4-6-4　智能进入和起动系统主要组成部件的安装位置

三、智能钥匙控制模块的电路

以比亚迪 e5 为例，其智能钥匙控制模块电路（局部）如图 4-6-5 所示。

1. 智能钥匙控制模块电源电路

智能钥匙控制模块由常电供电，常电电路通过熔丝 F2/46 由插接器 G25(A)/1 端子连接智能钥匙控制模块。搭铁电路由插接器 G25(A)/9 端子、插接器 G25(A)/10 端子通过导线连接到 5# 搭铁 Eg05。

熔丝 F2/46 在仪表板配电盒中，如图 4-6-6 所示。

2. 智能钥匙控制模块 CAN 总线电路

起动子网总线 CAN-H、CAN-L 以双绞线的形式分别通过插接器 G25(B)/12 端子、插接器 G25(B)/6 端子连接到智能钥匙控制模块。

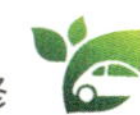

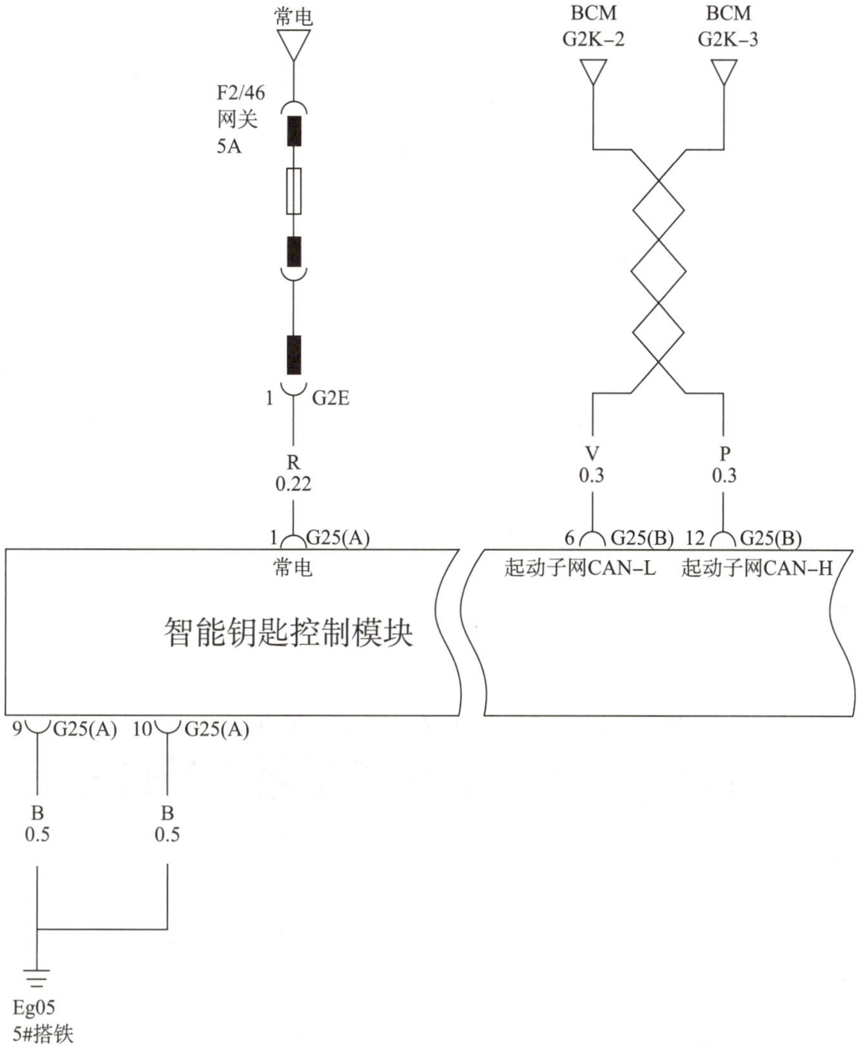

常电
F2/46
网关
5A
1 G2E
R
0.22
1 G25(A)
常电
智能钥匙控制模块
9 G25(A) 10 G25(A)
B
0.5
B
0.5
Eg05
5#搭铁
BCM
G2K-2
BCM
G2K-3
V
0.3
P
0.3
6 G25(B) 12 G25(B)
起动子网CAN-L 起动子网CAN-H

图 4-6-5　智能钥匙控制模块电路（局部）

F2/46

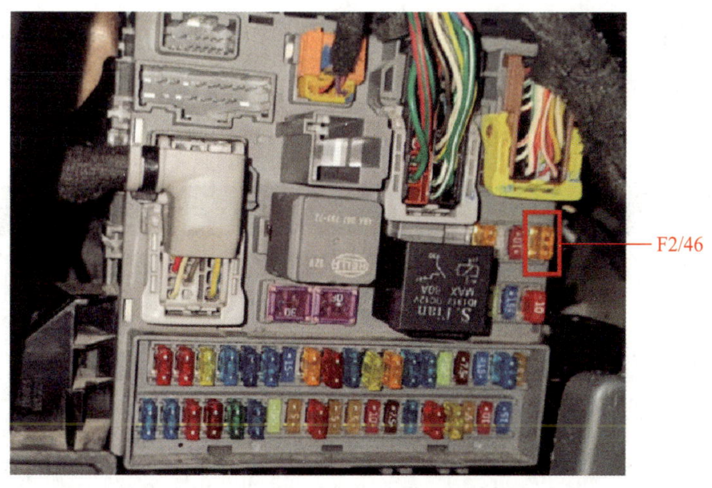

图 4-6-6　熔丝 F2/46 的位置

智能钥匙控制模块与车身控制模块通过起动子网进行连接，智能钥匙控制模块、车身控制模块内部均设置有起动子网终端电阻，标准值均为 120 Ω；智能钥匙控制模块、车身控制模块内部的终端电阻在整个起动子网中处于并联状态，因此，智能钥匙控制模块外部终端电阻为 120 Ω。

3. 智能钥匙控制模块插接器及其端子功能定义

智能钥匙控制模块插接器 G25(A)、G25(B) 的外形如图 4-6-7 所示，其部分端子功能定义见表 4-6-1。

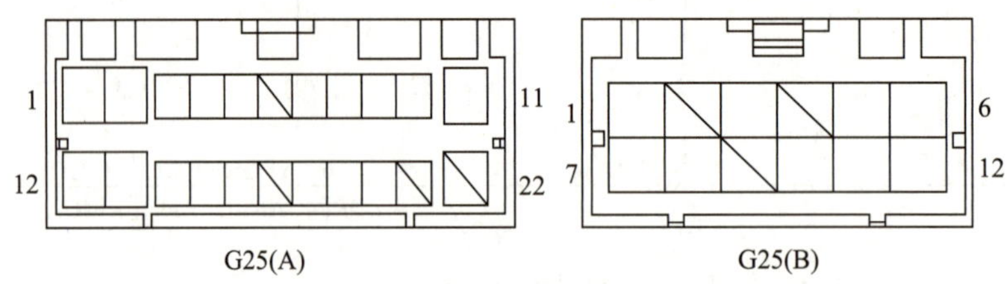

图 4-6-7　智能钥匙控制模块插接器 G25(A)、G25(B) 的外形

表 4-6-1　智能钥匙控制模块插接器 G25(A)、G25(B) 的部分端子功能定义

端子号	功能定义	端子号	功能定义
G25(A)/1	常电	G25(B)/6	起动子网 CAN-L
G25(A)/9	搭铁	G25(B)/12	起动子网 CAN-H
G25(A)/10	搭铁		

任务实施

一、器材准备

按表 4-6-2 准备任务实施所需的器材。

表 4-6-2　器材清单

类别	名称
工具	数字式万用表、测试线、探针、棘轮手柄、套筒、螺钉旋具等
设备	实训车辆（以比亚迪 e5 为例）、工具车、零件车、故障诊断仪、示波器等
材料	电工胶布、熔丝等
资料	维修手册、电路图等
其他	安全帽、护目镜、绝缘手套等人员防护用品，翼子板布、座椅套、转向盘套等车辆防护用品，危险警示牌、危险作业隔离带、绝缘垫等现场安全防护设施

二、实施流程

任务实施流程如图 4-6-8 所示。

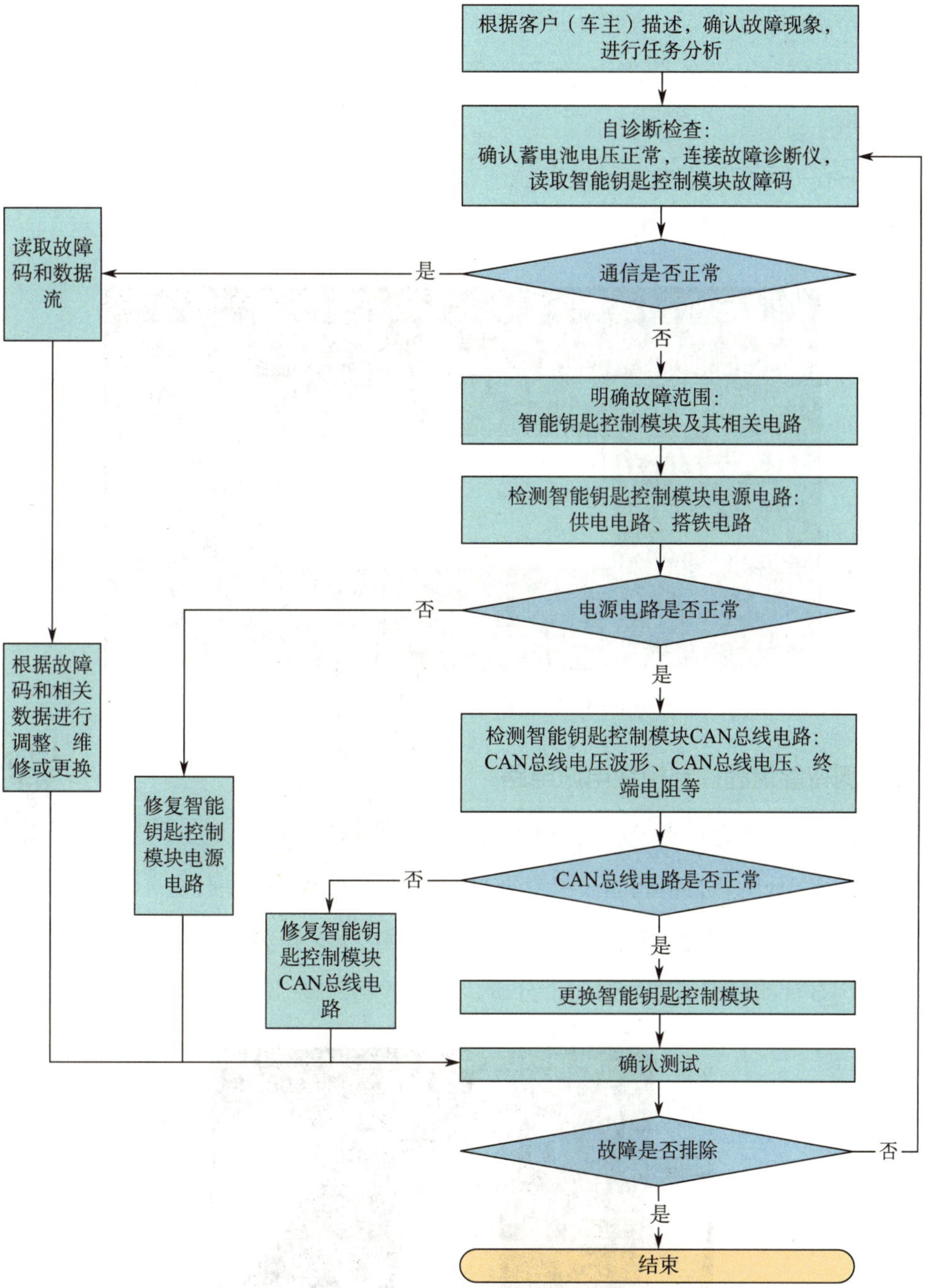

图 4-6-8　任务实施流程

三、检修作业

1. 自诊断检查

确认蓄电池电压正常、故障诊断仪与车辆自诊断系统连接正常后，在故障诊断仪中根据屏幕显示信息提示进入“智能钥匙”界面，选择“读取故障码”选项，读取智能钥匙控制模块的故障码。

如图 4-6-9 所示，若故障诊断仪显示“ECU 无响应，通讯中断”，则说明无法与智能钥匙控制模块进行通信，明确故障范围是智能钥匙控制模块及其相关电路。

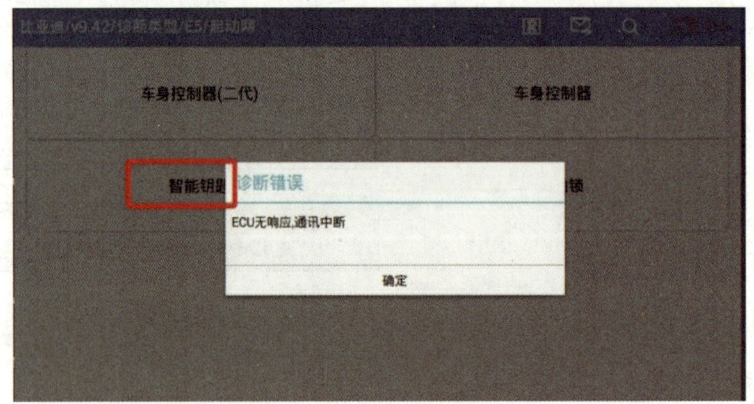

图 4-6-9　智能钥匙控制模块故障码的读取

2. 检测智能钥匙控制模块电源电路

（1）测量智能钥匙控制模块电源电路熔丝对地电压

如图 4-6-10 所示，将起动按钮置于 OFF 挡位，按照本模块任务 1 所述熔丝对地电压的测量方法，测量智能钥匙控制模块电源电路熔丝 F2/46 对地电压；并将所测得的数值与表 4-6-3 中的标准值进行对比，分析、判断智能钥匙控制模块供电是否正常。

图 4-6-10　熔丝 F2/46 对地电压的测量

表 4-6-3　　智能钥匙控制模块电源电路熔丝对地电压的标准值

测量部位	说明	条件	标准值 /V
熔丝 F2/46 - 车身搭铁	熔丝对地电压	起动按钮置于 OFF 挡位	11 ~ 14

（2）测量智能钥匙控制模块插接器电源端子对地电压

为便于测量智能钥匙控制模块插接器电源端子对地电压，测量前应先拆卸智能钥匙控制模块外围部件（手套箱总成），操作步骤见模块一任务 3，这里不再复述。

如图 4-6-11 所示，将起动按钮置于 OFF 挡位，按照本模块任务 1 所述插接器电源端子对地电压的测量方法，测量智能钥匙控制模块插接器 G25(A)/1（常电）端子对地电压；并将所测得的数值与表 4-6-4 中的标准值进行对比，分析、判断智能钥匙控制模块供电是否正常。

图 4-6-11　插接器 G25(A)/1 端子对地电压的测量

表 4-6-4　　智能钥匙控制模块插接器电源端子对地电压的标准值

测量部位	说明	条件	标准值 /V
插接器 G25(A)/1 端子 - 车身搭铁	电源端子对地电压	起动按钮置于 OFF 挡位	11 ~ 14

（3）测量智能钥匙控制模块插接器搭铁端子对地电阻

如图 4-6-12 所示，按照本模块任务 1 所述插接器搭铁端子对地电阻的测量方法，测量智能钥匙控制模块插接器端子 G25(A)/9（搭铁）端子对地电阻；采用同样的方法测量插接器 G25(A)/10（搭铁）端子对地电阻；并将所测得的数值与表 4-6-5 中的标准值进行对比，分析、判断智能钥匙控制模块搭铁是否正常。

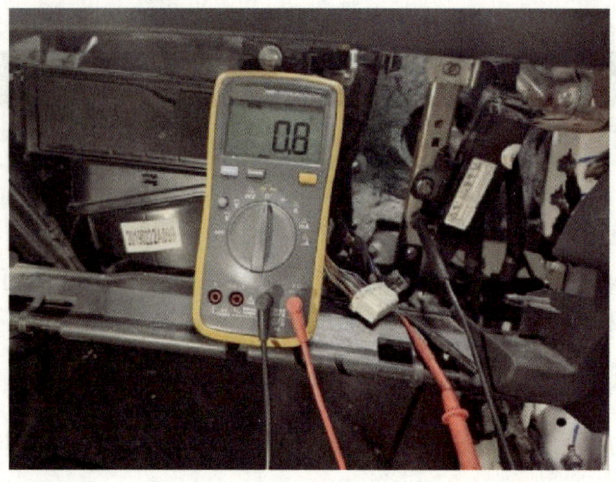

图 4-6-12　插接器 G25(A)/9 端子对地电阻的测量

表 4-6-5　　智能钥匙控制模块插接器搭铁端子对地电阻的标准值

<table>
<tr><th>测量部位</th><th>说明</th><th>条件</th><th>标准值 /Ω</th></tr>
<tr><td>插接器 G25(A)/9 端子 - 车身搭铁</td><td rowspan="2">搭铁端子对地电阻</td><td rowspan="2">起动按钮置于 OFF 挡位，断开蓄电池负极电缆</td><td rowspan="2"><1</td></tr>
<tr><td>插接器 G25(A)/10 端子 - 车身搭铁</td></tr>
</table>

3. 检测智能钥匙控制模块 CAN 总线电路

（1）检测智能钥匙控制模块 CAN 总线电压波形

1）测量前准备

①将起动按钮置于 OFF 挡位。

②断开蓄电池负极电缆，等待 5 min。

③在插接器 G25(B)/12（起动子网 CAN-H）端子、插接器 G25(B)/6（起动子网 CAN-L）端子后端引线处插上探针。

④将示波器通道 CH1、CH2 表笔分别连接插接器 G25(B)/12 端子、插接器 G25(B)/6 端子上的探针。

⑤连接蓄电池负极电缆。

⑥将起动按钮置于 ON 挡位。

2）操作仪器。接通示波器电源开关，调整波形的频率、幅值至合适区域，固定并存储所测量的串行数据。

3）读取测量值。如图 4-6-13 所示，测量智能钥匙控制模块 CAN 总线电压波形；将所测得的波形与正常波形进行对比，分析、判断智能钥匙控制模块 CAN 总线数据传输线是否正常。如果所测得的波形为异常波形，则参考模块一任务 2 中的异常波形，进一步确定故障类型。

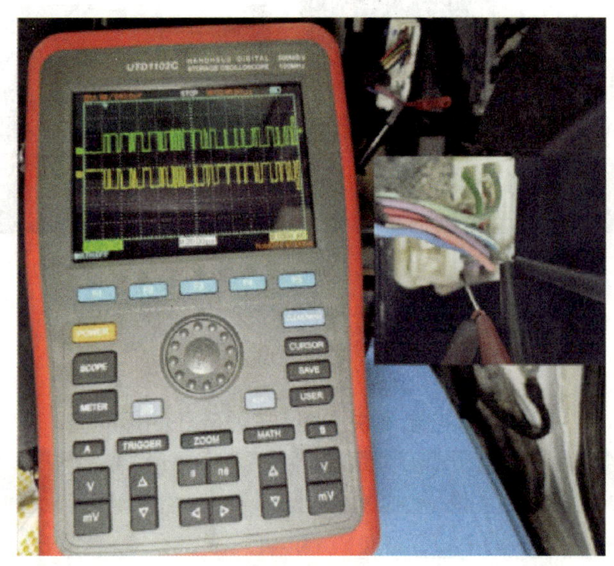

图 4-6-13 智能钥匙控制模块 CAN 总线电压波形的测量

（2）测量智能钥匙控制模块 CAN 总线电压

1）测量前准备

①将起动按钮置于 OFF 挡位。

②断开蓄电池负极电缆，等待 5 min。

③在插接器 G25(B)/12 端子、插接器 G25(B)/6 端子后端引线处插上探针。

④连接蓄电池负极电缆。

⑤将起动按钮置于 ON 挡位。

2）操作仪表。将数字式万用表置于直流电压挡，黑表笔接车身搭铁，红表笔先后接插接器 G25(B)/12 端子、插接器 G25(B)/6 端子上的探针，当显示屏显示数值稳定时，按下“HOLD”键。

3）读取测量值。如图 4-6-14 所示，测量智能钥匙控制模块 CAN 总线电压；将所测得的数值与表 4-6-6 中的标准值进行对比，分析、判断智能钥匙控制模块 CAN 总线数据传输线是否正常。

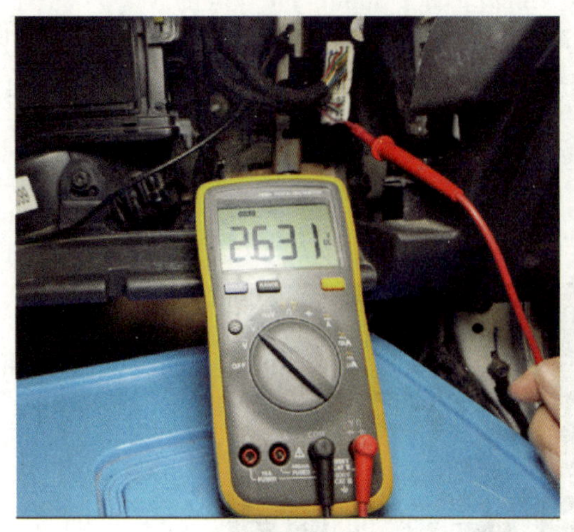

a）

b）

图 4-6-14 智能钥匙控制模块 CAN 总线电压的测量
a）CAN-H 对地电压 b）CAN-L 对地电压

表 4-6-6 智能钥匙控制模块 CAN 总线电压的标准值

测量部位	说明	条件	标准值 /V
插接器 G25(B)/12 端子 - 车身搭铁	起动子网 CAN-H 对地电压	起动按钮置于 ON 挡位	2.5 ~ 3.5
插接器 G25(B)/6 端子 - 车身搭铁	起动子网 CAN-L 对地电压		1.5 ~ 2.5

（3）测量智能钥匙控制模块外部终端电阻

1）测量前准备

①将起动按钮置于 OFF 挡位。

②断开蓄电池负极电缆，等待 5 min。

③断开插接器 G25(B)与智能钥匙控制模块的连接。

④在插接器 G25(B)/12 端子、插接器 G25(B)/6 端子前端针孔处插上探针。

2）操作仪表。将数字式万用表置于电阻挡，红、黑表笔分别接插接器 G25(B)/12 端子、插接器 G25(B)/6 端子上的探针，当显示屏显示数值稳定时，按下“HOLD”键。

3）读取测量值。如图 4-6-15 所示，测量智能钥匙控制模块外部终端电阻；将所测得的数值与表 4-6-7 中的标准值进行对比，分析、判断智能钥匙控制模块 CAN 总线数据传输线是否正常。

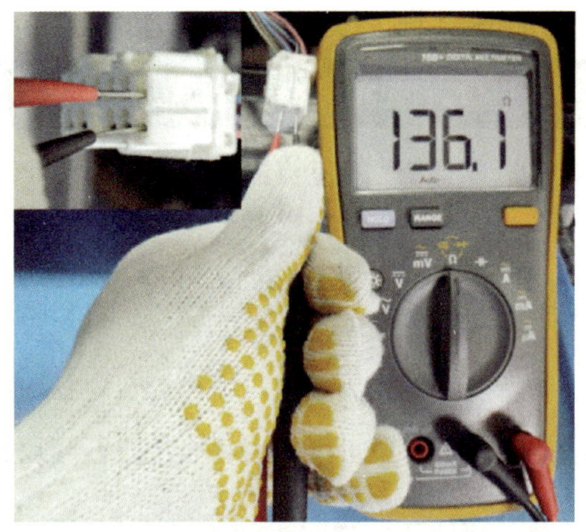

图 4-6-15　智能钥匙控制模块外部终端电阻的测量

表 4-6-7　智能钥匙控制模块外部终端电阻的标准值

测量部位	说明	条件	标准值 / Ω
插接器 G25(B)/12 端子 - 插接器 G25(B)/6 端子	智能钥匙控制模块外部终端电阻	起动按钮置于 OFF 挡位，断开蓄电池负极电缆	约 120

（4）测量智能钥匙控制模块内部终端电阻

1）测量前准备

①将起动按钮置于 OFF 挡位。

②断开蓄电池负极电缆，等待 5 min。

③断开插接器 G25(B)与智能钥匙控制模块的连接。

④使用 10 号套筒拆卸智能钥匙控制模块紧固螺栓，取出智能钥匙控制模块。

⑤在智能钥匙控制模块侧插接器 G25(B)/12 端子、插接器 G25(B)/6 端子前端针孔处插上专用测量线。

2）操作仪表。将数字式万用表置于电阻挡，红、黑表笔分别接插接器 G25(B)/12 端子、插接器 G25(B)/6 端子的测量线，当显示屏显示数值稳定时，按下“HOLD”键。

3）读取测量值。如图 4-6-16 所示，测量智能钥匙控制模块内部终端电阻；将所测得的数值与表 4-6-8 中的标准值进行对比，分析、判断智能钥匙控制模块是否正常。

图 4-6-16　智能钥匙控制模块内部终端电阻的测量

表 4-6-8　　智能钥匙控制模块内部终端电阻的标准值

测量部位	说明	条件	标准值 /Ω
插接器 G25(B)/12 端子 - 插接器 G25(B)/6 端子	智能钥匙控制模块内部终端电阻	起动按钮置于 OFF 挡位，断开蓄电池负极电缆	约 120

4. 更换智能钥匙控制模块

如果经过以上检测确认智能钥匙控制模块电源电路、CAN 总线电路均正常，则可以判定故障部位是智能钥匙控制模块本身，可采用替换法进行修复，操作步骤如下。

（1）将起动按钮置于 OFF 挡位。

（2）断开蓄电池负极电缆，等待 5 min。

（3）拆卸智能钥匙控制模块外围部件。

（4）断开插接器 G25(A)、G25(B) 与智能钥匙控制模块的连接。

（5）使用 10 号套筒拆卸智能钥匙控制模块紧固螺栓，如图 4-6-17 所示，取出智能钥匙控制模块。

图 4-6-17　智能钥匙控制模块紧固螺栓的拆卸

（6）按照与拆卸相反的顺序安装新的智能钥匙控制模块。

提示：智能钥匙控制模块紧固螺栓拧紧力矩为 25 N · m。

（7）连接插接器 G25(A)、G25(B) 与智能钥匙控制模块。

（8）连接蓄电池负极电缆。

（9）使用故障诊断仪消除故障码。

（10）按下智能钥匙遥控开锁按钮可以解锁车门，持智能钥匙进入车内，踩下制动

踏板，组合仪表显示屏显示正常，确认智能进入和起动系统功能正常。

（11）装复智能钥匙控制模块外围部件（手套箱总成）。

任务 7 | 空调控制模块检修

学习目标

1. 能叙述空调控制系统的功能和组成。
2. 能分析空调控制模块电路。
3. 能对空调控制模块进行自诊断检查。
4. 能检测空调控制模块电源电路和 CAN 总线电路。

●任务描述

某新能源汽车进厂维修，车主反映车辆正常起动后，分别按压空调控制面板 A/C 开关、温度控制开关，A/C 开关指示灯正常显示，但空调系统既不能制冷也不能采暖，多功能显示屏未显示空调系统工作信息，如图 4-7-1 所示。班组长使用故障诊断仪连接车辆自诊断系统、读取空调控制模块故障码时，故障诊断仪显示“ECU 无响应，通讯中断”，由此初步判断为空调控制模块通信故障，现安排你负责检修。作为一名维修人员，你如何检修上述故障？

图 4-7-1　空调系统不工作故障

任务分析

按压空调控制面板 A/C 开关，A/C 开关指示灯正常显示，说明空调控制面板正常；分别按压空调控制面板 A/C 开关、温度控制开关，空调系统既不能制冷也不能采暖，多功能显示屏未显示空调系统工作信息，说明空调系统不工作；使用故障诊断仪连接车辆自诊断系统、读取空调控制模块故障码时，故障诊断仪显示“ECU 无响应，通讯中断”，说明空调控制面板与空调控制模块之间出现通信故障，导致空调系统不能正常工作。考虑到空调控制模块与 CAN 总线系统的连接关系，检修内容需要覆盖空调控制模块及其相关电路。

相关知识

一、空调控制系统的功能

与传统汽车相比，新能源汽车空调控制系统的功能更加丰富和高效，主要包括制冷、采暖、通风换气、空气净化、智能控制和节能环保等多种功能。这些功能不仅提高了车内环境舒适性和便捷性，还促进了新能源汽车的节能与环保发展。

二、空调控制系统的组成

1. 组成

空调控制系统主要由空调控制面板、空调控制模块、电动压缩机、电子膨胀阀、PTC 加热器、日光照射传感器、温度传感器等组成。

以比亚迪 e5 为例，其空调控制系统框图如图 4-7-2 所示。驾乘人员根据需要的车内温度、出风模式、风量大小等操作空调控制面板相应开关，空调控制面板接收这些动作信号，并对这些信号分析处理后，向空调控制模块发出相应的动作指令。空调控制模块通过对电动压缩机电磁线圈和电子膨胀阀等的控制实现制冷功能，通过对 PTC 加热器等的控制实现采暖功能，通过对通风箱体各种风门伺服电机等的控制实现除霜除雾、通风换气等功能。

空调控制面板如图 4-7-3 所示，空调控制模块（又称空调控制器）如图 4-7-4 所示。

2. 安装位置

以比亚迪 e5 为例，其空调控制系统主要组成部件的安装位置如图 4-7-5 所示，空调控制模块安装在副仪表板的左前护板内侧，空调控制面板安装在仪表板多功能显示屏下方。

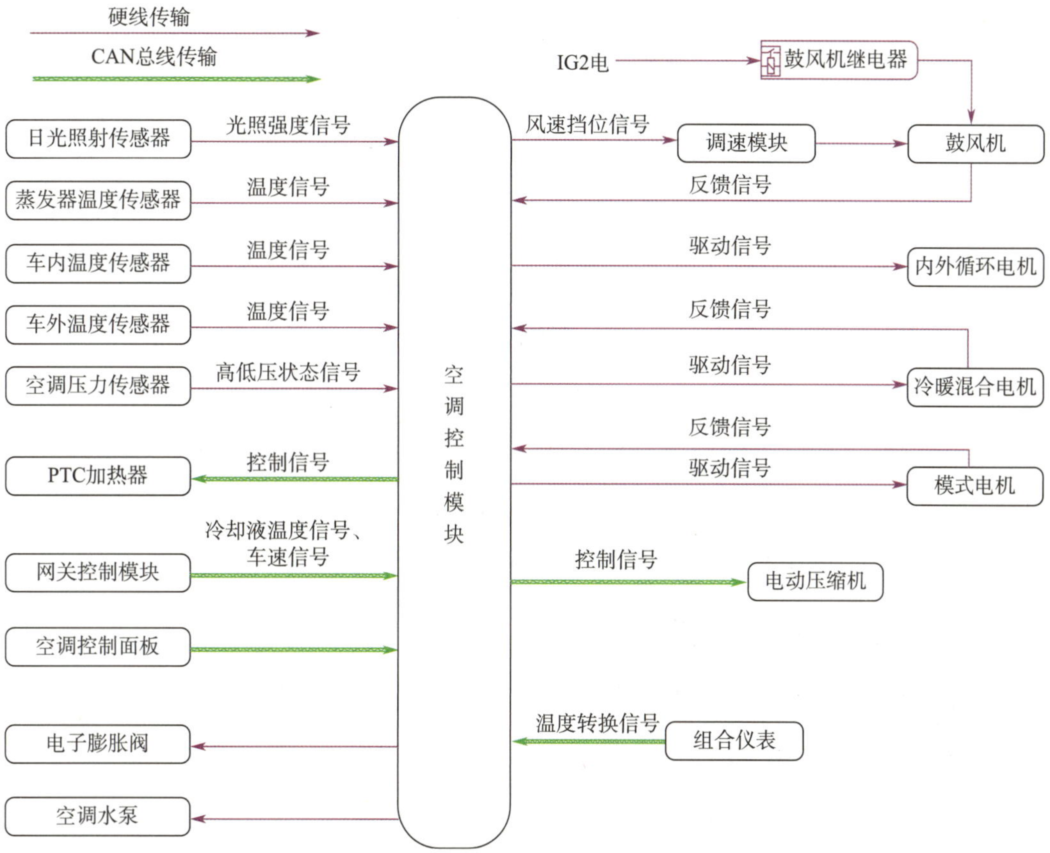

硬线传输

CAN总线传输

IG2电

鼓风机继电器

日光照射传感器　光照强度信号

风速挡位信号　调速模块　鼓风机

蒸发器温度传感器　温度信号

反馈信号

车内温度传感器　温度信号

驱动信号　内外循环电机

车外温度传感器　温度信号

反馈信号

空调压力传感器　高低压状态信号

驱动信号　冷暖混合电机

反馈信号

PTC加热器　控制信号

驱动信号　模式电机

空调控制模块

冷却液温度信号、车速信号

网关控制模块

控制信号　电动压缩机

空调控制面板

温度转换信号　组合仪表

电子膨胀阀

空调水泵

图 4-7-2　空调控制系统框图

a）　　b）

图 4-7-3　空调控制面板

a）正面　b）背面

图 4-7-4　空调控制模块

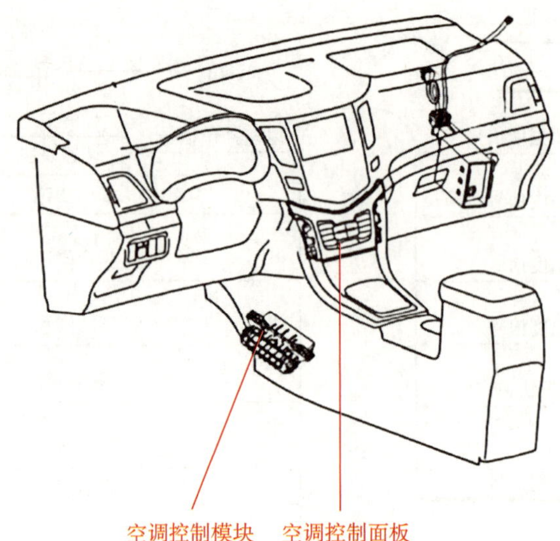

图 4-7-5　空调控制系统主要组成部件的安装位置

三、空调控制模块的电路

以比亚迪 e5 为例，其空调控制模块电路（局部）如图 4-7-6 所示。

1. 空调控制模块电源电路

空调控制模块由常电、IG4 电供电，常电电路通过熔丝 F2/42 由插接器 G21(A)/20 端子连接空调控制模块，IG4 电电路通过熔丝 F1/20 由插接器 G21(A)/1 端子连接空调控制模块。搭铁电路由插接器 G21(A)/22 端子通过导线连接到 3# 搭铁 Eg03。

熔丝 F2/42 在仪表板配电盒中，熔丝 F1/20 在前舱配电盒中，如图 4-7-7 所示。

2. 空调控制模块 CAN 总线电路

舒适网支总线 CAN-H、CAN-L 以双绞线的形式分别通过插接器 G21(B)/17 端子、插接器 G21(B)/18 端子连接到空调控制模块。

空调控制模块与网关控制模块、车身控制模块通过舒适网支总线进行连接，网关控制模块、车身控制模块内部均设置有舒适网终端电阻，标准值均为 120 Ω；空调控制模块内部没有舒适网终端电阻，网关控制模块、车身控制模块内部的终端电阻在整个舒适网中处于并联状态，因此，空调控制模块舒适网外部终端电阻为 60 Ω。

3. 空调控制模块插接器及其端子功能定义

空调控制模块插接器 G21(A)、G21(B) 的外形如图 4-7-8 所示，其部分端子功能定义见表 4-7-1。

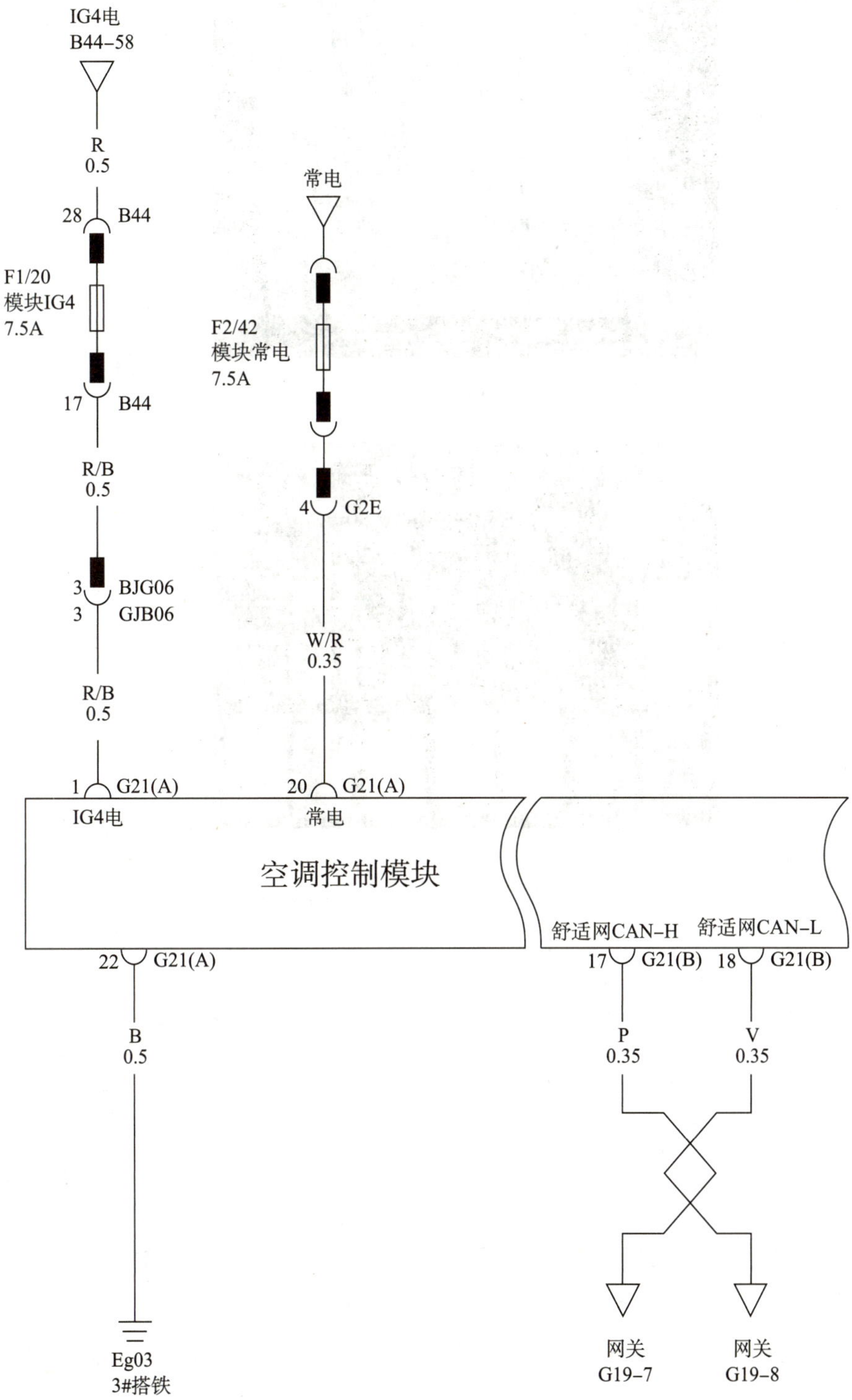

IG4电
B44-58
R
0.5
28 B44
F1/20
模块IG4
7.5A
17 B44
R/B
0.5
3 BJG06
3 GJB06
R/B
0.5
1 G21(A)
IG4电

常电
F2/42
模块常电
7.5A
4 G2E
W/R
0.35
20 G21(A)
常电

空调控制模块

舒适网CAN-H
舒适网CAN-L
17 G21(B)
18 G21(B)
P
0.35
V
0.35
网关
G19-7
网关
G19-8

22 G21(A)
B
0.5
Eg03
3#搭铁

图 4-7-6　空调控制模块电路（局部）

a）

b）

图 4-7-7　熔丝 F2/42、F1/20 的位置

a）熔丝 F2/42　b）熔丝 F1/20

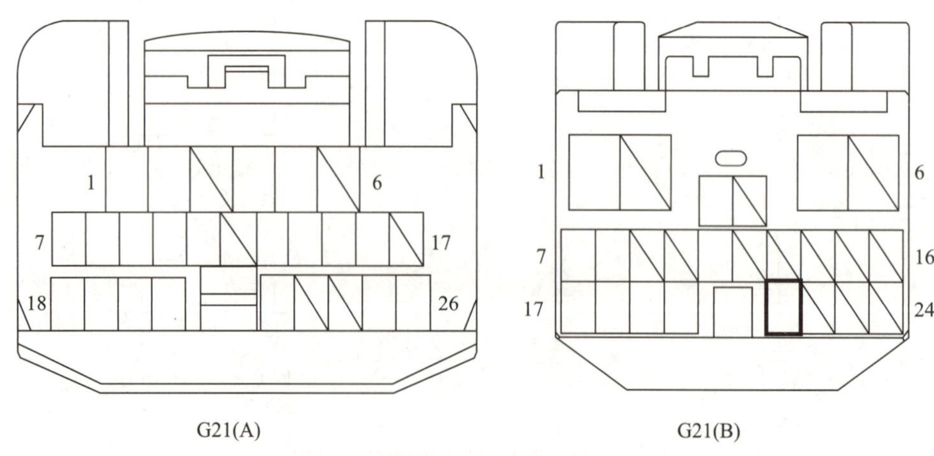

图 4-7-8　空调控制模块插接器 G21（A）、G21（B）的外形

表 4-7-1 空调控制模块插接器 G21(A)、G21(B) 的部分端子功能定义

端子号	功能定义	端子号	功能定义
G21(A)/1	IG4 电	G21(B)/17	舒适网 CAN-H
G21(A)/20	常电	G21(B)/18	舒适网 CAN-L
G21(A)/22	搭铁		

任务实施

一、器材准备

按表 4-7-2 准备任务实施所需的器材。

表 4-7-2 器材清单

类别	名称
工具	数字式万用表、测试线、探针、棘轮手柄、套筒、螺钉旋具等
设备	实训车辆（以比亚迪 e5 为例）、工具车、零件车、故障诊断仪、示波器等
材料	电工胶布、熔丝等
资料	维修手册、电路图等
其他	安全帽、护目镜、绝缘手套等人员防护用品，翼子板布、座椅套、转向盘套等车辆防护用品，危险警示牌、危险作业隔离带、绝缘垫等现场安全防护设施

二、实施流程

任务实施流程如图 4-7-9 所示。

三、检修作业

1. 自诊断检查

确认蓄电池电压正常、故障诊断仪与车辆自诊断系统连接正常后，在故障诊断仪中根据屏幕显示信息提示进入“空调控制器”界面，选择“读取故障码”选项，读取空调控制模块的故障码。

如图 4-7-10 所示，若故障诊断仪显示“ECU 无响应，通讯中断”，则说明无法与空调控制模块进行通信，明确故障范围是空调控制模块及其相关电路。

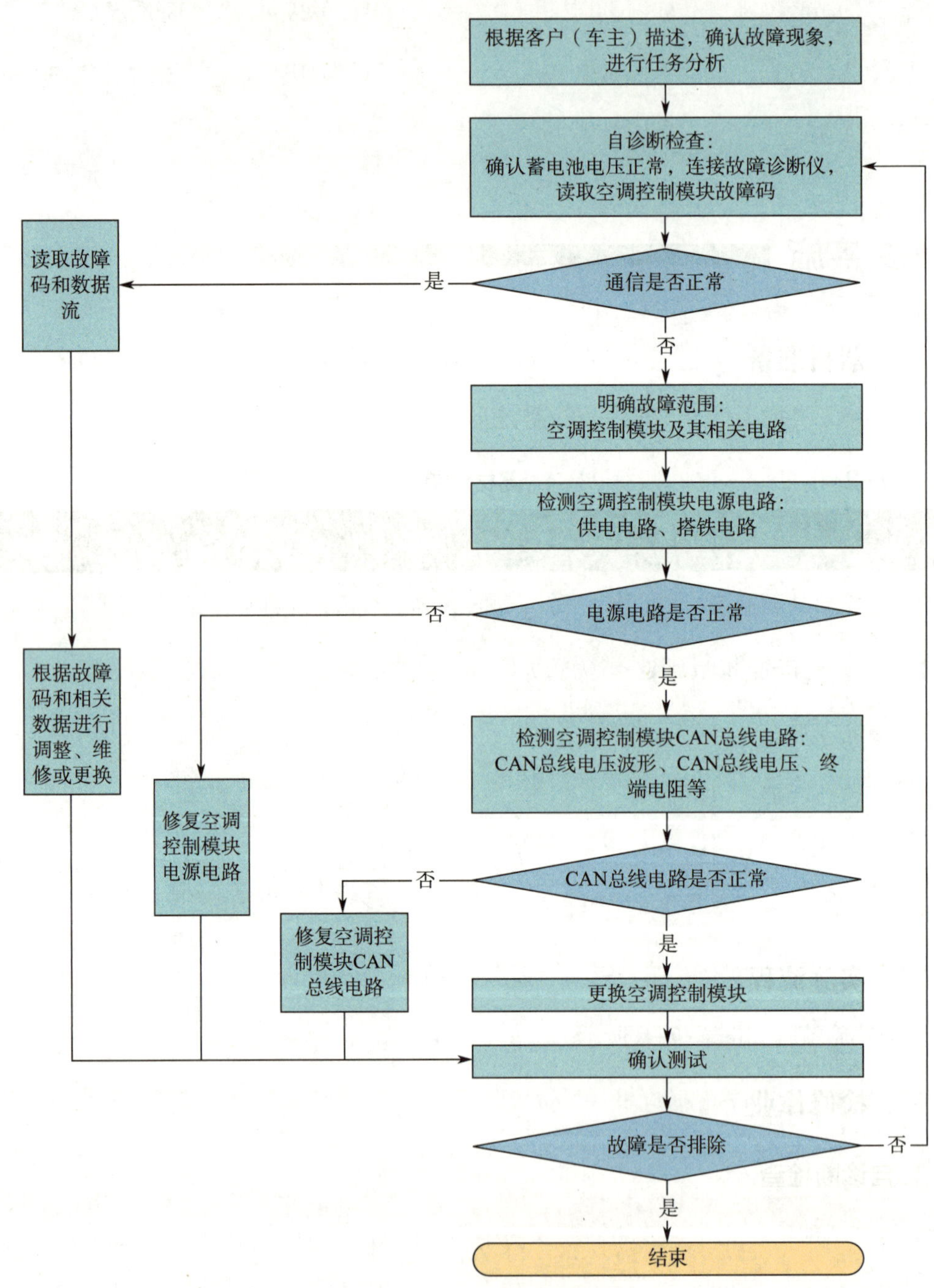
根据客户（车主）描述，确认故障现象，进行任务分析
自诊断检查：确认蓄电池电压正常，连接故障诊断仪，读取空调控制模块故障码
通信是否正常
是
读取故障码和数据流
否
明确故障范围：空调控制模块及其相关电路
检测空调控制模块电源电路：供电电路、搭铁电路
电源电路是否正常
否
是
根据故障码和相关数据进行调整、维修或更换
检测空调控制模块CAN总线电路：CAN总线电压波形、CAN总线电压、终端电阻等
修复空调控制模块电源电路
CAN总线电路是否正常
否
修复空调控制模块CAN总线电路
是
更换空调控制模块
确认测试
故障是否排除
否
是
结束
图 4-7-9　任务实施流程

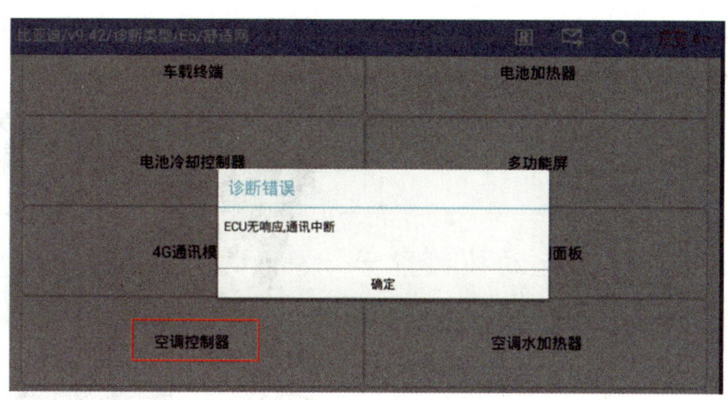

图 4-7-10　空调控制模块故障码的读取

2. 检测空调控制模块电源电路

（1）测量空调控制模块电源电路熔丝对地电压

如图 4-7-11 所示，将起动按钮置于 ON 挡位，按照本模块任务 1 所述熔丝对地电压的测量方法，测量空调控制模块电源电路熔丝 F1/20 对地电压；将起动按钮置于 OFF 挡位，采用同样的方法测量熔丝 F2/42 对地电压；并将所测得的数值与表 4-7-3 中的标准值进行对比，分析、判断空调控制模块供电是否正常。

图 4-7-11　熔丝 F1/20 对地电压的测量

表 4-7-3　空调控制模块电源电路熔丝对地电压的标准值

测量部位	说明	条件	标准值 /V
熔丝 F1/20 - 车身搭铁	熔丝对地电压	起动按钮置于 ON 挡位	11～14
熔丝 F2/42 - 车身搭铁		起动按钮置于 OFF 挡位	

（2）测量空调控制模块插接器电源端子对地电压

为便于测量空调控制模块插接器电源端子对地电压，测量前应先拆卸空调控制模块外围部件（副仪表板的左前护板），操作步骤如下。

1）右手用力顶着副仪表板本体。

2）左手在左前护板上沿用力往外拉，使两个安装卡脚全部脱离，如图 4-7-12 所示。

3）往后抽出左前护板。

图 4-7-12　副仪表板左前护板的拆卸

如图 4-7-13 所示，将起动按钮置于 OFF 挡位，按照本模块任务 1 所述插接器电源端子对地电压的测量方法，测量空调控制模块插接器 G21(A)/20（常电）端子对地电压；将起动按钮置于 ON 挡位，采用同样的方法测量插接器 G21(A)/1（IG4 电）端子对地电压；并将所测得的数值与表 4-7-4 中的标准值进行对比，分析、判断空调控制模块供电是否正常。

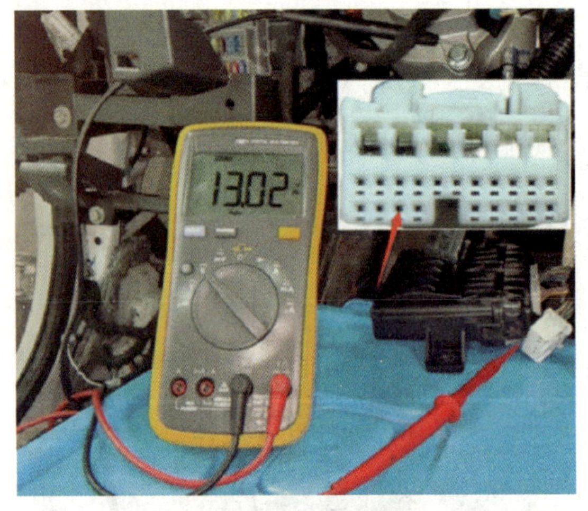

图 4-7-13　插接器 G21(A)/20 端子对地电压的测量

表 4-7-4　　空调控制模块插接器电源端子对地电压的标准值

测量部位	说明	条件	标准值 /V
插接器 G21(A)/20 端子－车身搭铁	电源端子对地电压	起动按钮置于 OFF 挡位	11～14
插接器 G21(A)/1 端子－车身搭铁		起动按钮置于 ON 挡位	

（3）测量空调控制模块插接器搭铁端子对地电阻

如图 4-7-14 所示，按照本模块任务 1 所述插接器搭铁端子对地电阻的测量方法，测量空调控制模块插接器 G21(A)/22（搭铁）端子对地电阻；并将所测得的数值与

表 4-7-5 中的标准值进行对比，分析、判断空调控制模块搭铁是否正常。

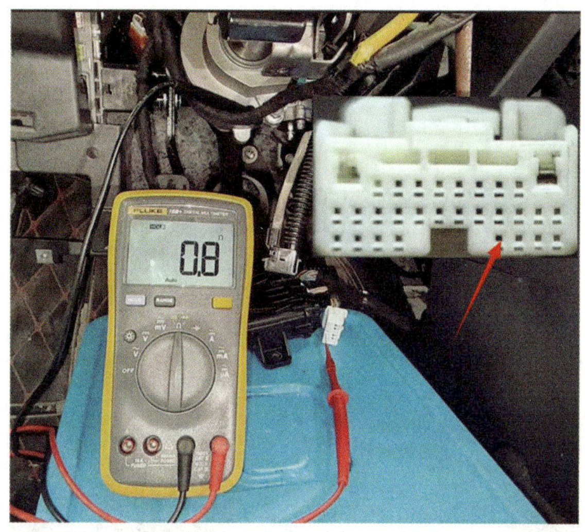

图 4-7-14 插接器 G21(A)/22 端子对地电阻的测量

表 4-7-5 空调控制模块插接器搭铁端子对地电阻的标准值

测量部位	说明	条件	标准值 /Ω
插接器 G21(A)/22 端子 - 车身搭铁	搭铁端子对地电阻	起动按钮置于 OFF 挡位，断开蓄电池负极电缆	<1

3. 检测空调控制模块 CAN 总线电路

（1）检测空调控制模块 CAN 总线电压波形

1）测量前准备

①将起动按钮置于 OFF 挡位。

②断开蓄电池负极电缆，等待 5 min。

③在插接器 G21(B)/17（舒适网 CAN-H）端子、插接器 G21(B)/18（舒适网 CAN-L）端子后端引线处插上探针。

④将示波器通道 CH1、CH2 表笔分别连接插接器 G21(B)/17 端子、插接器 G21(B)/18 端子上的探针。

⑤连接蓄电池负极电缆。

⑥将起动按钮置于 ON 挡位。

2）操作仪器。接通示波器电源开关，调整波形的频率、幅值至合适区域，固定并存储所测量的串行数据。

3）读取测量值。如图 4-7-15 所示，测量空调控制模块舒适网 CAN 总线电压波形；将所测得的波形与正常波形进行对比，分析、判断空调控制模块舒适网 CAN 总线数据传输线是否正常。如果所测得的波形为异常波形，则参考模块一任务 2 中的异常波形，进一步确定故障类型。

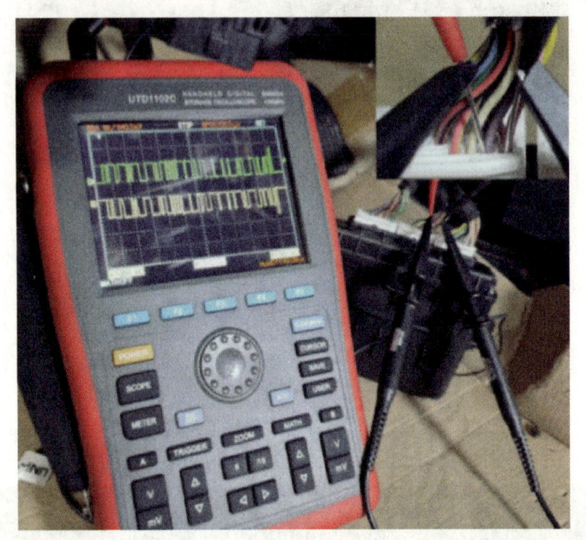

图 4-7-15　空调控制模块舒适网 CAN 总线电压波形的测量

（2）测量空调控制模块 CAN 总线电压

1）测量前准备

①将起动按钮置于 OFF 挡位。

②断开蓄电池负极电缆，等待 5 min。

③在空调控制模块插接器 G21(B)/17 端子、插接器 G21(B)/18 端子后端引线处插上探针。

④连接蓄电池负极电缆。

⑤将起动按钮置于 ON 挡位。

2）操作仪表。将数字式万用表置于直流电压挡，黑表笔接车身搭铁，红表笔先后接插接器 G21(B)/17 端子、插接器 G21(B)/18 端子上的探针，当显示屏显示数值稳定时，按下“HOLD”键。

3）读取测量值。如图 4-7-16 所示，测量空调控制模块舒适网 CAN 总线电压；将所测得的数值与表 4-7-6 中的标准值进行对比，分析、判断空调控制模块舒适网 CAN 总线数据传输线是否正常。

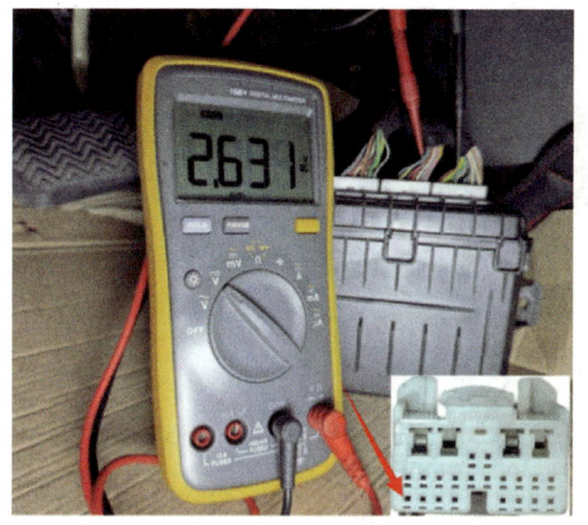

a）

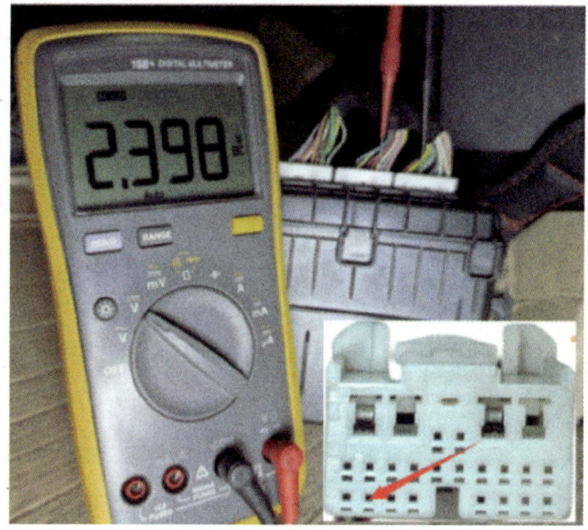

b）

图 4-7-16　空调控制模块舒适网 CAN 总线电压的测量

a）CAN-H 对地电压　b）CAN-L 对地电压

表 4-7-6　　空调控制模块舒适网 CAN 总线电压的标准值

测量部位	说明	条件	标准值 /V
插接器 G21(B)/17 端子 - 车身搭铁	舒适网 CAN-H 对地电压	起动按钮置于 ON 挡位	2.5 ~ 3.5
插接器 G21(B)/18 端子 - 车身搭铁	舒适网 CAN-L 对地电压		1.5 ~ 2.5

（3）测量空调控制模块外部终端电阻

1）测量前准备

①将起动按钮置于 OFF 挡位。

②断开蓄电池负极电缆，等待 5 min。

③断开插接器 G21(B) 与空调控制模块的连接。

④在插接器 G21(B)/17 端子、插接器 G21(B)/18 端子前端针孔处插上探针。

2）操作仪表。将数字式万用表置于电阻挡，红、黑表笔分别接插接器 G21(B)/17 端子、插接器 G21(B)/18 端子上的探针，当显示屏显示数值稳定时，按下“HOLD”键。

3）读取测量值。如图 4-7-17 所示，测量空调控制模块舒适网外部终端电阻；将所测得的数值与表 4-7-7 中的标准值进行对比，分析、判断空调控制模块舒适网 CAN 总线数据传输线是否正常。

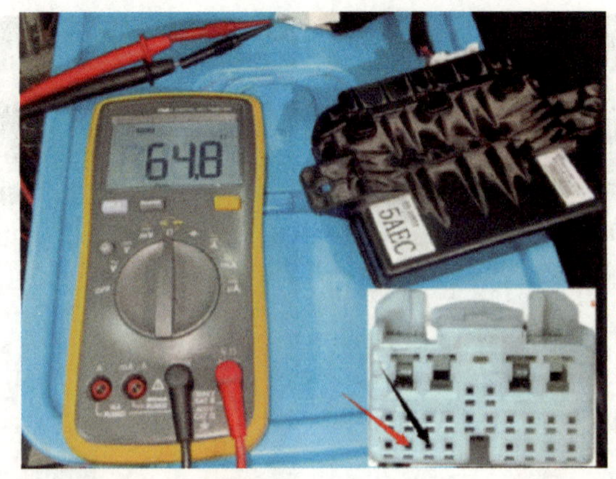

图 4-7-17　空调控制模块舒适网外部终端电阻的测量

表 4-7-7　　　　空调控制模块舒适网外部终端电阻的标准值

测量部位	说明	条件	标准值 /Ω
插接器 G21(B)/17 端子 - 插接器 G21(B)/18 端子	空调控制模块舒适网外部终端电阻	起动按钮置于 OFF 挡位，断开蓄电池负极电缆	约 60

4. 更换空调控制模块

如果经过以上检测确认空调控制模块电源电路、CAN 总线电路均正常，则可以判定故障部位是空调控制模块本身，可采用替换法进行修复，操作步骤如下。

（1）将起动按钮置于 OFF 挡位。

（2）断开蓄电池负极电缆，等待 5 min。

（3）拆卸空调控制模块外围部件。

（4）断开空调控制模块的所有插接器。

（5）使用 10 号套筒拆卸空调控制模块紧固螺栓，取出空调控制模块及支架，如图 4-7-18 所示。

图 4-7-18　空调控制模块及支架

（6）按照与拆卸相反的顺序安装新的空调控制模块。

（7）连接空调控制模块的所有插接器。

（8）连接蓄电池负极电缆。

（9）使用故障诊断仪消除故障码。

（10）将起动按钮置于 ON 挡位，车辆上电，确认多功能显示屏正常显示空调系统工作信息，空调系统制冷与采暖功能正常。

（11）装复空调控制模块外围部件

1）将副仪表板左前护板前部卡脚卡入空调箱体配合孔。

2）将左前护板后部的两个卡脚与相应的副仪表板本体上的安装孔对准。

3）使用合适的力将卡脚安装到位，确保外观平整。

任务 8 | 电动压缩机控制模块检修

学习目标

1. 能叙述电动压缩机总成的功能和组成。
2. 能分析电动压缩机控制模块电路。
3. 能对电动压缩机控制模块进行自诊断检查。
4. 能检测电动压缩机控制模块电源电路和 CAN 总线电路。

●任务描述

某新能源汽车进厂维修，车主反映踩下制动踏板、将起动按钮置于 ON 挡位后，OK 指示灯点亮，使用空调制冷功能时，将温度调到最低，多功能显示屏 AC、LO 指示灯可以点亮，但一段时间后，出风口吹出的风仍不凉，电动压缩机也没有发出工作声音。班组长使用万用表测温功能测量空调出风口温度为 25 ℃，与室温接近，如图 4-8-1 所示；使用故障诊断仪连接车辆自诊断系统、读取电动压缩机控制模块故障码时，故障诊断仪显示“ECU 无响应，通讯中断”，由此初步判断为电动压缩机控制模块通信故障，现安排你负责检修。作为一名维修人员，你如何检修上述故障？

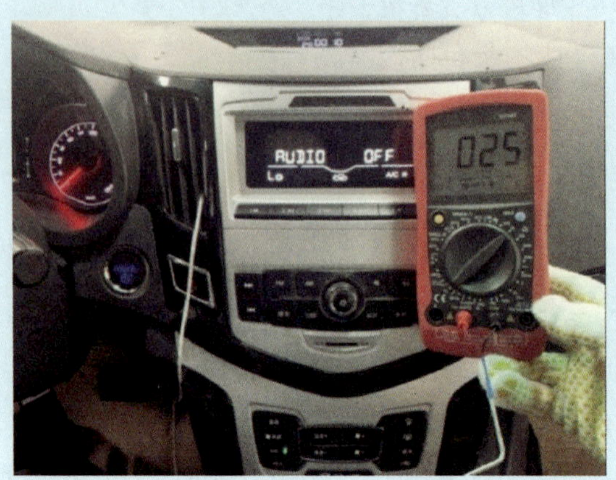

图 4-8-1 空调无冷风、电动压缩机不工作故障

●任务分析

踩下制动踏板、将起动按钮置于 ON 挡位后，OK 指示灯点亮，说明车辆上电正常；使用空调制冷功能时，多功能显示屏 AC、LO 指示灯可以点亮，说明空调控制面板操作正常、多媒体主机显示正常；将温度调到最低，一段时间后，出风口吹出的风仍不凉，电动压缩机也没有发出工作声音，说明电动压缩机不工作；使用故障诊断仪连接车辆自诊断系统、读取电动压缩机控制模块故障码时，故障诊断仪显示“ECU 无响应，通讯中断”，说明电动压缩机控制模块通信故障。考虑到电动压缩机控制模块与 CAN 总线系统的连接关系，且电动压缩机控制模块集成在电动压缩机总成内，检修内容需要覆盖电动压缩机总成及电动压缩机控制模块相关电路。

相关知识

一、电动压缩机总成的功能

电动压缩机总成是新能源汽车空调系统实现制冷功能的关键部件，其功能主要包括驱动与调节、节能减排、智能控制、安全保护等。

1. 驱动与调节

电动压缩机总成为空调系统提供强大而稳定的驱动力，确保制冷剂在系统中顺畅循环，同时能够根据实际负荷情况，通过精确控制电机的转速和功率输出，实现对制冷剂流量、温度和压力的精准调节。

2. 节能减排

电动压缩机总成采用先进的电机控制技术和算法，实现对电动压缩机的高效控制，进而提升空调系统的整体能效，同时能够精准控制制冷剂的循环和温度，减少不必要的能量消耗，为新能源汽车的节能和环保提供条件。

3. 智能控制

电动压缩机总成具备智能化的控制策略，能够与车辆的其他电子控制系统实现联动，同时能够根据车内外环境参数，自动调节电动压缩机的工作状态，实现车内温度的精确控制和快速响应。

4. 安全保护

电动压缩机总成具备多重安全保护功能，如过流保护、过热保护和压力保护等。这些功能确保电动压缩机在异常情况下能够安全停机，避免设备损坏或安全事故的发生。

二、电动压缩机总成的组成

1. 组成

电动压缩机总成主要由电动机、电动压缩机、电动压缩机控制模块、电气连接部件和辅助部件等组成。

电动机是电动压缩机总成的动力源，负责将电能转化为机械能，驱动电动压缩机进行工作；电动压缩机是电动压缩机总成的核心，负责将吸入的低温低压气体压缩成高温高压气体，为后续的制冷过程提供必要的压力条件；电动压缩机控制模块是负责管理和控制电动压缩机运行的主控芯片，用于控制、保护电动压缩机运行和提高能效；电气连接部件负责将电动机、电动压缩机、电动压缩机控制模块和其他元件连接起来，形成一个完整的电路系统；辅助部件包括冷却系统、润滑系统、连接件和密封件等，负责为电动压缩机总成提供冷却、润滑、密封等条件。

以比亚迪 e5 为例，其电动压缩机总成如图 4-8-2 所示，电动压缩机控制模块如图 4-8-3 所示。

2. 安装位置

以比亚迪 e5 为例，其电动压缩机总成的安装位置如图 4-8-4 所示，电动压缩机控制模块就是电动压缩机总成最上面的控制电路板。

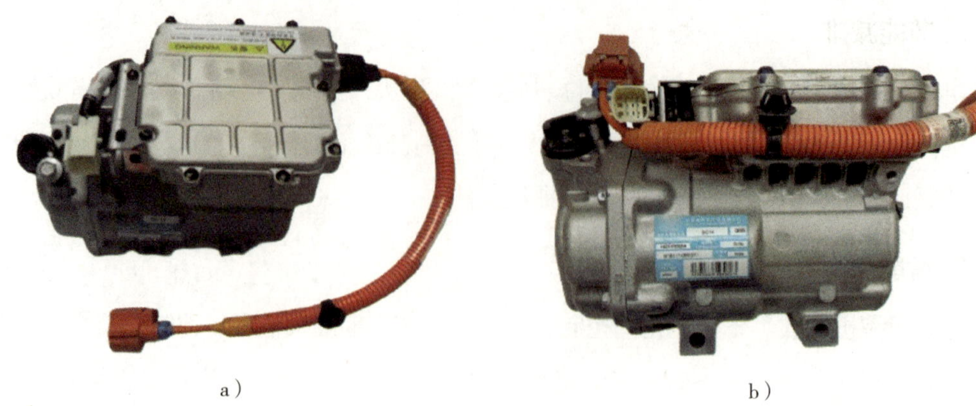
a）　　b）

图 4-8-2　电动压缩机总成

a）正面　b）侧面

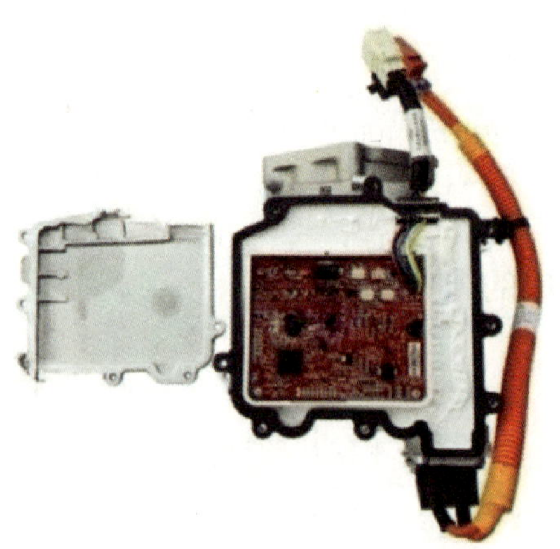

图 4-8-3　电动压缩机控制模块

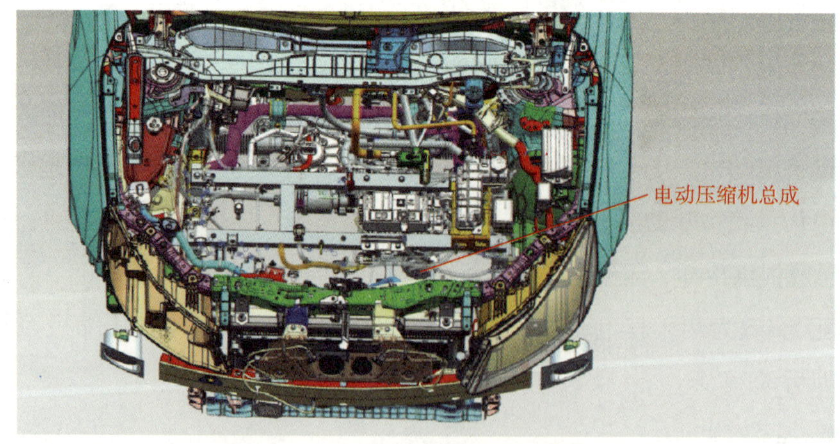

图 4-8-4　电动压缩机总成的安装位置

三、电动压缩机控制模块的电路

以比亚迪 e5 为例，其电动压缩机控制模块电路如图 4-8-5 所示。

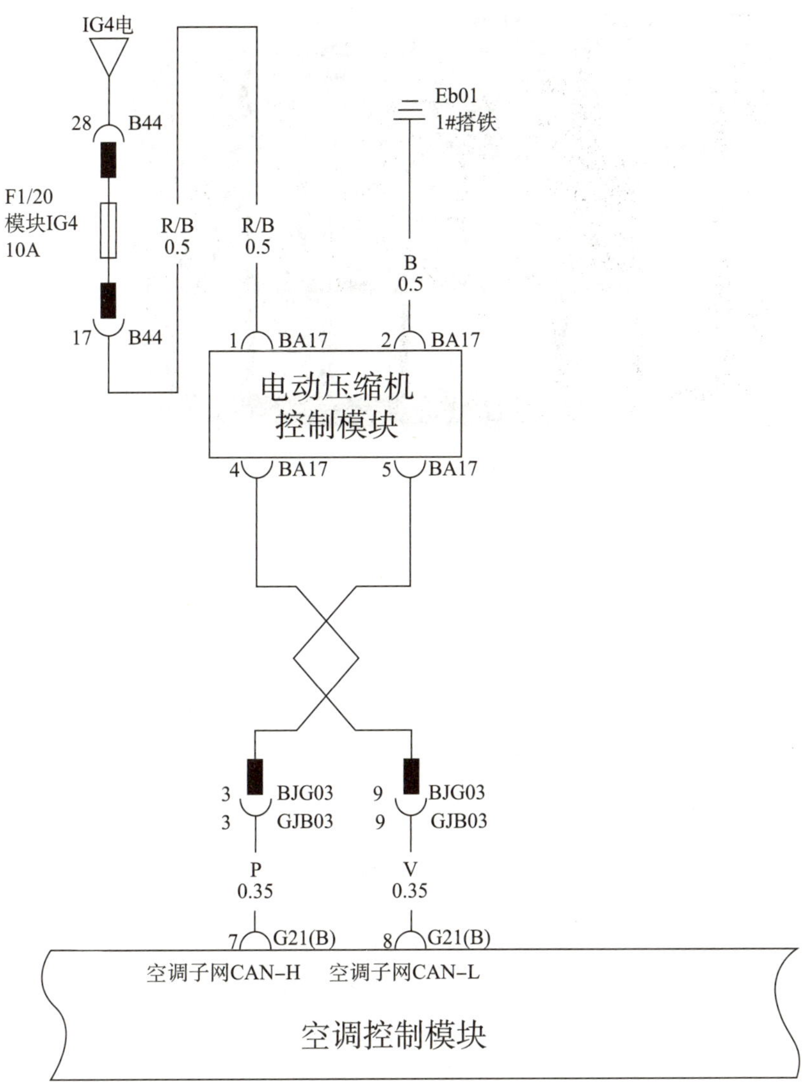

图 4-8-5　电动压缩机控制模块电路

1. 电动压缩机控制模块电源电路

电动压缩机控制模块由 IG4 电供电，IG4 电电路通过熔丝 F1/20 由插接器 BA17/1 端子连接电动压缩机控制模块。搭铁电路由插接器 BA17/2 端子通过导线连接到 1# 搭铁 Eb01。

熔丝 F1/20 在前舱配电盒中，如图 4-8-6 所示。

2. 电动压缩机控制模块 CAN 总线电路

空调子网 CAN-H、CAN-L 以双绞线的形式分别通过插接器 BA17/4 端子、插接器 BA17/5 端子连接到电动压缩机控制模块，另一端分别通过插接器 G21(B)/7 端子、插接器 G21(B)/8 端子连接到空调控制模块。

图 4-8-6　熔丝 F1/20 的位置

电动压缩机控制模块与空调控制模块通过空调子网进行连接，空调控制模块、电动压缩机控制模块内部均设置有空调子网终端电阻，标准值均为 120 Ω；空调控制模块、电动压缩机控制模块内部的终端电阻在整个空调子网中处于并联状态，因此，电动压缩机控制模块外部终端电阻为 120 Ω。

3. 电动压缩机控制模块插接器及其端子功能定义

电动压缩机控制模块插接器 BA17 的外形如图 4-8-7 所示，其部分端子功能定义见表 4-8-1。

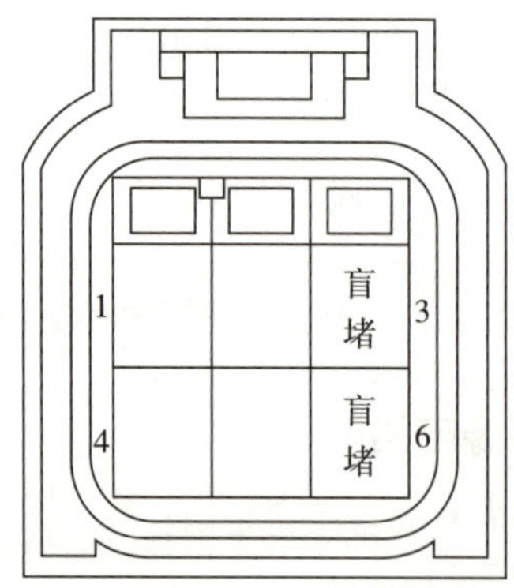

图 4-8-7　电动压缩机控制模块插接器 BA17 的外形

表 4-8-1　　电动压缩机控制模块插接器 BA17 的部分端子功能定义

端子号	功能定义	端子号	功能定义
BA17/1	IG4 电	BA17/4	空调子网 CAN-H
BA17/2	搭铁	BA17/5	空调子网 CAN-L

任务实施

一、器材准备

按表 4-8-2 准备任务实施所需的器材。

表 4-8-2 器材清单

类别	名称
工具	数字式万用表、测试线、探针、棘轮手柄、套筒、螺钉旋具等
设备	实训车辆（以比亚迪 e5 为例）、工具车、零件车、故障诊断仪、示波器、举升机、制冷剂回收加注一体机等
材料	电工胶布、熔丝、制冷剂等
资料	维修手册、电路图等
其他	安全帽、护目镜、绝缘手套等人员防护用品，翼子板布、座椅套、转向盘套等车辆防护用品，危险警示牌、危险作业隔离带、绝缘垫等现场安全防护设施

二、实施流程

任务实施流程如图 4-8-8 所示。

三、检修作业

1. 自诊断检查

确认蓄电池电压正常、故障诊断仪与车辆自诊断系统连接正常后，在故障诊断仪中根据屏幕显示信息提示进入“空调压缩机控制器”界面，选择“读取故障码”选项，读取电动压缩机控制模块的故障码。

如图 4-8-9 所示，若故障诊断仪显示“ECU 无响应，通讯中断”，则说明无法与电动压缩机控制模块进行通信，明确故障范围是电动压缩机控制模块及其相关电路。

2. 检测电动压缩机控制模块电源电路

（1）测量电动压缩机控制模块电源电路熔丝对地电压

如图 4-8-10 所示，将起动按钮置于 ON 挡位，按照本模块任务 1 所述熔丝对地电压的测量方法，测量电动压缩机控制模块电源电路熔丝 F1/20 对地电压；并将所测得的数值与表 4-8-3 中的标准值进行对比，分析、判断电动压缩机控制模块供电是否正常。

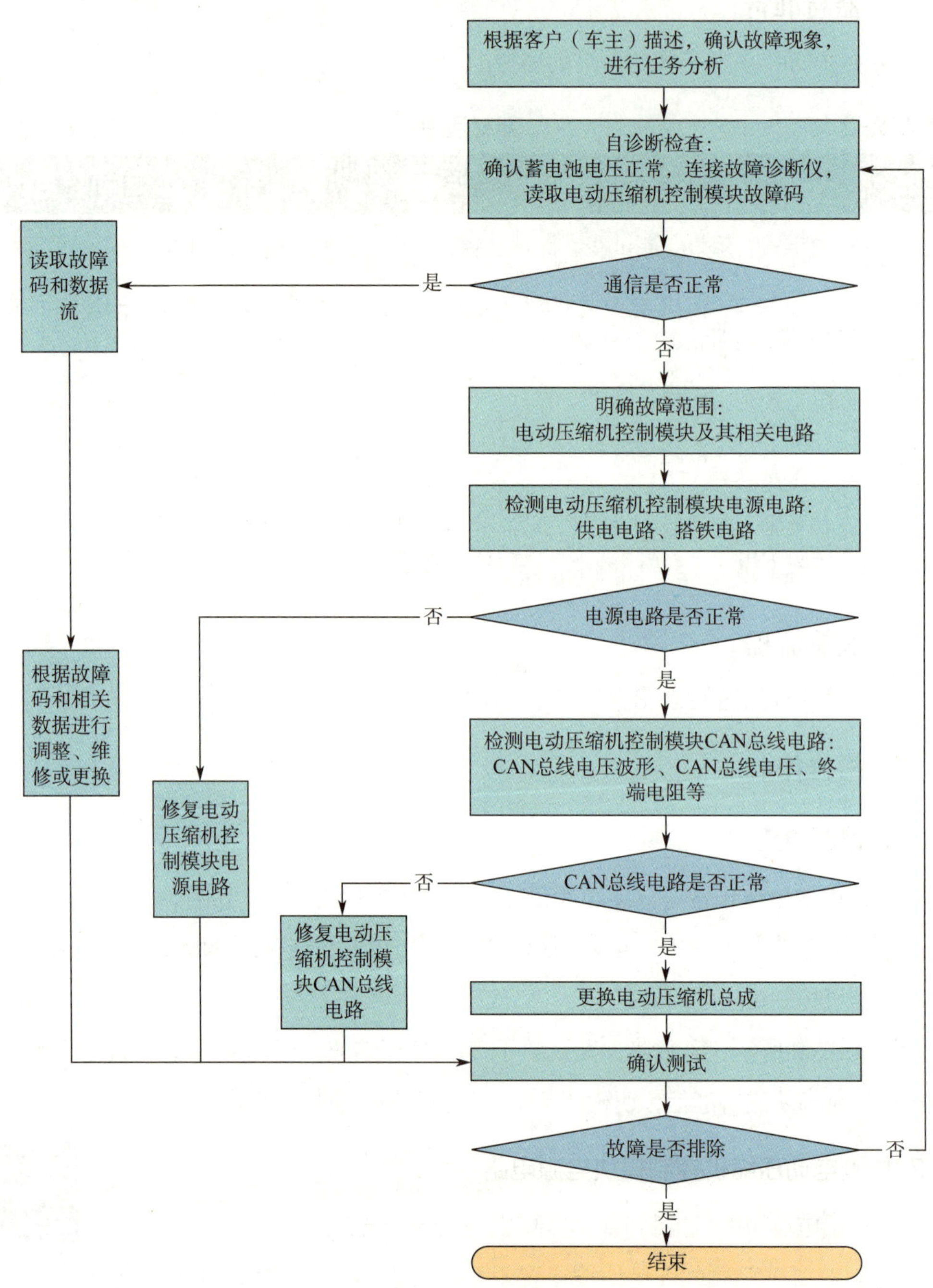
根据客户（车主）描述，确认故障现象，
进行任务分析
自诊断检查：
确认蓄电池电压正常，连接故障诊断仪，
读取电动压缩机控制模块故障码
通信是否正常
是
读取故障码和数据流
否
明确故障范围：
电动压缩机控制模块及其相关电路
检测电动压缩机控制模块电源电路：
供电电路、搭铁电路
电源电路是否正常
否
是
根据故障码和相关数据进行调整、维修或更换
修复电动压缩机控制模块电源电路
检测电动压缩机控制模块CAN总线电路：
CAN总线电压波形、CAN总线电压、终端电阻等
CAN总线电路是否正常
否
修复电动压缩机控制模块CAN总线电路
是
更换电动压缩机总成
确认测试
故障是否排除
否
是
结束

图 4-8-8　任务实施流程

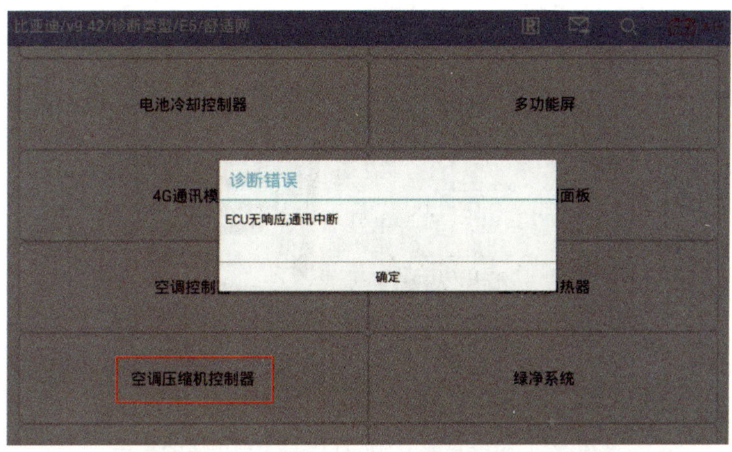

图 4-8-9　电动压缩机控制模块故障码的读取

图 4-8-10　熔丝 F1/20 对地电压的测量

表 4-8-3　　电动压缩机控制模块电源电路熔丝对地电压的标准值

测量部位	说明	条件	标准值 /V
熔丝 F1/20－车身搭铁	熔丝对地电压	起动按钮置于 ON 挡位	11～14

（2）测量电动压缩机控制模块插接器电源端子对地电压

如图 4-8-11 所示，将起动按钮置于 ON 挡位，按照本模块任务 1 所述插接器电源端子对地电压的测量方法，测量电动压缩机控制模块插接器 BA17/1（IG4 电）端子对地电压；并将所测得的数值与表 4-8-4 中的标准值进行对比，分析、判断电动压缩机控制模块供电是否正常。

图 4-8-11　插接器 BA17/1 端子对地电压的测量

表 4-8-4　　电动压缩机控制模块插接器电源端子对地电压的标准值

测量部位	说明	条件	标准值 /V
插接器 BA17/1 端子 - 车身搭铁	电源端子对地电压	起动按钮置于 ON 挡位	11 ~ 14

（3）测量电动压缩机控制模块插接器搭铁端子对地电阻

如图 4-8-12 所示，按照本模块任务 1 所述插接器搭铁端子对地电阻的测量方法，测量电动压缩机控制模块插接器 BA17/2（搭铁）端子对地电阻；并将所测得的数值与表 4-8-5 中的标准值进行对比，分析、判断电动压缩机控制模块搭铁是否正常。

图 4-8-12　插接器 BA17/2 端子对地电阻的测量

表 4-8-5　　电动压缩机控制模块插接器搭铁端子对地电阻的标准值

测量部位	说明	条件	标准值 /Ω
插接器 BA17/2 端子 - 车身搭铁	搭铁端子对地电阻	起动按钮置于 OFF 挡位，断开蓄电池负极电缆	<1

3. 检测电动压缩机控制模块 CAN 总线电路

（1）检测电动压缩机控制模块 CAN 总线电压波形

1）测量前准备

①将起动按钮置于 OFF 挡位。

②断开蓄电池负极电缆，等待 5 min。

③在插接器 BA17/4（空调子网 CAN-H）端子、插接器 BA17/5（空调子网 CAN-L）端子后端引线处插上探针。

④将示波器通道 CH1、CH2 表笔分别连接插接器 BA17/4 端子、插接器 BA17/5 端子上的探针。

⑤连接蓄电池负极电缆。

⑥将起动按钮置于 ON 挡位。

2）操作仪器。接通示波器电源开关，调整波形的频率、幅值至合适区域，固定并存储所测量的串行数据。

3）读取测量值。如图 4-8-13 所示，测量电动压缩机控制模块 CAN 总线电压波形；将所测得的波形与正常波形进行对比，分析、判断电动压缩机控制模块 CAN 总线数据传输线是否正常。如果所测得的波形为异常波形，则参考模块一任务 2 中的异常波形，进一步确定故障类型。

图 4-8-13　电动压缩机控制模块 CAN 总线电压波形的测量

（2）测量电动压缩机控制模块 CAN 总线电压

1）测量前准备

①将起动按钮置于 OFF 挡位。

②断开蓄电池负极电缆，等待 5 min。

③在插接器 BA17/4 端子、插接器 BA17/5 端子后端引线处插上探针。

④连接蓄电池负极电缆。

⑤将起动按钮置于 ON 挡位。

2）操作仪表。将数字式万用表置于直流电压挡，黑表笔接车身搭铁，红表笔先后接插接器 BA17/4 端子、插接器 BA17/5 端子上的探针，当显示屏显示数值稳定时，按下“HOLD”键。

3）读取测量值。如图 4-8-14 所示，测量电动压缩机控制模块 CAN 总线电压；将所测得的数值与表 4-8-6 中的标准值进行对比，分析、判断电动压缩机控制模块 CAN 总线数据传输线是否正常。

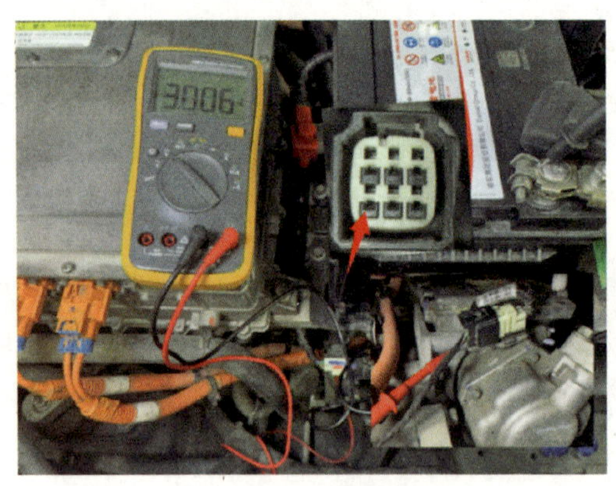

a）

b）

图 4-8-14　电动压缩机控制模块 CAN 总线电压的测量

a）CAN-H 对地电压　b）CAN-L 对地电压

表 4-8-6　电动压缩机控制模块 CAN 总线电压的标准值

测量部位	说明	条件	标准值 /V
插接器 BA17/4 端子 - 车身搭铁	空调子网 CAN-H 对地电压	起动按钮置于 ON 挡位	2.5～3.5
插接器 BA17/5 端子 - 车身搭铁	空调子网 CAN-L 对地电压		1.5～2.5

（3）测量电动压缩机控制模块外部终端电阻

1）测量前准备

①将起动按钮置于 OFF 挡位。

②断开蓄电池负极电缆，等待 5 min。

③断开插接器 BA17 与电动压缩机控制模块的连接。

④在插接器 BA17/4 端子、插接器 BA17/5 端子前端针孔处插上探针。

2）操作仪表。将数字式万用表置于电阻挡，红、黑表笔分别接插接器 BA17/4 端子、插接器 BA17/5 端子上的探针，当显示屏显示数值稳定时，按下“HOLD”键。

3）读取测量值。如图 4-8-15 所示，测量电动压缩机控制模块外部终端电阻；将所测得的数值与表 4-8-7 中的标准值进行对比，分析、判断电动压缩机控制模块 CAN 总线数据传输线是否正常。

图 4-8-15　电动压缩机控制模块外部终端电阻的测量

表 4-8-7　　电动压缩机控制模块外部终端电阻的标准值

测量部位	说明	条件	标准值 / Ω
插接器 BA17/4 端子 - 插接器 BA17/5 端子	电动压缩机控制模块外部终端电阻	起动按钮置于 OFF 挡位，断开蓄电池负极电缆	约 120

（4）测量电动压缩机控制模块内部终端电阻

由于电动压缩机控制模块侧插接器 BA17 位置狭窄，检测受限，因此可以通过空调控制模块插接器 G21(B)/7 端子、插接器 G21(B)/8 端子测量电动压缩机控制模块内部终端电阻。

1）测量前准备

①将起动按钮置于 OFF 挡位。

②断开蓄电池负极电缆，等待 5 min。

③断开插接器 G21(B) 与空调控制模块的连接。

④在插接器 G21(B)/7 端子、插接器 G21(B)/8 端子前端针孔处插上探针。

2）操作仪表。将数字式万用表置于电阻挡，红、黑表笔分别接插接器 G21(B)/7 端子、插接器 G21(B)/8 端子上的探针，当显示屏显示数值稳定时，按下“HOLD”键。

3）读取测量值。如图 4-8-16 所示，测量电动压缩机控制模块内部终端电阻；将所测得的数值与表 4-8-8 中的标准值进行对比，分析、判断电动压缩机控制模块是否正常。

图 4-8-16　电动压缩机控制模块内部终端电阻的测量

表 4-8-8　电动压缩机控制模块内部终端电阻的标准值

测量部位	说明	条件	标准值 / Ω
插接器 G21(B)/7 端子 - 插接器 G21(B)/8 端子	电动压缩机控制模块内部终端电阻	起动按钮置于 OFF 挡位，断开蓄电池负极电缆	约 120

4. 更换电动压缩机总成

如果经过以上检测确认电动压缩机控制模块电源电路、CAN 总线电路均正常，则可以判定故障部位是电动压缩机控制模块本身，可采用替换法进行修复。考虑到电动压缩机控制模块集成在电动压缩机总成内，因此这里需要更换电动压缩机总成，操作步骤如下。

（1）将起动按钮置于 OFF 挡位。

（2）断开蓄电池负极电缆，等待 5 min。

（3）对车辆进行下电、验电操作。

（4）回收汽车空调系统的制冷剂。

（5）举升车辆，拆卸电动压缩机总成的高、低压管路，断开电动压缩机总成的高、低压插接器。

（6）使用 10 号套筒拆卸电动压缩机总成的紧固螺栓（4 颗，见图 4-8-17），取下电动压缩机总成。

图 4-8-17 电动压缩机总成紧固螺栓的位置

（7）按照与拆卸相反的顺序安装新的电动压缩机总成。

（8）连接电动压缩机总成的高、低压插接器和高、低压管路。

（9）连接蓄电池负极电缆。

（10）使用故障诊断仪消除故障码。

（11）将起动按钮置于 ON 挡位，车辆上电，使用故障诊断仪检测并确认电动压缩机控制模块通信正常。

（12）抽真空，给汽车空调系统加注制冷剂。

（13）检测汽车空调系统制冷功能，确认空调出风口温度正常。

任务 9 | PTC 加热器控制模块检修

学习目标

1. 能叙述 PTC 加热器总成的功能和组成。
2. 能分析 PTC 加热器控制模块电路。
3. 能对 PTC 加热器控制模块进行自诊断检查。
4. 能检测 PTC 加热器控制模块电源电路和 CAN 总线电路。

●任务描述

某新能源汽车进厂维修，车主反映踩下制动踏板、将起动按钮置于ON挡位后，OK指示灯点亮，使用空调采暖功能时，将温度调到30 ℃，多功能显示屏30 ℃指示灯可以点亮，但一段时间后，出风口吹出的风仍不暖，用手靠近PTC加热器，也感觉不到发热。班组长使用万用表测温功能测量空调出风口温度为24 ℃，与室温接近，如图4-9-1所示；使用故障诊断仪连接车辆自诊断系统、读取PTC加热器控制模块故障码时，故障诊断仪显示“ECU无响应，通讯中断”，由此初步判断为PTC加热器控制模块通信故障，现安排你负责检修。作为一名维修人员，你如何检修上述故障？

图4-9-1　空调无暖风、PTC加热器不工作故障

●任务分析

踩下制动踏板、将起动按钮置于ON挡位后，OK指示灯点亮，说明车辆上电正常；使用空调采暖功能时，多功能显示屏30 ℃指示灯可以点亮，说明空调控制面板操作正常、多媒体主机显示正常；将温度调到30 ℃，一段时间后，出风口吹出的风仍不暖，用手靠近PTC加热器，也感觉不到发热，说明PTC加热器不工作；使用故障诊断仪连接车辆自诊断系统、读取PTC加热器控制模块故障码时，故障诊断仪显示“ECU无响应，通讯中断”，说明PTC加热器控制模块通信故障。考虑到PTC加热器控制模块与CAN总线系统的连接关系，且PTC加热器控制模块集成在PTC加热器总成内，检修内容需要覆盖PTC加热器总成及PTC加热器控制模块相关电路。

相关知识

一、PTC 加热器总成的功能

PTC 加热器总成是新能源汽车空调系统实现采暖功能的关键部件，其功能主要包括温度控制、节能与高效、安全保护、智能监控与诊断等，这些功能确保 PTC 加热器在新能源汽车中稳定、安全、高效运行，提高了新能源汽车的舒适性和可靠性。

1. 温度控制

PTC 加热器总成通过监测 PTC 加热器的温度，并实时调整通过 PTC 加热器的电流，实现精确的温度控制，能够确保 PTC 加热器在设定的温度范围内稳定工作，满足新能源汽车在不同环境温度下的加热需求。

2. 节能与高效

PTC 加热器总成通过精确控制加热功率和温度，实现节能和高效运行。当需要加热时，能够迅速提高加热功率，使 PTC 加热器快速达到设定温度；在温度稳定后，能够降低加热功率，维持温度恒定，避免不必要的能量浪费。

3. 安全保护

PTC 加热器总成具备过热保护、过流保护、短路保护等多重安全保护功能，确保 PTC 加热器在工作过程中安全可靠。

4. 智能监控与诊断

PTC 加热器总成通常具备智能监控与诊断功能，能够实时监测 PTC 加热器的工作状态和温度、电流等参数，并将这些信息传输给中央控制系统或驾驶员。

二、PTC 加热器总成的组成

1. 组成

PTC 加热器总成主要由 PTC 加热器、PTC 加热器控制模块、电气连接部件和辅助部件等组成。

PTC 加热器是采暖系统的核心，它利用正温度系数（PTC）热敏电阻的工作特性，在电流通过时产生热量；PTC 加热器控制模块负责控制 PTC 加热器的工作状态，确保 PTC 加热器按照预定的程序和要求运行；PTC 加热器总成通常有两个插接器，高压插接器用于向 PTC 加热器提供高压电，确保其正常工作，低压插接器用于向 PTC 加热器控制模块提供低压电和控制信号；辅助部件包括暖风系统储水壶、电子水泵、暖风芯体等。

以比亚迪 e5 为例，其 PTC 加热器总成如图 4-9-2 所示，PTC 加热器控制模块如图 4-9-3 所示。

a）　　　　b）

图 4-9-2　PTC 加热器总成

a）正面　b）侧面

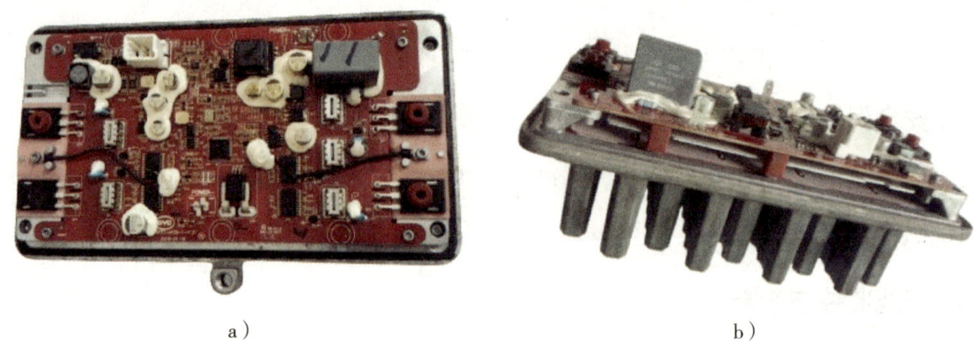

a）　　　　b）

图 4-9-3　PTC 加热器控制模块

a）正面　b）侧面

2. 安装位置

以比亚迪 e5 为例，其 PTC 加热器总成的安装位置如图 4-9-4 所示，PTC 加热器控制模块集成在 PTC 加热器总成内部。

三、PTC 加热器控制模块的电路

以比亚迪 e5 为例，其 PTC 加热器控制模块电路如图 4-9-5 所示。

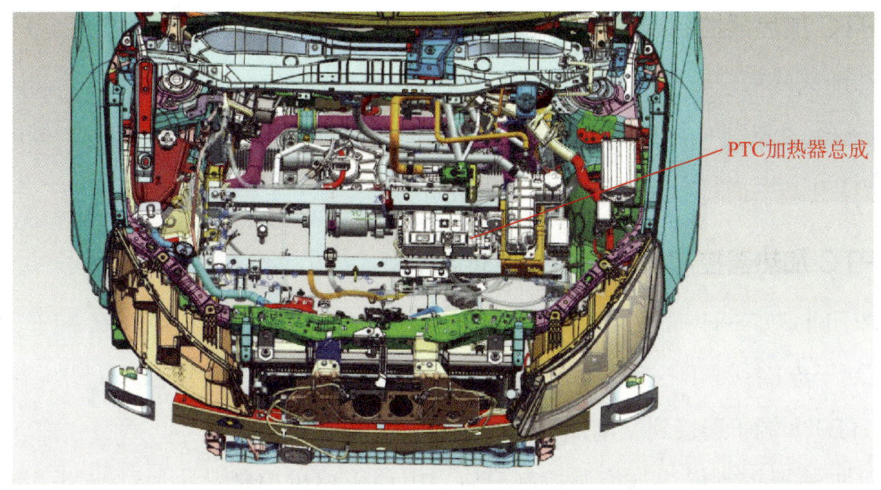

图 4-9-4　PTC 加热器总成的安装位置

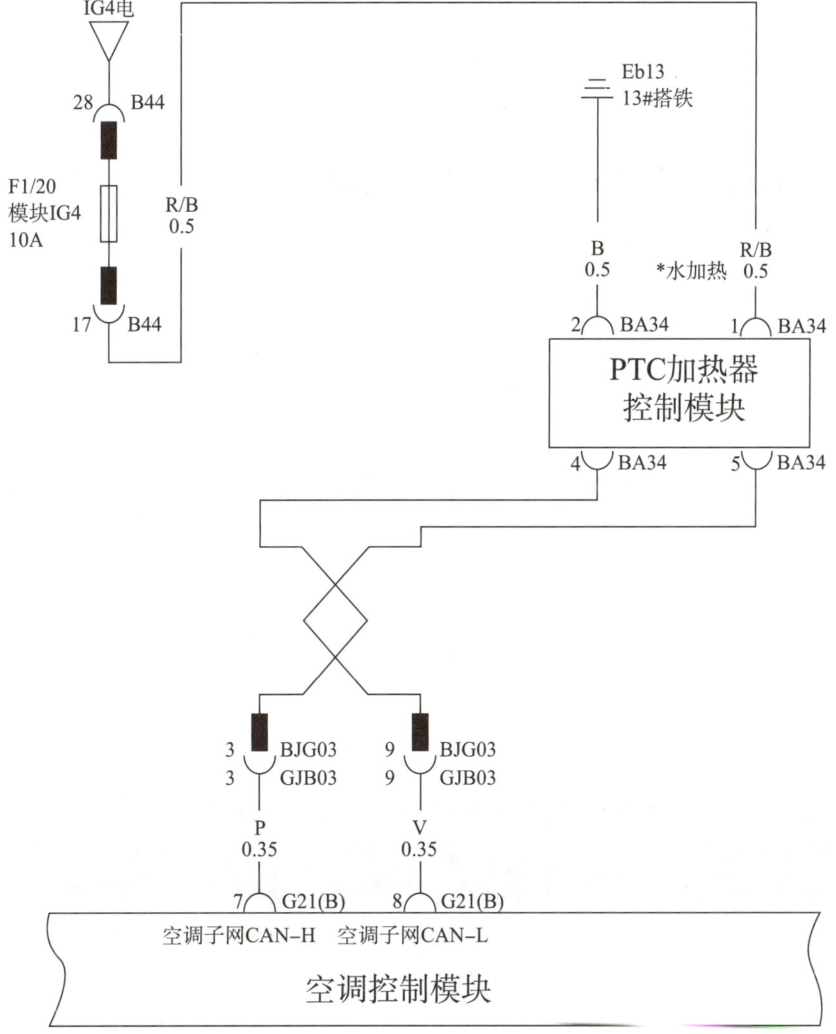

图 4-9-5　PTC 加热器控制模块电路

1. PTC 加热器控制模块电源电路

PTC 加热器控制模块由 IG4 电供电，IG4 电电路通过熔丝 F1/20（与电动压缩机控制模块电源电路共用）由插接器 BA34/1 端子连接 PTC 加热器控制模块。搭铁电路由插接器 BA34/2 端子通过导线连接到 13# 搭铁 Eb13。

2. PTC 加热器控制模块 CAN 总线电路

空调子网 CAN-H、CAN-L 以双绞线的形式分别通过插接器 BA34/4 端子、插接器 BA34/5 端子连接到 PTC 加热器控制模块，另一端分别通过插接器 G21(B)/7 端子、插接器 G21(B)/8 端子连接到空调控制模块。

PTC 加热器控制模块与空调控制模块、电动压缩机控制模块通过空调子网进行连接，空调控制模块、电动压缩机控制模块内部均设置有空调子网终端电阻，标准值均为 120 Ω；PTC 加热器控制模块内部没有终端电阻，空调控制模块、电动压缩机控制模块内部的终端电阻在整个空调子网中处于并联状态，因此，PTC 加热器控制模块外部终端电阻为 60 Ω。

3. PTC 加热器控制模块插接器及其端子功能定义

PTC 加热器控制模块插接器 BA34 的外形如图 4-9-6 所示，其部分端子功能定义见表 4-9-1。

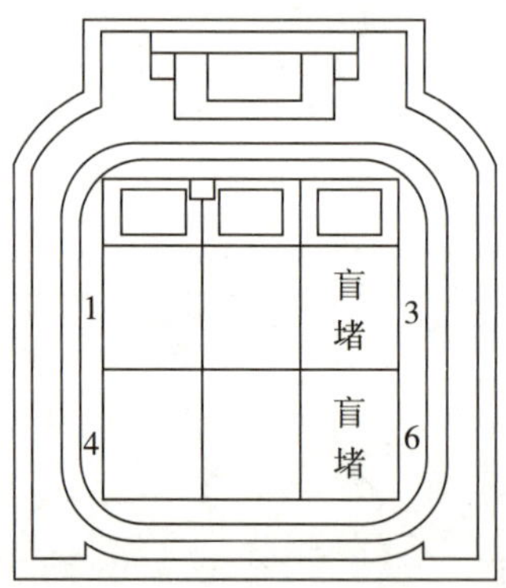

图 4-9-6　PTC 加热器控制模块插接器 BA34 的外形

表 4-9-1　　PTC 加热器控制模块插接器 BA34 的部分端子功能定义

端子号	功能定义	端子号	功能定义
BA34/1	IG4 电	BA34/4	空调子网 CAN-H
BA34/2	搭铁	BA34/5	空调子网 CAN-L

任务实施

一、器材准备

按表 4-9-2 准备任务实施所需的器材。

表 4-9-2 器材清单

类别	名称
工具	数字式万用表、测试线、探针、棘轮手柄、套筒、螺钉旋具等
设备	实训车辆（以比亚迪 e5 为例）、工具车、零件车、故障诊断仪、示波器、举升机、废液废品收集装置等
材料	电工胶布、熔丝、冷却液等
资料	维修手册、电路图等
其他	安全帽、护目镜、绝缘手套等人员防护用品，翼子板布、座椅套、转向盘套等车辆防护用品，危险警示牌、危险作业隔离带、绝缘垫等现场安全防护设施

二、实施流程

任务实施流程如图 4-9-7 所示。

三、检修作业

1. 自诊断检查

确认蓄电池电压正常、故障诊断仪与车辆自诊断系统连接正常后，在故障诊断仪中根据屏幕显示信息提示进入“空调水加热器”界面，选择“读取故障码”选项，读取 PTC 加热器控制模块的故障码。

如图 4-9-8 所示，若故障诊断仪显示“ECU 无响应，通讯中断”，则说明无法与 PTC 加热器控制模块进行通信，明确故障范围是 PTC 加热器控制模块及其相关电路。

2. 检测 PTC 加热器控制模块电源电路

（1）测量 PTC 加热器控制模块电源电路熔丝对地电压

如图 4-9-9 所示，将起动按钮置于 ON 挡位，按照本模块任务 1 所述熔丝对地电压的测量方法，测量 PTC 加热器控制模块电源电路熔丝 F1/20 对地电压；并将所测得的数值与表 4-9-3 中的标准值进行对比，分析、判断 PTC 加热器控制模块供电是否正常。

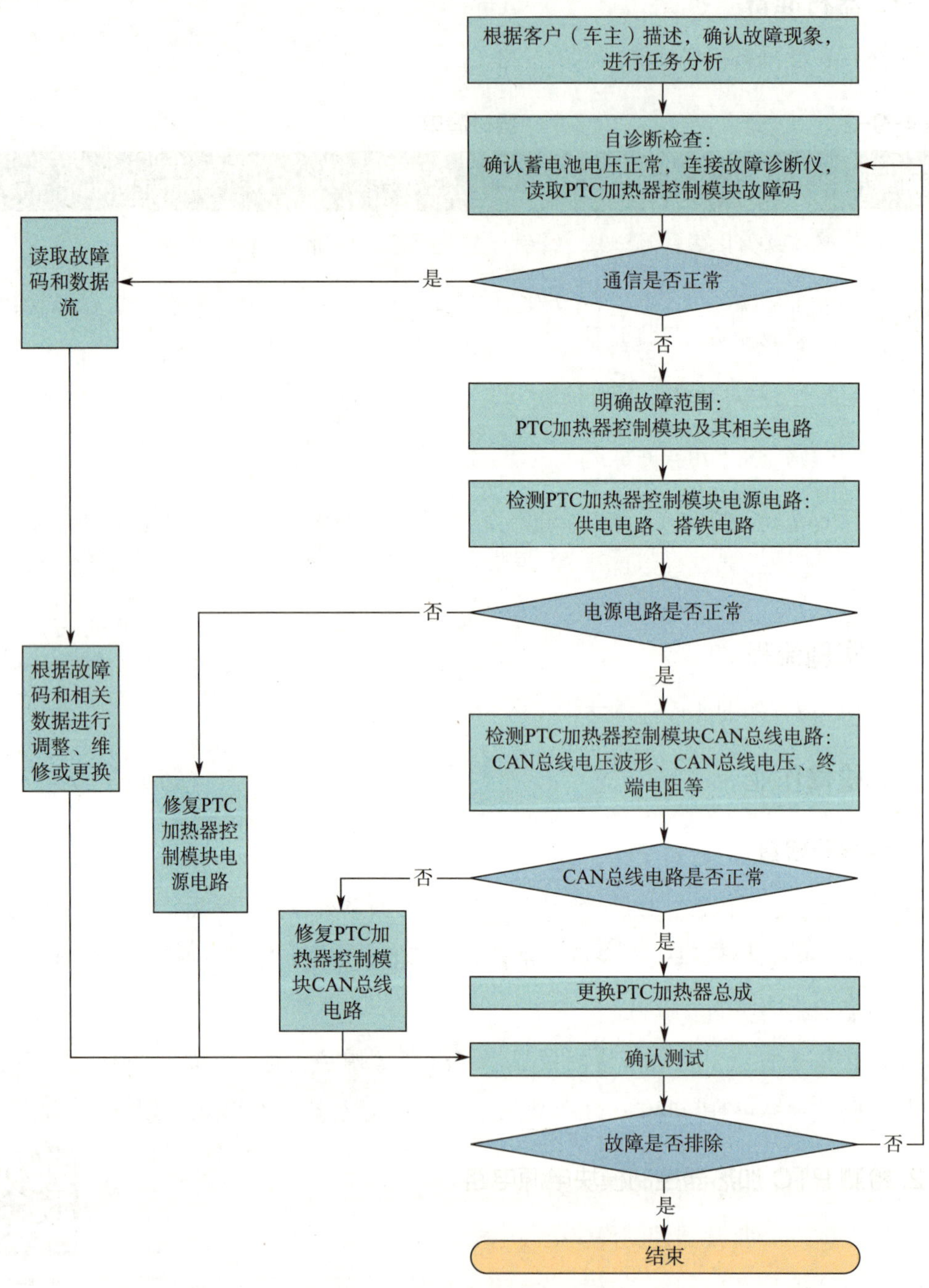
根据客户（车主）描述，确认故障现象，进行任务分析
自诊断检查：
确认蓄电池电压正常，连接故障诊断仪，
读取PTC加热器控制模块故障码
通信是否正常
是
否
读取故障码和数据流
明确故障范围：
PTC加热器控制模块及其相关电路
检测PTC加热器控制模块电源电路：
供电电路、搭铁电路
电源电路是否正常
否
是
根据故障码和相关数据进行调整、维修或更换
检测PTC加热器控制模块CAN总线电路：
CAN总线电压波形、CAN总线电压、终端电阻等
修复PTC加热器控制模块电源电路
CAN总线电路是否正常
否
是
修复PTC加热器控制模块CAN总线电路
更换PTC加热器总成
确认测试
故障是否排除
否
是
结束
图 4-9-7　任务实施流程

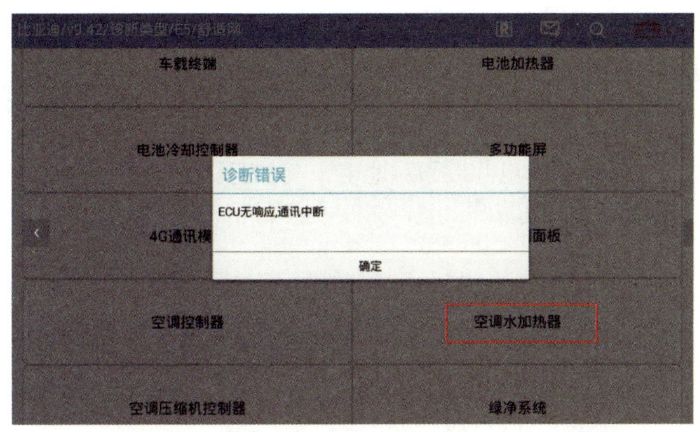

图 4-9-8 PTC 加热器控制模块故障码的读取

图 4-9-9 熔丝 F1/20 对地电压的测量

表 4-9-3 PTC 加热器控制模块电源电路熔丝对地电压的标准值

测量部位	说明	条件	标准值 /V
熔丝 F1/20 - 车身搭铁	熔丝对地电压	起动按钮置于 ON 挡位	11 ~ 14

（2）测量 PTC 加热器控制模块插接器电源端子对地电压

如图 4-9-10 所示，将起动按钮置于 ON 挡位，按照本模块任务 1 所述插接器电源端子对地电压的测量方法，测量 PTC 加热器控制模块插接器 BA34/1（IG4 电）端子对地电压；并将所测得的数值与表 4-9-4 中的标准值进行对比，分析、判断 PTC 加热器控制模块供电是否正常。

图 4-9-10 插接器 BA34/1 端子对地电压的测量

表 4-9-4　PTC 加热器控制模块插接器电源端子对地电压的标准值

测量部位	说明	条件	标准值 /V
插接器 BA34/1 端子 - 车身搭铁	电源端子对地电压	起动按钮置于 ON 挡位	11～14

（3）测量 PTC 加热器控制模块插接器搭铁端子对地电阻

如图 4-9-11 所示，按照本模块任务 1 所述插接器搭铁端子对地电阻的测量方法，测量 PTC 加热器控制模块插接器 BA34/2（搭铁）端子对地电阻；并将所测得的数值与表 4-9-5 中的标准值进行对比，分析、判断 PTC 加热器控制模块搭铁是否正常。

图 4-9-11　插接器 BA34/2 端子对地电阻的测量

表 4-9-5　PTC 加热器控制模块插接器搭铁端子对地电阻的标准值

测量部位	说明	条件	标准值 /Ω
插接器 BA34/2 端子 - 车身搭铁	搭铁端子对地电阻	起动按钮置于 OFF 挡位，断开蓄电池负极电缆	<1

3. 检测 PTC 加热器控制模块 CAN 总线电路

（1）检测 PTC 加热器控制模块 CAN 总线电压波形

1）测量前准备

①将起动按钮置于 OFF 挡位。

②断开蓄电池负极电缆，等待 5 min。

③在插接器 BA34/4（空调子网 CAN-H）端子、插接器 BA34/5（空调子网 CAN-L）端子后端引线处插上探针。

④将示波器通道 CH1、CH2 表笔分别连接插接器 BA34/4 端子、插接器 BA34/5 端子上的探针。

⑤连接蓄电池负极电缆。

⑥将起动按钮置于 ON 挡位。

2）操作仪器。接通示波器电源开关，调整波形的频率、幅值至合适区域，固定并存储所测量的串行数据。

3）读取测量值。如图 4-9-12 所示，测量 PTC 加热器控制模块 CAN 总线电压波形；将所测得的波形与正常波形进行对比，分析、判断 PTC 加热器控制模块 CAN 总线数据传输线是否正常。如果所测得的波形为异常波形，则参考模块一任务 2 中的异常波形，进一步确定故障类型。

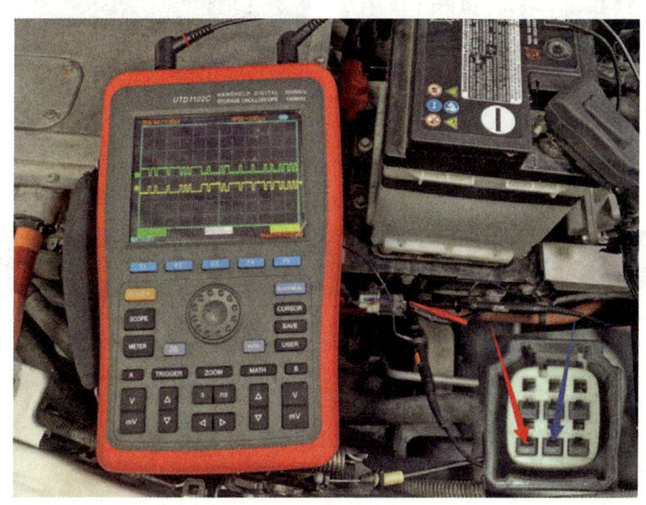

图 4-9-12　PTC 加热器控制模块 CAN 总线电压波形的测量

（2）测量 PTC 加热器控制模块 CAN 总线电压

1）测量前准备

①将起动按钮置于 OFF 挡位。

②断开蓄电池负极电缆，等待 5 min。

③在插接器 BA34/4 端子、插接器 BA34/5 端子后端引线处插上探针。

④连接蓄电池负极电缆。

⑤将起动按钮置于 ON 挡位。

2）操作仪表。将数字式万用表置于直流电压挡，黑表笔接车身搭铁，红表笔先后接插接器 BA34/4 端子、插接器 BA34/5 端子上的探针，当显示屏显示数值稳定时，按下“HOLD”键。

3）读取测量值。如图 4-9-13 所示，测量 PTC 加热器控制模块 CAN 总线电压；将所测得的数值与表 4-9-6 中的标准值进行对比，分析、判断 PTC 加热器控制模块 CAN 总线数据传输线是否正常。

a）

b）

图 4-9-13　PTC 加热器控制模块 CAN 总线电压的测量

a）CAN-H 对地电压　b）CAN-L 对地电压

表 4-9-6　　PTC 加热器控制模块 CAN 总线电压的标准值

测量部位	说明	条件	标准值 /V
插接器 BA34/4 端子 - 车身搭铁	空调子网 CAN-H 对地电压	起动按钮置于 ON 挡位	2.5～3.5
插接器 BA34/5 端子 - 车身搭铁	空调子网 CAN-L 对地电压		1.5～2.5

（3）测量 PTC 加热器控制模块外部终端电阻

1）测量前准备

①将起动按钮置于 OFF 挡位。

②断开蓄电池负极电缆，等待 5 min。

③断开插接器 BA34 与 PTC 加热器控制模块的连接。

④在插接器 BA34/4 端子、插接器 BA34/5 端子前端针孔处插上探针。

2）操作仪表。将数字式万用表置于电阻挡，红、黑表笔分别接插接器 BA34/4 端子、插接器 BA34/5 端子上的探针，当显示屏显示数值稳定时，按下“HOLD”键。

3）读取测量值。如图 4-9-14 所示，测量 PTC 加热器控制模块外部终端电阻；将所测得的数值与表 4-9-7 中的标准值进行对比，分析、判断 PTC 加热器控制模块 CAN 总线数据传输线是否正常。

图 4-9-14　PTC 加热器控制模块外部终端电阻的测量

表 4-9-7　　PTC 加热器控制模块外部终端电阻的标准值

测量部位	说明	条件	标准值 / Ω
插接器 BA34/4 端子 - 插接器 BA34/5 端子	PTC 加热器控制模块外部终端电阻	起动按钮置于 OFF 挡位，断开蓄电池负极电缆	约 60

4. 更换 PTC 加热器总成

如果经过以上检测确认 PTC 加热器控制模块电源电路、CAN 总线电路均正常，则可以判定故障部位是 PTC 加热器控制模块本身，可采用替换法进行修复。考虑到 PTC 加热器控制模块集成在 PTC 加热器总成内，因此这里需要更换 PTC 加热器总成，操作步骤如下。

（1）将起动按钮置于 OFF 挡位。

（2）断开蓄电池负极电缆，等待 5 min。

（3）对车辆进行下电、验电操作。

（4）排出 PTC 加热器总成的冷却液。

（5）拆卸蓄电池及支架。

（6）松开与 PTC 加热器总成支架连接的四通阀，拆卸连接 PTC 加热器总成的暖风系统管路。

（7）断开 PTC 加热器总成的高、低压插接器，使用 8 号套筒拆卸 PTC 加热器总成支架紧固螺栓（见图 4-9-15）。

（8）使用 8 号套筒拆卸 2 个紧固螺栓和 1 个双头螺柱，取出 PTC 加热器总成。

（9）按照与拆卸相反的顺序安装新的 PTC 加热器总成。

（10）连接 PTC 加热器总成的高、低压插接器。

图 4-9-15　PTC 加热器总成支架紧固螺栓的位置

（11）连接 PTC 加热器总成的暖风系统管路，安装与 PTC 加热器总成支架连接的四通阀。

（12）安装蓄电池及支架，连接蓄电池负极电缆。

（13）使用故障诊断仪消除故障码。

（14）将起动按钮置于 ON 挡位，车辆上电，使用故障诊断仪检测并确认 PTC 加热器控制模块通信正常。

（15）给 PTC 加热器总成加注冷却液。

（16）检测汽车空调系统采暖功能，确认空调出风口温度正常。